孫 美幸 著
Sohn Mihaeng

Creating New Opportunities for Multicultural Education Programs through the Collaborative Work between Japan and Korea

日本と韓国における多文化共生教育の新たな地平

包括的な平和教育からホリスティックな展開へ

ナカニシヤ出版

はじめに

【研究の必要性と目的】

　本書では，日本と韓国の中学校における「多文化共生教育[1]」プログラムを，平和教育の視点から包括的に構成して提案することを目的とする。それを通して，中学校とNGOの協働を中心とした平和的なネットワークを両国で展開する基礎づくりを行う。

　具体的には，次の3点を目的とする。

　①平和教育の中核となる「いのち」や「人権」に関わる項目について，それらの学習で中心的な役割を担っている，中学校「道徳」と「社会科（公民的分野）」の教科書や副読本を使って比較分析し，両国で平和教育のプログラムを実施するにあたって，共通した課題や各国特有の課題を明らかにし，「多文化共生」を含めた主要なテーマ（いのち・子どもの権利，さまざまな差別）を整理する。

　②日本と韓国で実践されている，学校とNGOの二者間連携や広域ネットワークによる教育実践を，平和教育の諸領域の中から「多文化共生」の分野を中心に分析し，協働する上での問題や課題を整理する。

　③NGOなどのトランスナショナルな主体と中学校が協働する「多文化共生教育」プログラムを，包括的な平和教育の視点から構成し，プログラムのモデル案を提示する。

　上記のような研究が必要であると考える理由は，以下の通りである。

　日本と韓国の交流の重要性が現在ほど切実に問われている時はない。過去の戦争や植民地支配といった苦難の歴史を経て，両国には現在でもナショナリズム的な観念が横行している[2]。筆者は，日本で生まれ育った「在日コリアン」であり，韓国への留学経験もある。現在も韓国には多くの親戚や友人たちが暮らしているという状況から，両国が真に信頼関係を育める関係になることを心から願っており，自分の関心のあるフィールドで何か貢献できないか考えてきた。また，筆者は，2000年から4年間，京都市の公立中学校で初めての外国籍

教員として採用され働いた経験がある。その間，韓国や北朝鮮に対する偏見を平気で口にする子どもたちを目の当たりにしてきた。そして，そのような偏見の解消や自分たちに関わる最も基本的な権利について学ぶために設定してある人権学習の時間[3]にも，子どもたちは嫌な顔を見せることが往々にしてあった。そのような状況の中で，日本と韓国が平和的な関係を育めるような実践を，人権学習の時間を通して現場の教員と共に取り組んできたものの，教育現場にいながらカリキュラムとして定着させることは大変難しかった。そこで，大学院に入学し，平和教育の中心に日本と韓国の問題を据え，研究を進めることを決心した。

これまで，日本と韓国の平和教育をテーマにした研究は，歴史教育を中心に論じられてきた[4]。各国で語られている歴史をお互いに理解し，歴史の複数性を認識することが相互理解の第一歩であることはもちろんである。しかし，日本と韓国の交流をさらに多様化し豊かにするためには，各国の歴史観を並べるといったナショナルな枠組みを越える視点がなければ真の平和的な関係構築は難しい。ナショナルな枠組みを強調する方法は，グローバル化，多元化する社会の中でその限界を示している。そこで提唱されるべきなのは，日本と韓国の「歴史的な現実に即した新しい普遍性の構築[5]」である。学校教育において，平和教育を反戦平和教育のように狭義に捉えるのではなく，これまで別々に発展してきた人権教育，開発教育，多文化教育，環境教育などを結んでいくという，平和教育を包括的に捉える視点が重要になってくる[6]。本書では，特に「多文化共生教育」を，包括的な平和教育の視点から構成し，中学校段階における教育プログラムを共同化するというレベルで平和的なネットワークを展開したいと考える。

中学校段階に特化した理由は，次の通りである。日本，韓国ともに義務教育の最終段階であり，全員が受ける教育としては最後にあたる。だからこそ，卒業後どのような進路に進んだとしても，自分自身を大切に，そして，社会にいるさまざまな人々と平和的な関係を築ける人であってほしいという願いを届ける極めて重要なチャンスであるとも言える。それだけに，中学校に特化することには意義がある。

また，「多文化共生教育」プログラムが必要だと考えたのは，次のような理

由からである。両国政府や各地方自治体では「多文化共生」に向けた方針の策定や外国籍市民会議の設置など昨今「多文化共生」に向けた取り組みが活発化している。しかし、それは本当にさまざまなルーツや複合的な文化背景をもつ人々と平和的に共に生きる社会を目指しているものなのだろうか。単に労働力確保を目的にしたうわべだけの「多文化共生」を考えてはいないだろうか。「多文化主義」が抱えるさまざまなジレンマを考察せずに、安易に経済的効率から「共生」を考えることは、新たな差別や排除構造をつくり出すことにつながりかねない。このような状況の中で、両国においてどのように「多文化共生」をテーマにした学習が展開されているかを考察することは、さまざまな文化背景をもつ人々が平和的に生きていくことを考えていく上で不可欠であり、本書で提案するプログラムに取り上げることが重要だと考えた。

以上のような、「多文化共生教育」を通した平和的なネットワークを両国で展開するにあたって、NGOと学校との協働という視点が不可欠である。それによって、学校自体がナショナリズムによって閉ざされた場ではなく、より開かれた場となり、両国の平和的な関係を築ける場へと転換できるのではないかと考える。

ヨーロッパ各国では、人権教育や平和教育において、学校、地域住民、NGOのネットワークづくりや協働授業のシステム構築が多く行われている[7]。この広域ネットワークによる協働した教育は、イリイチが提唱する「学習のネットワーク」の構想に通じるものである[8]。トランスナショナルな主体も含めて多角的に協働して学校現場から積み上げていく教育実践は、国民国家の支配的イデオロギーにつながれた学校文化自体の変革を迫るものであり、トランスナショナルな国境を越えたネットワークが日本と韓国のナショナリズムのぶつかり合いを越える手段になりうると考えている。

また、これまで述べてきた本書テーマの観点は、現代の教育社会学が抱える課題に対する一つの解を提示しようとするものであると言える。

熊谷（2000）は、緊急性という点から、現代の教育社会学が抱える課題を以下の4点にまとめている。①近代社会の進展と教育の危機の進行との関係をクリアに解明すること、②近代化が崩してきた伝統や共同体関係の人間形成に対する役割を捉え直すこと、③近代化が壊してきた自然環境と人間形成との関係を

社会化の点から明らかにすること,④上記3点の検討をふまえて,現実の教育問題の解決にどのように貢献するか,モラルの確立された共生型社会を構築するために学校を含めた社会の教育体系はどのようにあることが望ましいか,という課題に対して適切な答えをさぐること,である[9]。

このような課題に取り組む姿勢は,特に2000年以降強まってきている。日本教育社会学会紀要『教育社会学研究』の扱うテーマを見ても,近代の相対化や脱構築という相補的な視点を扱い,新自由主義や新保守主義の中での教育の公共性を問い直すといったものが増えてきている[10]。

本研究は,両国の教科書分析を中心にして,近代国民国家が強調してきた国民教育やネオリベラリズム的教育言説を脱構築し,NGOと学校というつながりを中心にした学びの活動を市民活動と結びつけるということを具体的に授業案とともに提案する。学校を含めた社会の教育体系の新しいあり方として示唆できるものである。

【研究内容と方法】

先に述べた研究目的を達成するため,以下のような内容と方法で本論を進める。

①平和教育の中核となる「いのち」や「人権」に関わる項目について,それらの学習で中心的な役割を担っている,中学校「道徳」と「社会科(公民的分野)」の教科書を使って比較分析する。両国で平和教育のプログラムを実施するにあたって,共通した課題や各国特有の課題を明らかにし,「多文化共生」を含めた主要なテーマ(いのち・子どもの権利,さまざまな差別)を整理する。

両国における公教育を行うことの意味や目的を如実に表している「道徳」,そして関連の深い「社会科(公民的分野)」において,どのように「いのち」や「人権」に関わる課題を扱っているかをまず正確に知る必要があると考えた。統一の「学習指導要領」(日本)と「教育課程」(韓国)は全国どの学校でも適用される授業の根幹を成す基本的な要素である。また,教科書や副読本は授業をつくっていく上で重要な教材であり,両国の教科書を比較分析することが基礎的な研究として不可欠である。第2章で述べる比較軸をもとに,両国カリキュラム(日本は2002年度施行の学習指導要領・韓国は第7次教育課程)の教科書と

副読本を対象に内容分析を行う。

　分析の際，ナショナリズムや民族主義が表れた部分や子どもの権利などの普遍的な問題について欠落している部分を指摘し，日・韓の歴史的な現実や文化背景に即して考察しながら，共通した課題や各国特有の課題を明らかにするという，国民国家が抱える「包摂」と「排除」のシステムを乗り越える視点から比較分析を試みる。比較分析を通して，平和教育を実施する際に，共通に両国の中学生が取り組める主要テーマとなりうるものを整理する。

　②日本と韓国で実践されている，学校とNGOの二者間連携や広域ネットワークによる教育実践を，平和教育の諸領域の中から「多文化共生」の分野を中心に分析し，協働する上での問題や課題を整理する。

　両国では，外国人支援，子どもの権利，ジェンダーなどさまざまな教育プログラムを開発しているNGOが多く存在する。両国で既に学校との協働を実施している事例を，「多文化共生」の分野を中心に収集し，プログラム開発の参考にする。そして，協働を実施している教員やNGOの担当者への聞き取りを行うことで，協働する上での問題点や課題を整理する。

　また，2003年度から京都市立朱雀中学校と京都YWCA APT共育プログラムが継続して協働実施している「多文化共生教育」など，引き続き現場の教員やNGOのメンバーと協議を重ねながらプログラムを開発していく。その際には，韓国で学校と連携した多文化教育や開発教育に取り組み，日本とも交流のあるNGOの調査やインタビューを行いながら，プログラムの具現化に向けて協働実施の可能性を探る。

　③NGOなどのトランスナショナルな主体と中学校が協働する「多文化共生教育」プログラムを，平和教育の視点から構成し，プログラムのモデル案を提示する。

　中学校とNGOなどのトランスナショナルな主体とが協働できるプログラムを，「多文化共生」というテーマを例に考案することで，国民国家がもつ「包摂」と「排除」のシステムを乗り越える，新しいアプローチを模索する。両国が共通して抱える移民の権利などの課題に対して，関連のある両国のNGOがそれぞれの中学校の授業に教材や人員を提供する。授業中や授業後，テレビ会議やインターネットを通して，お互いが抱える固有の問題や共通の課題を紹介

し合い議論をする。中学校の3年間にそのような交流を積み重ねることで，単発的な交流会では育めない信頼関係が築けるプログラムを提案する。

　以上のような研究を中心にしながら，ヨーロッパなどで実施されている学校とNGOの協働プログラムや国境を越えたネットワークに関する先行事例を集め，日本と韓国に応用可能な部分を取り入れる。

【先行研究の検討】
　日本と韓国の中学校「道徳」に関する先行研究については，「道徳」そのものに焦点をあててそれぞれの国家がもつ世界観や人間観について述べているものが大変多い[11]。平和教育との関連で取り上げられているのは，平和を支えるさまざまな概念（南北統一，国際理解，人権など）について，「道徳」のカリキュラムや教科書を分析し，教材や授業開発につなげているものである[12]。

　一方，日本と韓国の中学校「社会科（公民的分野）」に関しては，教科が扱う領域に人権が深く関わっていることもあり，平和教育に関連する研究が多くある。大きくは以下の二つに分けられる。一つは，中学校「社会科（公民的分野）」での平和教育（人権，国際理解等も含む）に関する実践研究や教材・カリキュラム開発であり[13]，二つ目は，中学校「社会科（公民的分野）」の教科書に関して平和や人権の観点から分析したものである[14]。

　日本では，2002年度施行の学習指導要領で，中学校「社会科」の授業時間数や内容の3割削減により，従来から公民的分野で行ってきた歴史や平和の問題と深く関連させて授業を展開していくことが難しくなっていた[15]。2012年度施行の学習指導要領では，授業時間数は増えたものの，例えば，公民的分野の新しい項目である，持続的な発展が可能な社会を形成するという観点からの課題探求学習など，中学校の卒業時期と重なる中でどのように授業を編成し，展開していくかが問われている[16]。また，韓国では，第7次教育課程の2007年度改訂で，裁量活動の時間を中心に指導してきた全教科領域の追加項目として人権教育，多文化教育等を挙げ，学校活動全域にわたって統合的に指導することが求められていた[17]。2009年度改訂では，特別活動と裁量活動を統合して「創意的体験活動」となり，履修科目が縮小して選択科目が増えるなど，大幅なカリキュラム改訂が行われている[18]。そこで，このような状況を打開していくた

めにも,「道徳」を初め,他教科や課外活動などと広く連携した視点から授業案を作成していくことが重要となってくる。両国の授業案を「道徳」「社会科（公民的分野）」の単独時間内で考えるのではなく,包括的な平和教育の視点から共有化していこうという試みは,先行研究にはない新しい知見をもたらすものである。

また,日本における学校とNGOの連携による先行研究を「多文化共生」の分野を中心に見てみると,大きく二つに分けられる。

一つは,学校とNGOの連携の必要性や連携の仕方について課題を明確化したものである。田中（2003）は,連携の課題として,①NGOの側が子どもたちに何を伝えるのか,メッセージを明確にしておくこと,②NGOが授業を運営していくスキルを身につけること,③学校が授業の「補完」としてNGOを使うのではなく対等なパートナーシップを築く努力をすることを挙げている[19]。

二つ目は,学校とNGOの連携（二者間や広域ネットワーク）による教育実践をまとめたものである。学校と国際協力系NGOや外国人支援系NGOなどとの二者間の連携については,仲川（2005）が外国人支援活動の経験から「ならNPOプラザ」の国際理解教育の実践についてまとめている。大きく三つの視点（①異文化理解,②国際理解と人権,③地球市民教育）をもとにした学校での実践について言及し,「ならNPOプラザ」のメンバーがコーディネーターを務める点にもふれている。そして,最後に学校との協働関係をつくることの重要性を強調している[20]。また,広域ネットワークによる連携については,（財）大阪府国際交流財団が進めているJICAやユニセフなどの国連・政府関連機関とNGO/NPO,学校,地域国際化協会を結ぶ「NGOとの連携による国際理解教育総合サポート事業」を挙げることができる。主な事業内容は,①国際理解教育ワーキング会議の開催や教員一般のスキルアップセミナーの開催,②NGO/NPOの資源調査,③人材派遣・情報提供などである。学校からの依頼を受け,国際交流財団がコーディネーターの役割を果たし,「総合的な学習の時間」における国際理解教育を企画している。これからは国際交流財団が単なる人材バンクではなく学校とのしっかりした協働関係を築いていくことが必要である点にも言及している[21]。

以上のように,NGOと学校との二者間連携やネットワークの構築を進めて

いる事例は多くなってきている。しかし，先行研究の課題として指摘されているように，個々の学校からの依頼を受けてNGOが企画していく形では長期の連携は難しく，NGOが学校の授業の「補完」としての役割の域を脱していない。対等な協働関係でなければ，個々の学校における教員全体の意識向上や学校全体のカリキュラム編成までは難しいと考える。本書では，学校とNGOとの対等な協働のもとで実施できる，「多文化共生教育」プログラムを目標としており，これについても新しい視点を提供できる。

一方，韓国では，ユンジョンスク（2003）が，人権関連のNGO（人権運動愛の部屋，国際アムネスティ韓国支部，ウルサン人権運動連帯，ダサン人権センターなど）の人権教育プログラムを取り上げて，実践事例を分析している。関心のある教員や学生が人権NGOの主催するキャンプやワークショップに参加したり，教材や資料を利用したりする程度に留まっていると課題を指摘し，学校が積極的に人権NGOと連携しながらプログラムを展開していく必要性について述べている[22]。また，「多文化共生」に関わるNGOと連携した教育実践も増えてきている[23]ものの，実践の評価や分析を丁寧に行った先行研究はまだ不足している[24]。

以上のように韓国では，学校教育において国内でのNGOとの二者間連携の実践も初期段階であり，海外も含めた多者間ネットワークの構築については，まだ研究，実践ともに不十分であることがわかった。本書で提案するプログラムは，日本との交流も含めた多者間ネットワークを念頭に置いており，韓国での研究実践にも新しい知見を与えるものである。

註

1　もともとは，アメリカやカナダといった多文化主義を掲げる国々から，多文化社会に対応する教育として，'multicultural education'がスタートした。日本語に訳すと「多文化教育」であるが，日本では「共生」という言葉とともに多く使用されている。「共生」を英語に訳すと，'conviviality' 'living-together' 'co-existence' 'symbiosis'などであり，生命論の構造から，人間と自然との関係，人間関係，生き方，社会のあり方まで，幅広く用いられる。この中で，'conviviality'という語はイリイチによって広く知られるようになった。異なる者同士が，自由で対等な相互活性化的関係をつくって日常生活を営むことを意味する。文化の次元での同一コードを前提とした規範的・同化的コミュニケーションと他者との異交通的な協同性との間で，闘い合い，やりとりし，交差し，せめぎ合

う中から，「共生的な生の形式」が立ち上がる。本論では，あえて「多文化共生教育」とすることで，「共生」のもつこのような意味を込めて使用したい。なお，韓国では「多文化教育」という語をそのまま使用している。「共生」という用語は生物学で主に使用され，教育や社会のあり方については陰陽五行説を背景にした「相生（サンセン）」という用語が使われる。栗原彬（2006）「共生」（大庭健・井上達夫他（編）『現代倫理学事典』pp.183-185（弘文堂）），Illich, I.（著）玉野井芳郎・栗原彬（訳）（2006）『シャドウ・ワーク―生活のあり方を問う』（岩波書店）を参照。

2　日本の戦前からのナショナリズム論や愛国心教育については，子安潤・山田綾・山本敏郎（編）（2004）『学校と教室のポリティクス―新民主主義教育論』pp.17-21（清風堂書店）を参照。

3　弁護士の石井小夜子氏は，野宿者を襲った少年たちが「人権教育がおれたちのストレスなんだよね」と語った発言から次のように述べる。「一番気になっているのは，文部科学省の〈心の教育〉です。〈差別をしてはいけない〉と教えられても，そこには自分の人権が含まれていない。人権教育はうっとうしいものでしかなく，心の教育も一人ひとりに肯定感を持たせないまま次々と課題が設定されます。しかも〈良い子〉，〈みんな仲良く〉と求められる。自分の醜さを否定して〈良い子〉が志向されるから，その軋轢は大きい」（京都新聞　2004年7月26日付）。

4　日中韓3国共通歴史教材委員会（編）（2006）『未来をひらく歴史東アジア3国の近現代史』（高文研）や姜淳媛（編）（2005）『韓日平和教育』（コミュニティ）［韓国語］などがある。

5　駒込武（1996）『植民地帝国日本の文化統合』pp.388-389, pp.453-454（岩波書店）

6　Reardon, B.（1988）*Comprehensive peace education: Education for global responsibility*, pp.74-80, Teachers College, Columbia University.

7　Osler, A. & Vincent, K.（2002）*Citizenship and the challenge of global education*, pp.112-114, Trentham Books. には，デンマーク，イギリス，アイルランド，オランダでのNGOとの連携事例が取り上げられている。しかし，学校へのNGOによる教材などの支援に関し，きちんとした評価はほとんどされていないため，その必要性が述べられている。

8　Illich, I.（著）東洋・小澤修三（訳）（1971）『脱学校の社会』pp.135-189（東京創元社）

9　熊谷一乗（2000）『現代の教育社会学―教育の危機の中で』pp.205-206（東信堂）

10　天童睦子（2008）『知識伝達の構造―教育社会学の展開』pp.26-28（世界思想社）

11　森岡卓也・金得洙（1992）「日・韓両国における道徳教育の比較研究」（『大阪教育大学紀要第4部門教育科学第41巻1号』pp.53-68），洪顯吉（2001）『日本の道徳と道徳教育』（韓国日本学協会）［韓国語］，崔鉉浩（2002）『南北間中等道徳教科書比較―価値徳目による人間観・国家観・社会観比較』（哲学科現実社）［韓国語］などがある。

12　園田雅春他（2001）「特設道徳を「人権教育」で再構築する―新しい提案」（明治図書出版（編集・発行）『現代教育科学第44巻』pp.32-46），金眞（2001）「道徳科教育における人権教育方案研究」（韓国教育大学大学院修士学位論文）［韓国語］，徐基男（2003）「道徳科教育における「人権教育」の方案および効果―中学校2学年道徳科授業を通した

現場適用事例を中心に」（韓国教員大学教育大学院修士学位論文）［韓国語］などがある。

13　中学校「社会科（公民的分野）」における平和教育実践や教材開発については以下のようなレポート・論文がある。小泉敦（2000）「中学校の授業（公民）「平和教育」を創る」（歴史教育者協議会（編集・発行）『歴史地理教育第608号』pp.48-51），松井克行（2003）「Betty A. Reardonの中高校グローバル教育カリキュラム編成―社会科カリキュラム開発へ示唆するもの」（日本社会科教育学会（編集・発行）『社会科教育研究第90号』pp.15-23），リュヘジン（2004）「社会科における人権教育に関する研究」（梨花女子大学教育大学院修士学位論文）［韓国語］，田鎬潤（2008）「グローバルな視点から見た韓国の社会科カリキュラム編成と課題―現行及び改訂試案の小・中学校社会科カリキュラムをもとにして」（社会系教科教育学会（編集・発行）『社会系教科教育学研究第20号』pp.203-211）など。

14　中学校「社会科（公民的分野）」の人権や平和の観点からの教科書分析については次のような論文がある。松井坦（1980）「社会科教育における人権学習―1981年度中学校社会科教科書「公民」の分析」（教育科学研究会（編）『教育第30巻』pp.118-124，国土社），氏原陽子（2008）「教科書の隠れたカリキュラムによって伝達されるジェンダー・メッセージの変遷―中学校社会科・公民教科書及び政治・経済・社会教科書の分析」（『桜花学園大学保育学部紀要第6号』pp.47-60），クォンユチョル（2004）「中学校社会教科書にあらわれた人権内容分析」（カンウォン大学教育大学院修士学位論文）［韓国語］，キムハンウォン（2006）「中学校社会科教科書の民主市民教育内容分析：2，3学年教科書一般社会分野を中心に」（済州大学平和研究所『平和研究第16巻第2号』pp.63-82）［韓国語］など。

15　氏家和彦（2005）「新課程中学校『公民』授業の現状（上）憲法・平和学習にも触れて」（全国民主主義教育研究会（編集・発行）『未来をひらく教育136号』pp.84-85）

16　桑原敏典（2009）「中学校社会科公民的分野の新しい学習指導要領のポイント」（佐々木秀樹（編集）『『中学社会公民的分野』学習指導計画作成資料平成22-23年度移行措置対応版』pp.12-13（日本文教出版））

17　第7次教育課程の2007年度改訂では，裁量活動（現在は，創意的体験活動）の時間を中心に指導してきた全教科領域の追加項目として，新たに人権教育，多文化教育など19個の領域を挙げ，学校活動全域にわたって統合的に指導する必要性について述べている（パクミヒョン（2007）「中学校教育課程改訂の基本方向と特徴」（韓国教科書研究財団（編集・発行）『教科書研究第50号』pp.20-21）［韓国語］）。

18　教育科学技術部（2011）『中学校教育課程』pp.1-2（大韓教科書株式会社）［韓国語］

19　田中治彦（2003）「NGOと学校がつくる開発教育・国際理解」（http://www.rikkyo.ne.jp/web/htanaka/03/NGO_DE.html）を参照。他に，外国人の教育支援について，多様な主体による協働的な支援システムの必要性を述べている研究もある（矢野泉（編著）（2007）『多文化共生と生涯学習』pp.177-183（明石書店））。

20　仲川順子（2005）「学校と地域で広げる国際理解教育の可能性」（帝塚山学院大学国際理解研究所（編集・発行）『国際理解第36号』pp.125-136）

21　（財）大阪府国際交流財団（2005）「NGOの育成と国際理解教育の推進を図るNGOとの連携による国際理解教育総合サポート事業について」（（財）自治体国際化協会（編集・発行）『自治体国際化フォーラム第185号』pp.50-51）を参照。

22　ユンジョンスク（2003）「人権団体の人権教育を活用した学校人権教育活性化方案

に関する研究」(韓国教員大学大学院修士学位論文)［韓国語］

23　例えば，NGO「地球村わかちあい運動」は，市民学校を開校し，ベトナムやモンゴルなどのスタディツアーを通して講師を育ててきた。その講師を学校に派遣し，異文化理解や開発教育の授業を行っている。HP（http://gcs.or.kr/）を参照。

24　京畿道教育庁と京畿道家族女性開発院が，多文化背景のある学生の担任をしている教員（小学校536名，中学校150名）に対して，2007年に実施した調査によると，多文化教育の必要性を非常に感じている一方で，多文化教育を直接実施した経験はその過半数である52.3%の教師がないと答えている（チョンキョンスク・チョンギソン・イジヘ（共著）(2007)『多文化教育政策方案研究』p.81，pp.172-179（京畿道教育庁，京畿道家族女性開発院））［韓国語］。

目　次

はじめに　i

1. 包括的な平和教育の視点に基づく「多文化共生教育」────── 1
   1-1　平和教育の理論的背景と課題　1
   1-2　多文化社会の進展と包括的な平和教育　7
   　　（1）平和教育における包括性　7
   　　（2）包括的な平和教育における学習領域　10
   　　（3）包括的な平和教育の一領域としての「多文化共生」
   　　　　―「多文化共生教育」の意義　14
   　　（4）包括的な平和教育の方法としてのNGOとの協働　18
   1-3　中学校段階における包括的な平和教育の視点の必要性―平和教育の変遷と現状　21
   　　（1）日本の場合　21
   　　（2）韓国の場合　22

2. 包括的な平和教育による日・韓の中学校カリキュラムの転換
   ―「道徳」・「社会科（公民的分野）」を中心に ────── 29
   2-1　「道徳」・「公民」と「平和」の関連性　29
   2-2　中学校「道徳」・「社会科（公民的分野）」の歴史的変遷と現況　32
   　　（1）日本の場合　32
   　　（2）韓国の場合　35
   2-3　中学校「道徳」・「社会科（公民的分野）」における包括的な平和教育の視点の必要性　38
   2-4　中学校「道徳」・「社会科（公民的分野）」の教科目標における平和理念の反映　42

　　　　（1）日本の場合　42
　　　　（2）韓国の場合　46
　　2-5　中学校「道徳」・「社会科（公民的分野）」における包括的な平和教育の比較分析方法　49

3. 日・韓が共有できる包括的な平和教育の主要テーマの考察
　　―中学校「道徳」副読本・教科書の内容分析 ──────── 53
　　3-1　いのち・子どもの権利　53
　　　　（1）日本の場合　53
　　　　（2）韓国の場合　59
　　3-2　さまざまな形態の差別　63
　　　　（1）日本の場合　63
　　　　（2）韓国の場合　72
　　3-3　両国の比較分析　80

4. 日・韓が共有できる包括的な平和教育の主要テーマの考察
　　―中学校「社会科（公民的分野）」教科書の内容分析 ───── 85
　　4-1　いのち・子どもの権利　85
　　　　（1）日本の場合　85
　　　　（2）韓国の場合　93
　　4-2　さまざまな形態の差別　98
　　　　（1）日本の場合　98
　　　　（2）韓国の場合　116
　　4-3　両国の比較分析　127

5. 日・韓が共有できる包括的な平和教育の主要テーマの総括
　　―中学校「道徳」・「社会科（公民的分野）」の教科書内容比較分析
　　　　　　　　　　　　　　　　　　　　　　　　───── 133
　　5-1　いのち・子どもの権利　133
　　5-2　さまざまな形態の差別　135

6. 日・韓の中学校における包括的な平和教育の視点に基づいた「多文化共生教育」の実際 ———————————— 139

  6-1 「多文化共生」をめぐるさまざまな言説—多文化主義，植民地主義との関連　139

  6-2 「多文化共生教育」プログラムの構成要素—脱植民地化の視点　142

  6-3 中学校段階における「多文化共生」をテーマにしたプログラムの変遷と現状　145
    (1) 日本の場合　145
    (2) 韓国の場合　148

  6-4 NGOと協働した「多文化共生」がテーマのプログラム実践事例の考察　151
    (1) 日本の場合　151
    (2) 韓国の場合　167

7. 日・韓の中学校における「多文化共生教育」プログラムモデルの検討 ———————————— 179

  7-1 「多文化共生教育」プログラム改善モデル—包括的な平和教育の視点に基づいた基本構造の提示　179

  7-2 「多文化共生教育」の深化段階を充実させるためのいのちの視点—ホリスティックな構造へ　199

  7-3 いのちの視点を取り込んだ「多文化共生教育」プログラム実践事例の考察　212
    (1) 多文化共生教育にいのちの視点を取り込むことの必要性—包括的な平和教育を基盤にしたホリスティックな学びへ　212
    (2) いのちの視点を取り込んだ多文化共生の授業の概要　215
    (3) 生徒の意識の変容—在日コリアンの印象を問うアンケート結果の分析を通して　220
    (4) 本実践の成果と課題　226

8. 「多文化共生教育」への教員の理解を促す人権研修──自分史交流を通した対話 ─────────────────────── 235

    8-1　人権に関わる自分史交流を，校内の教員研修に取り込むことの必要性──ホリスティックな教員研修を実施するために　236

    8-2　人権に関わる自分史交流を取り入れた教員研修の概要　239

    8-3　研修を通して教員が学んだこと──ふりかえり用紙の分析を通して　242

    8-4　本実践の成果と課題──ホリスティックな教員研修への示唆　247
      （1）日常の中の非日常性の創出　247
      （2）緊張からの解放と学び　250
      （3）語りなおしを通したゆるやかなつながり　253

おわりに　257
添付資料　263
参考文献・資料　277
索　　引　289

1. 包括的な平和教育の視点に基づく「多文化共生教育」

　本章では，平和教育の理論的な背景となっている「平和」の概念について整理し，本書で目指す平和教育の定義について検討する。具体的には，平和教育が示す学習領域やその意義について，「多文化共生教育」との関連性を中心に述べていく。そして，本書で比較する日本と韓国において，これまで実践されてきた平和教育がどのようなものであったのか，その歴史について概観する。

1-1　平和教育の理論的背景と課題

　一言で「平和」と言っても，「平和」にはさまざまな形態があり，どの形態に焦点をあてるかで目標とする平和な社会やそのための教育は変わってくる。まず，対象とする「暴力」について，現在語られているさまざまな言説を確認し，本書で焦点化される概念を整理したいと思う。

　現在，「平和」という用語は，「暴力のない状態」として理解されつつある[1]。日常の生活において経験する「暴力」にはどんなものがあるだろうか。「家庭内暴力，学校でのいじめ，会社での首切り，国家間の戦争，地域紛争，ジェノサイド（大量虐殺），テロリズム等」と藤田（2003）は挙げている[2]。このように直接的な目に見える形の暴力を「直接的暴力」という。

　また，ガルトゥングは，一人の人間が実際に達成し得たことが，その人間本来の可能性を下まわった場合，そこには「暴力」があると定義した。つまり，「人間の可能性が全面的に開花するのを阻む要因として暴力を定義したことを意味する」と安齊（2003）は述べている[3]。このような考え方から，飢餓，貧困，差別など社会に根ざした構造的なものである場合の暴力を「構造的暴力」と呼び，「直接的暴力」「構造的暴力」を助長，正当化するような暴力を「文化的暴力」と呼んだ。

本書では，以上に挙げた，「直接的暴力」「構造的暴力」「文化的暴力」のない状態を，目標とする「平和」の状態とする。

　日本の平和教育は，第二次世界大戦以降の憲法第九条をはじめとする平和憲法学習と，被爆国としての被害者意識に基づく学習にほとんど限定されてきた。つまり，「直接的暴力」をなくすという視点が強調されてきた。やがて，戦争中の日本の行動や戦後処理に対して内外からの見直しが起こり，徐々にアジア諸国からの視点も入れた平和教育が追求されるようになってきた[4]。しかし，依然として被爆国としての被害者意識に基づく「反戦平和教育」は教育現場に色濃く残っていると言える。

　また，「構造的暴力」や「文化的暴力」をなくす視点を取り入れた教育には，人権教育，多文化教育，国際理解教育，環境教育などが挙げられる。それぞれの分野において，現場の熱心な教師を中心に現在まで発展してきた。しかし，中にはセルビー（2002）のように問題点を指摘するものもいる。「グローバル教育体系のうちにある‘教育’のなかには，人間以外のものを排除するものがある。人権教育は字義どおりそうである。人間文化の多様性を探求することで，多文化教育はすべての人間文化が自然に根ざしていることを見逃している。平和教育は，動物に対してなされる組織的暴力を概して無視している[5]」。すなわち，現在まで各教育概念は個別に発展してきたが，それでは現状の「構造的暴力」や「文化的暴力」までなくすことができないということを示している。複雑にからみ合った諸問題に対して，それぞれの概念を結ぶ作業が必要である。

　これまで発展してきた諸分野を結ぼうとする試みは，さまざまな研究者によってなされてきた。セルビーは，次のような研究の包括性に着目する。「Richardson（1982b）と Lashley（1982）は多文化教育・反人種差別教育・平和教育の共通点を探った。Hicks（1979）は多文化教育と開発教育は「同じコインの表と裏である」と考えた。（中略）Pike & Selby（1988a）や Starkey（1991）は，多文化教育と反人種差別教育をひとまとまりとし，人権教育がそれと重複する分野であると考えた[6]」。

　以上のように，それぞれの領域は相互補完的であり，しっかりと区分けすることが難しい。セルビーは，このような関係性について，「ホログラフ（立体写真）のように理解されるべきだ」と言う。ホログラフは，レーザー技術によっ

表1-1　新しいパラダイムの諸教育（大津, 1999）

	学習領域	教育目標	視野
部分的	環境教育 開発教育 平和教育 人権教育	異文化理解教育	
包括的	ワールド・スタディズ	国際理解教育	国際教育 グローバル教育

て作られた三次元「写真」であり，その特徴は「部分情報が全体情報を含んでいる」ということだ。例えば，顔のホログラフが壊れても，顔の一部である鼻のホログラフから再構成できる。同様に，各領域の「○○教育」のうちのどの一つについての包括的な理解は，すべての他の「○○教育」にいきつくということである[7]。

日本でも，大津（1999）が，「新しいパラダイムの諸教育」として表1-1のように各領域を整理し，説明している[8]。

この表について，大津は，「環境教育，開発教育，平和教育，人権教育はそれぞれ環境問題，開発問題，平和問題，人権問題を中心的に扱い，ワールド・スタディズはこれらの諸問題および異文化の理解などを含む包括的な学習領域をもつ教育である。異文化理解教育は異なる文化の理解を，国際理解教育は国際理解をめざす教育である。そして，ユネスコの提唱した国際教育は，欧米で進められてきたグローバル教育とともに，グローバルな視野をもちながら幅広い領域を扱う教育である」と説明する。各領域の関係性についても，異文化理解教育，平和教育，人権教育，開発教育，環境教育は，国際教育（「国際教育勧告」以前の）の中に含まれ，国際理解教育は人権・異文化・平和教育の領域を含むが，開発教育・環境教育の領域はほとんど含まない。ワールド・スタディズとグローバル教育は，国際教育とほぼ同じ領域であると，その相互補完性について指摘している[9]。

また，平和教育を中心にした包括性について言及している研究としては，Reardon（1988, 2000）"Comprehensive Peace Education"，Hicks（1988）"Education for Peace"などがある[10]。平和教育の包括性については，セルビーから動物の権利についての視点が欠けるなど，環境の捉え方が十分ではないこ

とが指摘されているが[11]，その後の平和教育研究でその点も含めてより包括的な枠組みの必要性が述べられている[12]。そして，Brenes-Castro（2004）の「自分との関係」「他者との関係」「自然との関係」を包括的に捉えた「平和教育統合モデル」のように，上記の点を意識した研究も出てきている[13]。

以上のような先進的な研究により，これまで個々に語られてきた反戦平和教育，人権教育，多文化教育，国際理解教育，環境教育などを包括的に捉えていこうとする研究が進んできた。

Reardon & Cabezudo（2005）は，ハーグ・アジェンダを実現するための包括的平和教育の世界的な取り組みについて次のように述べている。「（包括的な平和教育の概念や構想は）ひとつの平和教育の考え方や方法にすぎない。（中略）おのおのの文化や教育現場にあった別の新たな構想が探求され，文化や現場の状況にあわせて展開されることを，わたしたちは望んでいる[14]」。つまり，各国，各文化にあった形で平和教育を包括的に進めていくことの重要性を指摘している。

日本でも，ESD（Education for Sustainable Development：持続可能な開発のための教育）など，さまざまな立場から，各領域や各教科を越えて学校全体で取り組むといった，包括的な視点から構成された教育実践が紹介されてきている[15]。

しかし，日本や韓国の学校の実態を考慮し，平和という概念を中心にしながら，「平和の文化」を積極的に築くための教育を，包括的にカリキュラム化していく研究は，これまで十分ではなかった。それは，例えば，両国で平和と環境に関する課題は別々のものだという意識を生みやすくする土壌をつくっていたとも言える。現代の市民運動を見てみても，平和運動に関わる人々と環境問題を扱っている人々がなかなか連帯できず，根本的な問題の解決につながっていかない。両国の歴史や文化の文脈にあった形で，平和という概念を中心にしながら包括的に学んでいくプログラムが必要なのである。

本書では，包括的な平和教育の視点から，中学校における特定のプログラム（「多文化共生教育」）を，日・韓の現状にあうように提示する。そこから平和教育を学校全体に派生させることを想定して，以上のような研究上の課題を乗り越えたい。

各領域がホログラフのように，相互補完的な関係で成立している中で，筆者が特に平和教育の立場から論を進めるのは次のような理由からである。
　Page（2008）は，平和教育が発展してきた段階を三つに分けて説明する。第一段階は，近代における戦争の苦しみや損失を防ぐための教育である。第二段階は，同系の社会的事象（開発，国際理解，人権，未来，環境など）と平和教育の結合である。第三段階は，個人の内面や個人間の平和教育である[16]。現在は，動物の権利や環境を含め，より積極的にエコロジカルなつながりを考えた，第四段階にいると言えるのではないだろうか。
　このように，平和教育には，各個人の内面的な安定，他者とのつながり，より大きな地域間，国家間の関係までを，平和という概念で結んでいくものである。筆者は，誰もが多様なレベルで，いかなる暴力の下にも置かれないという平和教育の考え方が，関連するどの領域よりも広く深いと感じ，平和教育の立場から論を展開することを決めた。
　以上のような平和の概念の重要性を認識した動きは，国際機関にも見られる[17]。国連総会では，1999年9月13日に採択された「平和の文化に関する宣言」を受け，2000年を「平和の文化国際年」とし，2001年から2010年を「世界の子どもたちに平和と非暴力の文化をつくる国際10年」と宣言した。「平和の文化に関する宣言」の中で，教育と関連した「平和の文化」の要素は以下の通りである[18]。

　　第1条　平和の文化とはつぎにかかげるような価値観，態度，行動の伝統や様式，あるいは生き方のひとまとまりのものである。
　（a）教育，対話および協力を通して生命を尊重し，暴力を終わらせ，非暴力を促進し，実践すること。
　（c）すべての人権と基本的な自由を十分に尊重し，その促進をすること。
　（d）紛争の平和的な解決に向けて責任を負うこと。
　（e）現代ならびに未来の世代が，開発と環境を享受できるように努力すること。
　（g）女性および男性の平等な権利と機会均等を尊重し，その促進をすること。

(h) 表現や意以情報の自由に関するすべての人の権利を尊重し，その促進をすること。
(i) 社会と国家のあらゆるレベルにおいて，自由，正義，民主主義，寛容，連帯，協力，多元主義，文化的多様性，対話，そして相互理解という諸原則を守ること。そして，平和の文化は，平和に貢献する国内的そして国際的環境によってはぐまされる。

第2条　平和の文化は，個人，グループ，諸国民のなかで平和の促進に貢献していく価値観，態度，行動様式と生き方を通じて，より十分に発達し続けていくのである。

第3条　平和の文化の十分な発達のためには，つぎのことが必要不可欠である。
(a) 紛争の平和的な解決，相互尊重や相互理解，そして国際的協力を促進すること。
(c) 民主主義や発展やあらゆる人権と基本的自由の例外なき尊重とその遵守を促進すること。
(d) あらゆる階層の人びとが，対話と交渉，合意形成と対立の平和的な解決の技能を発達させること。
(f) 貧困と非識字を根絶し，国内および国家間の不平等を減少させていくこと。
(h) 女性のエンパワーメントや意思決定のすべての段階で平等な参加を保障することによって女性にたいするあらゆる形態の差別をなくすこと。
(i) 子どもの権利の尊重と子どもの権利の促進と保護を強化していくこと。
(l) あらゆる形態の人種主義，人種差別，排外主義とその他の不寛容をなくしていくこと。
(m) 民族的，宗教的，言語的少数者をふくめ，すべての文明と人びとと文化の間の理解と寛容と連帯をすすめること。

第4条　あらゆるレベルの教育は平和の文化を建設する主要な手段のひとつである。この観点から，人権教育はとくに重要である。

以上のような，「平和の文化」の内容は前段で述べた平和教育の包括性に通じ

るものである。そして、条文の内容からもわかるように「平和の文化」を築く上で特に「いのち」と「人権」尊重の重要性を述べている[19]。そこで、本研究では、平和教育の中核概念である「いのち」と「人権」を基軸としながら、そこから平和が派生していくものとして包括的な平和を捉える[20]。

また、1998年にはユネスコ総会によって「平和の文化と共生のための教育」が世界に「平和の文化」を構築するための教育として採択された。人権と民主主義、地球的課題、異文化理解、地球環境の四つの学習テーマを、いのち、つながり、参加をコンセプトに据えて有機的に関連させて学習を展開するように示唆している[21]。

そして、以上のような平和教育を行う上で、「知識伝達のみの授業」から「思考と対話の過程を重視する授業」への転換が重要となってくる。知識詰め込み中心授業の問題点について奥本（2003）は次のように述べている。「人権教育や平和教育では、無味乾燥な犠牲者の統計や、戦争の年次といった数字によって事実を表されてきたきらいがあり、痛みを感じない内容であったり、'〜というような差別の問題（あるいは戦争）があって、〜という具合に人が苦しんできた'というような告発的内容に終始したり、'〜しなくてはいけない'とか'〜であらねばならない'といった１つの押し付けであったり、道徳枠に当てはめてしまったものが多い。従来の平和教育は、深い感動に根ざしたものでは決してなかった」と指摘する[22]。知識の切り売りではなく、子どもたちが主体的に学べる手法を取り入れるべきだと奥本は述べる。ここでは、参加型学習、フィールドワークなど多様な手法で子どもたちの心を揺さぶる平和学習を考える。

1-2 多文化社会の進展と包括的な平和教育
(1) 平和教育における包括性
中学校で平和教育を包括的に展開する際に必要な視点は、以下の４点にまとめられる。

①学校全体の横断的なカリキュラム

従来、平和教育や人権教育は、「社会科」「道徳」など単独の時間内で実施されることが多かった。他教科や特別活動などと連携しながら学校全体でカリキュラムを実施していく。

②カリキュラムを支援する複数の組織

学校の教師だけでなく，地域，NGO，大学生などと協力しながら共にカリキュラムをつくり，授業を実施していけるように多機関と協働するネットワークづくりを行う。

③平和教育の内容の多様性

今まで語られてきた反戦平和教育だけでなく，人権教育，多文化教育，環境教育などを広く含む。

④多岐にわたる手法[23]

教師が一方的に生徒に説明し考えさせるだけでなく，参加型学習，フィールドワークなどさまざまな手法を取り入れる。

図1-1　平和教育の包括的な展開

本書では，以上4点を授業構成の中心に据えることを念頭におき，その目標として「他者と協力しながら，「平和の文化」を積極的につくっていくことができる人を育成すること」を目指す。
　上記4つの視点を統合すると，図1-1のように表せる。
　平和教育の中核となる「いのち」や「人権」という学習分野は，木の中心を支える幹の部分で表している。その幹から派生していく木の枝一本一本を，「異文化間」「多文化」「開発」「反戦平和」「国際理解」などの多様な分野で表し，それらの領域との関連性を示している[24]。本節の図では，中核となる「いのち」や「人権」という学習分野の中から，本論で扱う「多文化共生教育」（幹）を示している。次節の具体的な学習内容で示しているように，その枝との関係は次のように例示できる。
　・さまざまな文化背景をもつ人々との交流を通して，身近に多様な文化が存在し，多文化社会が進展していることを実感する。（多文化，国際理解，外国人，異文化間など）
　・移住してきた人々の歴史的背景を知る。（反戦平和，批判的思考など）
　・グローバリゼーションの中で人々の移動の要因，差別や経済的格差について考える。（開発，紛争解決など）
　・自分のアイデンティティをふりかえる。（多文化，個人の精神的な安定など）
　・多様な文化背景をもつ人々との共生を目指した活動。（多文化，コミュニケーションなど）
　以上のように，学習の根幹である幹の部分は，多様な領域の枝とつながっている。さらに，多文化社会を生物多様性というエコロジカルな視点から捉えるとか，植民地支配下での体験を高齢者から直接聞くことを通していのちの尊厳という学習も可能である。平和教育という視点から，木の枝が多岐に広がるように，学習の可能性も広がっていく。
　その枝になる葉の一枚一枚が，授業を実施する教科や活動であり，その葉が上手く生い茂っていくことで，学習は豊かになっていく。そして，このような平和教育の木を豊かに成長させるためのさまざまな養分（太陽，水，肥料など）は，学習方法を示し，その方法が多様であるほど木も成長しやすい。このよう

な木々を支えているのが，学校やNGO，地域といった豊かな土壌であり，しっかりと根づくように木の根をはらせていく。その木々でのびのびと遊ぶ子どもたちが，学習している子どもたちの様子である。

つまり，平和教育の全体像は，このような木々が集合している森全体の姿であると言える。平和教育の森という，各プログラムの木々がたくさん育つ世界で，子どもたちと一緒に「平和の文化」を築いていけるのである。

本書では，「多文化共生教育」という一本の木をしっかりと育て，将来的に全体のさまざまな学習テーマの木々とつながっていくことを視野にいれて，第7章でプログラムを提示する。

(2) 包括的な平和教育における学習領域

平和教育に関わる国際的な宣言の変遷からも明確な通り，「いのち」や「人権」がプログラムの中核である。そして，その基礎となる枠組みには，個人が提唱しているものよりもできるだけ国際的に承認されている概念を採用し，その正当性を保持したいと思う。ここでは，1985年にヨーロッパ評議会で採択された「学校における人権についての教育と学習のための提言」を採用する。これは，平和教育に関わる多くの国際的な宣言の中で，学校での取り組みの仕方について非常に明確に記されているという理由からである。第2項と第3項をもとに以下の通り整理した[25]。

平和教育プログラムの中核となる項目
〈人権学習について習得されるべき知識〉
①人間の権利，義務，責務や責任などの主要概念（いのち・子どもの権利）
②さまざまな形態の不公正，不公平，および性差別，人種差別を含む諸形態の差別（いじめ・同和など，国内における地域や階級差別・男女・外国人（多文化共生）・障害者・高齢者・その他）
③成功例，失敗例を含む，人権のための歴史的，継続的な闘争に関わる人物や運動や重要な事件（人物・事件）
④「世界人権宣言」など「人権」に関する主要な国際的宣言ならびに条約

〈人権について理解し，擁護することに関連する技能〉
　①知的技能（他人の意見を聞き，討論する・情報の吟味，分析・偏見の見極め）
　②社会的技能（非暴力的方法による和解・人権擁護のための機構の活用）
　上記の中で，特に〈人権学習について習得されるべき知識〉の②と③に関しては，日本と韓国のプログラムという点から，アジアの平和や戦争の歴史などを通じた人権という観点も意識しながら開発を進めることが重要である。
　上記の各項目を具体化し，学習段階に合わせて整理した内容は表1-2の通りである。表1-2の学習内容の主要なテーマ（①権利義務などの主要概念（いのち・子どもの権利），②さまざまな差別）に関して，中学校で主に学習するのは，「道徳」や「社会科（公民的分野）」の時間であり，本書2章から5章までの主

表1-2　平和教育プログラムの具体的な学習内容一覧

中核項目	学習項目〈関連する領域〉	学習内容（初期段階）	学習内容（発展段階）
①権利義務などの主要概念	・いのち →いのちのつながり〈環境・食・コミュニケーションなど〉	・自然，植物，生物とのふれあいや育成。 ・農作物を育て，収穫し，調理し，食べる。 ・生物多様性と食物連鎖の中で生きていることを感じる。	・自然や環境をテーマにした芸術や創作活動。 ・地域環境への働きかけ。 ・世界の環境政策，環境保護活動。
	→自分が受けついできたいのち〈性・反戦平和・コミュニケーションなど〉	・保護者からの誕生の手紙を読む。 ・誕生エピソードを聞く。 ・あかちゃんとのふれあい（短期）。	・自分の家族（祖父，祖母の戦争体験など）が生きてきた時代を知る。 ・あかちゃんの成長を見守る（長期）。 ・「死」の受け入れ方。
	→自分の身体〈性・メディアリテラシー・コミュニケーションなど〉	・生命の誕生，身体の発達，名称を正しく知る。	・思春期の身体の発達。 ・メディアによる性情報の氾濫への対応。 ・AIDSや性病の予防。 ・性行動への対応。
	・子どもの権利などの主要概念〈反戦平和・開発・国際理解・紛争解決・個人の精神的な安定など〉	・子どもの権利条約を平易な言葉で読む。 ・子どもの権利と照らし合わせて，家庭や学校のルールをふりかえる。	・児童虐待，児童労働，少年兵など，子どもの権利が侵害されている事例を知る。 ・子どもの権利を基本としたキャンペーン活動（劇や物語，芸術作品などを創作し活用する）。

1. 包括的な平和教育の視点に基づく「多文化共生教育」

②さまざまな差別	・いじめ〈セルフエスティーム・コミュニケーション・非暴力的方法による和解など〉	・仲間づくり。 ・いいところ探し。 ・遠足やキャンプで友人と協力して作業する。 ・傾聴や自分の意見を論理的に言う練習。 ・仲裁の仕方。 ・怒りのコントロール。 ・悩んだ際の相談先の情報を複数知っておく。	・ストレスマネージメント。 ・いじめの事例を、ロールプレイなどを通して客観的に分析する。 ・いじめをなくす先進的な活動を知る。 ・いじめをなくす活動。
	・同和など，国内における地域や階級差別〈同和・批判的思考・反偏見など〉	・就職や結婚などの差別をうけた体験やエピソードを聞く。 ・歴史的背景を知る。 ・国内において展開されてきた，差別解消の運動の背景や現代における意味を考える。	・海外における差別の事例（カースト制など）について，国内の事例と比較する。 ・差別解消に向けた先進的な運動の事例を知り，自分たちにできることを考える。 ・それを行動につなげる活動。
	・男女〈男女平等・性・コミュニケーションなど〉	・ジェンダーについて身近な事例から考える（男らしさや女らしさなど）。 ・地域の人から，職業や育児など時代とともに変わってきた事例を直接聞く。	・現在も続いている差別の事例（雇用のあり方など）について議論する。 ・性同一性障害などの事例から男女という二元的なカテゴリーについて考える。 ・個人として尊重される生き方や行動につなげる活動。
	・外国人（多文化共生）〈外国人・多文化・国際理解・異文化間・反戦平和・開発・批判的思考・紛争解決・個人の精神的な安定・コミュニケーションなど〉	・さまざまな文化背景をもつ人々との交流を通して，身近に多様な文化が存在し，多文化社会が進展していることを実感する。 ・移住してきた人々の歴史的な背景を知る（戦争や植民地支配との関連から）。	・グローバリゼーションが進む中での人々の移動について考える。 ・人々の移動の要因（植民地主義など）について理解し，現在も続く差別や経済的な格差について考える。 ・自分のアイデンティティをふりかえる。 ・多様な文化背景をもつ人々との共生を目指した活動。
	・障害者〈障害者福祉・国際理解・コミュニケーションなど〉	・障害のある人々との交流。 ・施設訪問。 ・車いす体験や点字学習など障害のある人々の暮らしを実感する。 ・さまざまな障害がありながら活躍する人々のエピソードを聞き，自分の生活をふりかえる。	・障害のある人々が差別の解消を目指して運動してきた歴史を知る。それによって達成されてきた成果（バリアフリー，ユニバーサルデザインなど）にふれ，自分自身が新しいアイデアを出す。 ・新しいアイデアを生かした活動。

	・高齢者 〈高齢者福祉・反戦平和・国際理解・コミュニケーションなど〉	・地域の高齢者との交流（お話，伝統的な遊びなど）。 ・高齢者が多くいる福祉施設を訪問する。 ・一人ひとりが生きてきた歴史を聞き，その時代の背景や歴史を理解する。	・国内の福祉政策の課題や問題点について考える。 ・海外を含めた福祉の先進的な事例を知り，自分たちの身近に応用できることを考える。 ・応用したことを生かした活動。
	・その他 〈性・環境・福祉・反戦平和など〉	・さまざまな差別の問題（AIDS，ハンセン病，公害など）があることを知る。 ・それぞれの差別が起こっている歴史的な背景を理解する。	・自分の生活をふりかえりながら，現在も続く差別の課題について考える。 ・それぞれの差別についてその解消を求めた先進的な運動の事例や達成してきた成果について知る。 ・現在も残る課題について自分たちにできることを考え活動につなげる。
③人権に関わる人物や事件	・人物 〈セルフエスティーム・コミュニケーション・反戦平和・国際理解など〉	・家族やクラスなど自分の尊敬する身近な人々を発表しあう。 ・人権や平和の進展に貢献した人々のエピソードを直接聞いたり，VTRを見たりする。 ・人権や平和に関わる人々の活動やその経緯を比較し共通点などを議論する。 ・自分の周りで家族やクラスの平和的な雰囲気づくりに活躍している人を考える。	・平和や人権の進展に貢献した人々の誕生日や記念日をカレンダーなど芸術作品として創作する。 ・それらの人々の尊敬できるところを話し合う。 ・見習いたい行動や活動を列挙し，学校での人権や平和に関わる活動につなげる。
	・事件 〈反戦平和・国際理解・コミュニケーション・紛争解決など〉	・人権や平和に関わる歴史的な事件のエピソードを聞いたり，VTRを見たりする。 ・インタビューや調べ学習を通して，事件の背景を詳細に理解する。	・歴史的な事件について，各国の教科書記述などを参照して，多様な見方があることを確認する。 ・そのような立場の違いからおこる論争を平和的に解決するにはどうしたらいいか具体的に考えていく。 ・自分たちの立場からできることを考え活動につなげる。
④国際宣言や条約	・宣言や条約 〈反戦平和・環境・男女平等・コミュニケーションなど〉	・国際的な宣言や国内の憲法など，人権や平和に関わるものを列挙する。 ・それぞれの宣言や条約がどのように成立してきたか歴史的背景とともに調べる。 ・身近な家族やクラス内での人権や平和宣言をつくる。	・国際的な宣言や条約が自分たちの生活にどのような影響を及ぼしているかを考える。 ・宣言や条約の成立に大きな影響を及ぼした市民運動などを知る。 ・そのような運動を例に，自分たちにできる運動や活動を考え，行動につなげる。

な分析対象としている。
　また，以上のような学習内容について，子どもたちが「体感，実感する→理解する→創造する→行動する」という学習のプロセスを入れて，プログラム開発を行う。そうすることで，より実践的に「平和の文化」を築いていく姿勢を育てることができる。また，学習段階を「初期」と「発展」の二つに分けているが，各学校での子どもたちの様子や学習してきた内容により，段階に縛られず授業を構成していくこともできる。知的技能や社会的技能については，各学習領域に織り交ぜながら，習得していくものとする。

(3) 包括的な平和教育の一領域としての「多文化共生」
　　—「多文化共生教育」の意義

　「多文化共生教育」プログラムは，多文化社会の進行にともなって，さまざまな文化的背景をもつ人々が平和的に共に生きていくことを目指している。前節で述べた一覧表の中では，「さまざまな差別」の中の「外国人（多文化共生）」に対応し，国境を越えて移動する人々の文化的多様性への気づきをきっかけに，すべての人が自分たちのアイデンティティの複合性や流動性について考えていくというものである。

　前項の一覧表を見ても，「外国人（多文化共生）」というテーマは，どの項目よりもさまざまな領域とつながっていることがわかる。このことからも，「多文化共生教育」が，多くの領域を包括的に捉え構成していくのに，最も適している。

　また，本書で筆者が「多文化共生教育」のプログラム開発に取り組むのは，教育現場での実践を通して経験した次のような理由からである。

　筆者は，2003年度まで4年間京都市の公立中学校の教員として勤務していた。中学校では，「人権教育[26]」の一貫として，「外国人教育」という形で在日コリアンの歴史や文化について学ぶ授業を実施してきた。しかし，「人権教育」における「外国人教育」のあり方について以下のような課題があった。

　①自分のこととは関係のない全くの他者としての学習
　子どもたちの在日コリアンに対する断片的な知識や偏見が大変強かった。子どもたちは，在日コリアンが生きてきた苦難の歴史を学ぶ時間や，チヂミづく

りをするなど朝鮮半島の文化を学ぶ時間は，小学校や中学校での「社会科」や「総合的な学習の時間」で既に終えているはずであったが，学んだことが「生きた現実」となっていなかった。それは，これまでの学習が「差別されてかわいそうな在日コリアン」の人々が，自分のこととは全く関係のない他者としてしか受け入れられていないことを示していた。

②長期的な展望やグローバルな視点からの考察の欠如

3年間の「人権教育」の時間に対し，教員が会議を重ね学年ごとに資料や講師を探しながら授業指導案を作成していくことはそう簡単ではない。そのため，長期的な展望をもってカリキュラム編成をすることよりも，自分たちの学年の生徒にどのような形式で授業を行うかというだけで精一杯という状況であった。また，そのような状況では，現在変容しつつある世界の状況とつなげながらさまざまなアイデンティティをもつ人々への理解を深めるよりも，これまで通りの学習を自分の学年ではどう実施するかという点に気をとられがちであった。そして，それが授業自体のワンパターン化につながっていた。

さまざまなルーツや複合的なアイデンティティをもつ人々が増加する中で，これまで実施されてきた「外国人教育」のあり方を変えていく必要を強く感じた。また，中学校の他の教員たちも，同和・人権学習の担当者会議を中心にこのような認識を共有し，学校全体として取り組むべき課題であることを確認した。

以上のような教育実践で筆者が経験した課題について，平沢（2000）は「人権教育にとってのグローバリゼーション」という観点から，以下のように述べている。「従来，日本の人権教育においては，国内的な人権諸問題への対応を前提とした人権教育の枠組みが中心であった。そのため，部落差別，障害者差別，外国人差別，女性差別など，特定の人権問題に焦点をあてて，具体的な差別や人権侵害の事例を提示するやり方が支配的であった。（中略）グローバリゼーションは，人権問題を国際化すると同時に，さまざまな固有の人権問題を普遍的なことばや枠組みで捉えなおす動きを促進している。（中略）人権の普遍性への視点をはっきりさせたうえで，再び固有性に立ち戻り，固有性を徹底的に掘り下げることを通じて普遍性を追求するアプローチがいま求められているといえるだろう[27]」。

以上のように，人権教育の固有性と普遍性を二者択一的に考えるのではなく，人権教育の普遍的側面に照らし合わせながらも，人権問題の固有性を徹底的に掘り下げることによって，共通の水脈にぶちあたるという関係性を示唆している。そのような観点が，さまざまな人権課題を子どもたち自身の問題として捉えられるような人権学習の構成につながるということである。

　そして，佐久間（2008）が指摘するように，地域の海外居住者が大きく様変わりしつつあり，現在の日本の外国人が大きな転換期にある中で，公立学校の「多文化」化が必要になってきている[28]。それは，筆者が経験してきた従来の「外国人教育」のあり方を，大きく変えていく時期にきていることを意味している。

　また，多様な文化背景をもった人々と共に生きていく必要性に迫られているのは，日本だけではない。韓国では，「1990年代中半から急速に増え始めた国際結婚と外国人労働者をきっかけに，多文化社会へ変化」してきており，学校教育において「多文化共生」をテーマにした学習方法や教材などが求められている。しかし，「多文化共生」をテーマにした学習の実施率は低く，実施した教員の中でも「文化についての学習」に終始している例が多くを占めた。そして，その教授方法も，特定科目の中で間接的に実施したという回答が多かった。つまり，各学校のその時々の状況によって左右されやすく，綿密な事前計画をともなった学習方法を模索しているところである[29]。

　以上のような実践面の理由に加え，理論的な面からも，「多文化共生教育」を平和教育の視点から取り上げることに意義があると考える。

　セルビーは，多文化社会への教育の対応の重要性について以下のように述べる。「多文化社会の教育への対応は，根本的にエコロジー的なものに変化しつつある。この対応は対立・二極化よりも共生と統合を重んじ，内容・過程・構造を統合し，平等と多様性が健全で相互依存的な自然・社会システムに不可欠な相互補完的な特徴であると認識し，多様な文化をたたえること自体を大切にするが，多様な文化が人類そして地球上すべての事象の平安に貢献する可能性があるということにおいても重要であると認識する[30]」。この指摘は，平和学研究者であるBoulding（2000）が，「平和の文化とは，平和な多様性を促進する文化である」と述べていることと通じる[31]。

平和教育研究において，多文化社会に対応するテーマとして発展してきた，多文化教育，異文化間教育，国際理解教育などを，「直接的暴力」や「構造的暴力」をなくすといった平和教育の観点から包括的につなげて捉えることで，平和教育の新しい方向性が生まれると，その重要性が指摘されている[32]。

　日本では，森茂（2009）が，「多文化共生」に向けた教育の取り組みについて，特に包括的で継続的なカリキュラム開発研究の必要性について述べている。しかし，日本における理論的・実践的研究では，マジョリティ自身のもつ構築された権力性を問い直し，それを脱構築するような実践をどうカリキュラムに取り入れていくかという視点が十分ではないという課題を指摘している[33]。

　本書では，「多文化共生教育」を包括的な平和教育の視点から構成することで，以上のような研究上の課題を克服したい。包括的な平和教育による「多文化共生教育」は，学習内容として，多文化，異文化間，開発など，多様な領域をつないでいくものである。それは，単なる表面的な文化の理解だけではなく，多様な移民たちが多文化主義と植民地主義の挟間で生きてきた背景を包括的に学んでいくことである。そして，自分たちのアイデンティティを複合的，流動的な視点から捉えなおしていく。そのような包括的な学習のプロセスは，これまでの多文化主義や植民地主義に絡めとられた多文化教育を脱植民地化することであり，多文化主義が抱えるさまざまなジレンマを乗り越えることにつながる。このような視点がなければ，安易に経済的効率から「多文化共生」を考え，新たな差別や排除構造をつくり出すことにつながりかねない。

　関根（2000）は，「多文化主義のパラドックス」を次のように説明する。「多文化主義政策が充実してくると，政策実施のコストも大きくなり，異文化集団の存在が目立つようになる。すると，主流国民の間に経済面と文化面で「逆差別」されているという感情が醸成され，再構築型ナショナリズムが発生する[34]」。

　関根の指摘する状況を生み出さないようにするためには，辻内（2001）が以下に述べるような，多文化主義と植民地主義の関係性についての考察が不可欠である。「多文化主義もしくは文化をめぐる論争を，かりにも宗教や人種または民族という記号化された「主体」間の対立として理解することがあるならば，それは他でもなくコロニアルな関係を再生産することを意味するであろう[35]」。

　辻内が指摘する「コロニアルな関係の再生産」から抜け出すためには，「多文

化共生教育」の脱植民地化が必要である。それはつまり，包括的な平和教育の視点から「多文化共生教育」の多様な学習領域をつないでいくことであると考える。

(4) 包括的な平和教育の方法としての NGO との協働

　平和教育において，プログラムを実施するにあたり，学校と NGO が協働するという対等なパートナーシップのもと，進めていくことが不可欠であると考える。NGO というトランスナショナルな主体を組み入れることは，さまざまな人々の現存システムに対する批判的思考と新たな創造力を生み出し，学校教育をナショナリズムによって閉ざされた場から，国境を越えたつながりの場へと開放することができる。

　アルチュセールは，学校の存在について次のように語っている。「成熟した資本主義的構成体において支配的な地位を占めるに至った〈国家のイデオロギー装置〉は，〈学校的イデオロギー装置〉なのである[36]」。これは，学校が何年もの間，子どもたちに支配的イデオロギーを浸透させる場所になっているということを意味している。

　しかし，そのような状況の中でも目の前の子どもたちが置かれている現実や問題を真摯に受けとめ，その解決に向けて学校での授業などを通じ，取り組んでいこうとする教師たちの姿があるのも事実である。アルチュセールは，そのような教師たちについて次のように語る。「困難な，さらに過酷な条件のなかで，自分たちが「教える」歴史や知識のなかから科学的および政治的な武器を見出し，自分たちがとらわれているイデオロギーや制度や慣習を攻撃するためにその切っ先の向きを変えようと努めている学校の先生方に，こうした記述をお詫びしなければならない。このような教師の努力は英雄的である[37]」。

　前節で述べたように，筆者が京都市内の公立中学校で 4 年間勤めていた間，人権学習の取り組みをはじめとして，毎日さまざまな問題に真っ向から取り組む教師たちに出会ってきた。

　しかし，そのような教師たちの学校での取り組みが本当に目の前の子どもたちがぶつかっている問題の解決につながっているのか，自分たちがとらわれている支配的イデオロギーからの解放に向かっているのか，疑問をもつことが多

かった。表面的には「英雄的な」取り組みに見えても，結局はアルチュセールが述べているように「体制が強制する「仕事」を良心的に達成しようとしている[38]」だけではないのだろうか。

　現在学校で実施されている「多文化共生教育」について，小内（2005）によると，①弱い立場の者に介入し自尊心の重要性を訴える自尊感情理論的アプローチ，②強い立場の者に介入し他の文化を学ぶことにより，不平等を克服しやすくする文化接触理論的アプローチとして，次のように説明している。「これらの主観的技術論的アプローチは，限界をもっている。たとえ，「多文化教育」が実践されたとしても，それが異なる文化に対する知識の習得にとどまる場合も少なくないし，いくらエスニック・マイノリティが自尊心をもっても現実社会に制度的な差別があれば無力となる[39]」。

　つまり，いくら①と②のアプローチを学校で繰り返しても制度的な差別やその再生産が繰り返される限り問題は解決しないという指摘である。しかし，限界性の中での可能性にも目を向けることができる。教室内での「多文化共生」の授業が「教室の中で他者の文化を輸送と消費のために小包に詰め込むこと[40]」になっているとPrakash & Esteva（2004）が指摘するように，その限界性を教員が理解すると同時に，現状の教育システムの中で新たな可能性を探し続けることが重要となってくる。

　「新たな可能性」という意味において，学校外にいるさまざまな人々が協力，提案していくという視点は欠かせない。そのような協力と提案によって生まれた実践の多様性が，学校内で止まっている空気の流れを良くし，学校自体がつながれている支配的イデオロギーの鎖をとく鍵をにぎっていると考えるからである。

　特に，NGOというトランスナショナルな主体と学校がネットワークを形成し，協力して実践を積み上げていくことは，国家のイデオロギー装置の中で最も支配的である学校的イデオロギー装置を，国境を越えたつながりを通して乗り越えていくことにつながるのではないだろうか。

　以上のような観点から，第6章では，NGOと中学校が協働した「多文化共生教育」の実践事例を考察する。日本は，学校，NGO，大学生，コーディネーターが多角的な協働の下に，進めている事例である。韓国は，多文化支援を先進

的に進めている NGO が，地域住民と協働して教育プログラムを展開している事例である。NGO というトランスナショナルな主体がプログラムにどのように関わることが，包括的な平和教育の視点による「多文化共生教育」を豊かにすることができるのかを考える。

日本と韓国が共有できるプログラムの開発においても，図 1-2 に示されるような学校と NGO の国境を越えたネットワーク形成を目指したい。

図 1-2 に示されるように，両国の学校同士，NGO 同士の交流という枠を越え，授業案を共有しながら，協力してプログラムを展開していく。そのようなプログラムを通して，学校の教員，子どもたち，NGO のスタッフ，ボランティア，地域住民など，さまざまな人々が国境を越えて出会い，絆を深めていくことができると考えている。

以上のような学校と NGO の国境を越えたネットワークを形成するには，その間を円滑に紡いでいく人，つまり，コーディネーターとしての役割を担える人が重要になる。コーディネーターは，両者を結びつけるだけではなく，両者の思いを受けとめ「協働」という対等な関係で，いっしょにプログラムをつくりあげていくための調整ができる人である。コーディネーターには，教職員，ボランティア（保護者や地域住民），NGO スタッフなど多様に考えられる

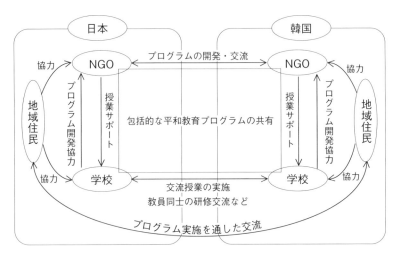

図 1-2　学校と NGO の国境を越えた協働

が，それぞれが専門の仕事や職場をもちながら，中立の立場で両者の合意形成を進めることはなかなか難しい。今後は，コーディネーターを一つの職能として考え，中立の立場をとることができる専門家も必要になってくるであろう。

1-3　中学校段階における包括的な平和教育の視点の必要性
　　　—平和教育の変遷と現状

(1) 日本の場合

　日本の平和教育は憲法九条をはじめとする平和憲法学習と被爆体験に基づく学習に限定されてきた。以下，村上（2004）の論文をもとに，年代をおって平和教育の展開を見ていく。

　1945年の日本の敗戦により教育方針の大転換があった。戦前の軍国主義教育が否定され，軍国主義的，極端な国家主義的教育を排除することから戦後の学校教育が始まった。日本は第二次大戦での敗戦体験をもち，それを繰り返さないという反省から，日本国憲法で平和主義が定められた。1950年代には，反戦平和の志向が強くなっていく。日本教職員組合の大会では「教え子を再び戦場に送るな」（1951年）というスローガンが掲げられた。1970年代には，被爆体験風化に抗して，広島・長崎を発信源とする被爆体験継承を目指す平和教育が各地の教師により展開されるようになる。「とりたてての平和教育」（文部省検定教科書を使った通常授業ではなく，特別活動など時間を特に設定して子どもたちに教える平和教育）が主唱され，特別活動や学校行事や修学旅行（広島・長崎）などを通じた平和教育実践が広がった。現在実践されている反戦平和教育も70年代のものが基盤となっている。1990年代以降は，「構造的暴力」の概念が日本にも紹介され，平和教育に人権教育や国際理解教育の題材を取り入れたり，さらに共生や環境に配慮した平和教育が説かれたりするようになる。しかし，この広義の意味での平和教育はまだ現場まで浸透していない[41]。

　また，村上は1995年に，兵庫県を事例として平和教育の実践に関するアンケートを実施した。「小・中学校で実践されている平和教育の題材は何か？」という質問に対して，「広島・長崎の原爆」が最も多く8割を超え，人権教育（78％）に続いて，「空襲による被害」（61％）などの被害体験と，「アジアへの侵略戦争」（55％）などの加害体験が続く。そして，「クラスのいじめ」（51％），

「環境の保護」(50％),「在日外国人との共生」(44％) となった。国内の地上戦である「沖縄戦」(38％) も取り上げられている。そして,「学校行事での平和教育実践は何ですか？」という質問に対して,回答のほとんどが映画会と修学旅行となった。修学旅行の行き先については,回答した小学校の 26％が広島に行き,中学校では 43％が長崎に行っている。最近では飛行機の利用ができるようになったことから,沖縄への修学旅行も実施されている[42]。

以上のように 90 年代以降,「構造的暴力」や「文化的暴力」も含めた広義の平和教育という現場での認識も少しずつ増えてはきているものの,被害者意識に基づく戦争体験継承という意味合いでの反戦平和教育が中心となっていることがわかる。今後は,日本で培ってきた反戦平和教育に,包括的な平和教育の視点を入れた学習内容を,有機的につないでいく試みが必要であると考える。

(2) 韓国の場合

姜 (2000) は,韓国における一般的な平和観について以下のように述べている。日本の植民地支配によるさまざまな政策(創始改名など)によって,自分の民族,文化を否定し,自分たちは劣っているという自民族卑下意識を植え付けられた。つまり,愛国心は民衆の立場では,自分たちの国を救うための自然発生的な感情であった。そして,今日の日本に対しては韓国人の意識の中に植民地権力に対する抵抗と不信感が一方にあり,また日本が成し遂げてきた経済的発展に対するあこがれが共存する二重性の面が強い。この二重性が韓国人の平和観や歴史観に暗い陰をおとしている[43]。

また,北朝鮮との関係については,共産主義の打倒が根底にあり,場合によっては戦争もやむをえないという意識が強かった。分断から 50 年以上たった今,青少年のアンケートに見られるのは,日本と同じくらい北朝鮮も嫌いな国の一つとして認識されていることである。戦後,長期にわたって政権をにぎった軍部独裁政治が日本と北朝鮮に対する敵対心を上手く利用し,深化させた結果であると言える。軍事政権は,国民の権利をすべて二の次とし,マスコミや教育といったすべてのイデオロギー生産部門を画一化した。ベルリンの壁崩壊以降,平和的な共存や解決といった議論もされるようになってきたが,市民の心の根底にある二つの戦争の影響は今でも大きい。特に,教育現場では主に国

定教科書が使われてきた歴史があり，以上のような意味合いを十分に払拭できていない。韓国での平和教育の状況についても次のように述べている[44]。

　韓国では，朝鮮半島の分断という事実に焦点をあてた南北統一教育のことを平和教育と呼ぶことが多い。そして，韓国の平和教育を考える際，近代に起こった二つの戦争が重要な意味をもつ。一つは日本の植民地化を進められた第二次世界大戦。そして，もう一つは解放後，同族間で争うこととなった朝鮮戦争である。韓国が日本の植民地となった経験は，ひどい民族迫害の事実へ抵抗しようとする反日感情につながった。そして，朝鮮戦争以降，朝鮮半島の分断状態が続き，平和のために戦争反対と叫ぶよりも共産主義の打倒と統一のためには戦争も仕方がないという見方が強かった。つまり，朝鮮半島の平和のためには，共産主義の滅亡と南北統一が重要であり，それを達成するためには軍部の勢力拡大や軍備の増強が避けられないというふうに社会がイデオロギー化していった。

　以上のような過程において，市民の人権は二の次となり，反戦を叫ぶよりも愛国心をもち，国民であれば命をかけて国を守ることが大事だと説かれた。この考え方が教育にも強い影響を及ぼし，中学校でも道徳の時間を中心にした南北統一教育に多くの時間が費やされてきた。1997年の調査（イグンチョル・オギソン，1997）[45]によれば，韓国の中学校道徳における国家・民族生活指導内容と時数は各学年25％程度も占めていた。

　しかし，1989年のベルリンの壁崩壊をきっかけに，「反共産主義」の色合いから平和的な統一へと議論の進展があった。盧泰愚政権の統一案である「韓民族共同体論」からもわかるように，敵対視から和解へと移り変わってきた。南北の平和的な和解のための教育も市民団体を中心に提起されるようになってきた。そして1990年代には韓国の研究者の中からも平和教育の範囲を，反戦教育，人権教育，環境教育，統一のための和解の教育などを広く含む概念として提起されている。

　教育現場では，第7次教育課程で現場の教員の裁量幅が拡大したこともあり，一部の熱心な教員を中心に広い意味での平和教育を実践しようとする動きもあるが，各校の管理職の判断や定期的な人事異動などでなかなか定着には至っていない。特に中学校は義務教育段階ということもあり，国家の政治的な意図が

大変反映されやすい[46]。

　以上のように，韓国では研究者を中心に，包括的に平和教育を捉えることの必要性が提起されながらも，現場レベルに浸透するまでには至っていない。今後は，研究者と学校教員，プログラムを支える多様な実践者が協力し合いながら，実践が根づいていくような地道な努力が求められる。

註

　1　「平和」を「～が欠乏している状態」ではなく，「進行する相互依存の力の中で，生を構成するバランス，調和，対等な相互作用である」と，より積極的な見方も現れてきている（Brantmeier, E. J. & Lin, J. (2008) Toward forging a positive, transformative paradigm for peace education. In J. Lin, E. J. Brantmeier, & C. Bruhn (Eds.), *Transforming education for peace* (pp.14-15). Information Age.)。
　2　ガルトゥング，J.・藤田明史（編著）(2003)『ガルトゥング平和学入門』p.4（法律文化社）
　3　安齊育郎（2003）「平和とは？」平和友の会連続講演会（立命館大学国際平和ミュージアム）
　4　大津和子（1999）「地球市民を育てるために―新しい開発教育としてのグローバル教育」　開発教育推進セミナー（編）『新しい開発教育のすすめ方　改訂新版』p.11（古今書院）
　5　浅野誠・セルビー，D.（編）(2002)『グローバル教育からの提案』p.21（日本評論社）
　6　浅野誠・セルビー，D.（編）　前掲書　pp.52-53　ここでセルビーが言及した研究の一覧は以下の通りである。Richardson, R. (1982b) Culture, race and peace: Tasks and tensions in the classroom, Center for Peace Studies Occasional Paper no.2. Lashley, H. (1982) Multicultural education, peace education and education for international understanding: The need for a common strategy. *World Studies Journal, 3* (4), 19-29. Hicks, D. W. (1979) Two sides of the same coin: An exploration of the links between multicultural education and development education. *New Approaches in Multicultural Education, 7* (2), 1-5. Pike, G. & Selby, D. (1988a) *Human rights: An activity file*. Mary Glasgow Publications. Starkey, H. (1991) *The challenge of human rights education*. Cassell.
　7　浅野誠・セルビー，D.（編）　前掲書　pp.148-149
　8　大津和子　前掲書　p.9
　9　大津和子　前掲書　pp.9-15
　10　Reardon, B. (1988) *Comprehensive peace education: Educating for global responsibility*. Teachers College, Columbia University. Reardon, B. (2000) Peace education: A review and projection. In B. Moon, S. Brown, & M. Ben-Peretz (Eds.), *International companion to education* (pp.397-425). Routledge. Hicks, D. (1988) *Education for peace: Issues, principles and practice in the classroom*. Routledge.

11　浅野誠・セルビー, D.（編）　前掲書　pp.140-146

12　Lin, J.（2008）Constructing a global ethic of universal love and reconciliation: Reenvisioning peace education. In J. Lin, E. J. Brantmeier, & C. Bruhn（Eds.）, *Transforming education for peace*（pp.308-315）. Information Age.

13　Brenes-Castro, A.（2004）An integral model of peace education. In A. Wenden（Ed.）, *Educating for a culture of social and ecological peace*（pp.77-98）. State University of New York Press.

14　リアドン, B. & カベスード, A.（著）藤田秀雄・淺川和也（監訳）（2005）『戦争をなくすための平和教育―「暴力の文化」から「平和の文化」へ』pp.12-13（明石書店）

15　手島利夫（2009）「公立小学校におけるESDの一実践」（開発教育協会（編）『開発教育2009 第56巻』pp.116-128（明石書店））

16　Page, J. S.（2008）*Peace education exploring ethical and philosophical foundations*（pp.1-2）. Information Age.

17　平和教育に関わる国際的な宣言は，「国際理解，国際協力及び国際平和のための教育並びに人権及び基本的自由についての教育に関する勧告」（第18回ユネスコ総会（1974）），「平和，人権，民主主義のための教育に関する宣言」（第44回国際教育会議（1994）），「人権のための国連10年（1995-2005）」（第49回国連総会（1994））などが出されている。本書では，このような平和教育の歴史的変遷をふまえた上で成立した直近のものとして，「平和の文化に関する宣言」を取り上げた（福田弘（編訳）（2003）『人権・平和教育のための資料集』（明石書店）を参照）。

18　United Nations General Assembly（1998）*International decade for a culture of peace and non-violence for the children of the world*（2001-2010）. (邦訳は，日本教育学会　平和教育・平和文化研究委員会（編・発行）（2000）『平和教育・人権教育資料集』pp.149-154を参照した）。

19　これまで国際機関で採択されてきた平和教育に関わる宣言は，「世界人権宣言」（1948）や「国連憲章」（1945）がその拠り所となっており，「いのち」や「人権」は最も重視されてきた。

20　山本友一（1996）によると，構造的暴力を中心にすえた一面的な平和教育実践によって，「直接的暴力としての戦争についての学習とその原因であるはずの構造的暴力についての学習とが，ますます乖離してしまう危険性」を指摘し，「構造的暴力の視点（積極的平和観）と直接的暴力の視点（消極的平和観）とをいかにして連結するかが，21世紀に向けての平和教育の最大の課題である」としている。本書でも，「いのち」と「人権」の尊重に重点を置きながらもこの課題をどう乗り越えるかという視点を忘れてはいけない。山本友一（1996）「21世紀における平和教育のあり方」（阪上順夫（編著）『21世紀を創造するための社会科教育の改革』pp.114-117（東京書籍））

21　吉田康彦（編著）（2004）『21世紀の平和学』p.83（明石書店）

22　奥本京子（2003）「平和的価値の創造における芸術の役割」（ガルトゥング, J.・藤田明史（編著）　前掲書　pp.172-173）

23　ガルトゥングは，平和教育の手法や形式がその中身以上に重要であることを強調する（Galtung, J.（2008）Form and content of peace education. In M. Bajaj（Ed.），

Encyclopedia of peace education（pp.49-58）．Information Age.）。

24　表に示してある各領域は代表的なものを例示した。Reardon, B.（2000）が，Peace education: A review and projection の中で説明しているように，平和教育には，国際理解教育，多文化教育，人権教育，紛争解決教育，環境教育，核軍縮教育，世界秩序の探求，批判的思考を養う教育など，多くの領域が相互補完的に関連している。

25　Council of Europe Committee of Ministers（1985）Appendix to Recommendation No.R（85）7 Suggestions for teaching and learning about human rights in schools（邦訳は，日本教育学会　平和教育・平和文化研究委員会（編・発行）　前掲書　pp.97-102 を参照した）。第1項「学校カリキュラムにおける人権」，第2項「技術」，第3項「人権学習で習得すべき知識」，第4項「学校環境」，第5項「教員研修」，第6項「国際人権の日」について，記載されている。

26　京都市の公立中学校における「人権教育」は一般的に，「道徳」「学級」などの時間を使って行われている。学校によって学習する人権課題は多少異なるが，3年間で「男女平等」「養護育成」「同和」「外国人」などをテーマとして学習するようになっている。

27　平沢安政（2000）「人権問題のグローバリゼーション―人権教育への示唆」（日本教育社会学会（編集・発行）『教育社会学研究第66集』pp.57-65）

28　佐久間孝正（2008）「国際人口移動と教育―ニューカマーとの関連で」（日本教育社会学会（編集・発行）『教育社会学研究第82集』pp.125-140）

29　チョンキョンスク・チョンギソン・イジヘ　前掲書　pp.172-173

30　浅野誠・セルビー，D.（編）　前掲書　pp.55-56

31　Boulding, E.（2000）*Cultures of peace: The hidden side of history*（p.1）. Syracuse University Press.

32　Brantmeier, E. J.（2008）Building intercultural empathy for peace: Teacher involvment in peace curricula development at a U.S. Midwestern high school. In Lin, J., Brantmeier, E. J., & Bruhn, C.（Eds.）, *Transforming education for peace*（pp.69-70）. Information Age.

33　森茂岳雄（2009）「多文化共生をめざすカリキュラムの開発と実践―学会・学校・教師の取り組み」（異文化間教育学会（編）『異文化間教育第30号』pp.25-41（アカデミア出版会））

34　関根政美（2000）『多文化主義社会の到来』pp.188-191（朝日新聞社）

35　辻内鏡人（2001）『現代アメリカの政治文化―多文化主義とポストコロニアリズムの交錯』pp.105-107（ミネルヴァ書房）

36　アルチュセール, L.（著）　西川長夫他（訳）（2005）『再生産について―イデオロギーと国家のイデオロギー諸装置』p.205, p.344（平凡社）

37　アルチュセール, L.　前掲書　p.209, p.348

38　アルチュセール, L.　前掲書　p.209, p.348

39　小内透（2005）『教育と不平等の社会理論―再生産論をこえて』pp.276-277（東信堂）

40　Prakash, M. S. & Esteva, G.（著）中野憲志（訳）（2004）『学校のない社会への招待―〈教育〉という〈制度〉から自由になるために』pp.52-53（現代書館）

41　村上登司文（2004）「平和教育―平和を創る人を育てる」（藤原修・岡本三夫（編）

『いま平和とは何か』pp.282-286（法律文化社））
　42　村上登司文　前掲書　pp.287-288
　43　姜淳媛（2000）『平和・人権・教育』pp.67-68（ハヌルアカデミー）［韓国語］
　44　姜淳媛　前掲書　pp.73-85
　45　イグンチョル・オギソン（2000）『統一教育論』p.45（エクスパートワールド）［韓国語］
　46　ユネスコアジア・太平洋国際理解教育（編）（2003）『世界化時代の国際理解教育』p.131, p.133（ハヌルアカデミー）［韓国語］

2. 包括的な平和教育による日・韓の中学校カリキュラムの転換
――「道徳」・「社会科（公民的分野）」を中心に

　本章では，中学校で「いのち」や「人権」を中心的に学習する「道徳」と「社会科（公民的分野）」について，平和教育の観点から課題を整理する。その前提として，「道徳」・「公民」と「平和」にはどのような関連性があるのかをまず確認する。そして，「道徳」と「社会科（公民的分野）」が両国でどのような歴史的変遷を辿ってきたかを整理し，平和教育の視点の必要性について述べる。最後に，両国の比較分析をする対象として教科書や副読本を取り上げ，具体的な分析方法について提示する。

2-1　「道徳」・「公民」と「平和」の関連性

　「道徳（moral）」と似た言葉に「倫理（ethics）」がある。ウェストンは，両者がしばしば同じ意味で使われることを確認した上で，両者の違いを次のように述べる。

　「道徳的価値は，生活の中で時間をかけて吟味され，不都合が見つかったならば必要な修正を施すというふうにして，ゆるやかに身についてきたものである。他方，「倫理」という語はもっと批判的で自覚的な鋭さをもっている。倫理において，価値を生きることから価値について考え抜くことへと，踏み出すことになる[1]」。

　このように，「道徳」と「倫理」には大きな違いはないが，あえて両者の違いをつけるとすれば，「倫理」が原理的な意味をもつのに対して，「道徳」は実践的な内容を含むことである。つまり，「倫理は道徳の理論」であり「道徳は倫理の実践」であると，道徳教育の専門家もその表裏一体の関係について述べている[2]。

　「道徳」と「倫理」の表裏一体性は，道徳と礼儀を説いた孔子や，それとは反

対の論を展開した老子の立場からもわかる。紀元前8世紀に始まる春秋時代は，強大な諸侯の国が各地に割拠し，互いに争うという無政府状態に陥った。この乱世の末期に生まれた孔子は，目前の無政府状態を克服して，周の初期の秩序ある社会を回復しようとする。そのためには，何よりも力による政治を排して，道徳による政治を実現しなければならないと考えた。家族道徳が政治の根本精神であり，その支配は伝統的な習俗である礼に基づいて行われるべきだという考えである。一方，老子はこのような乱世をもたらしたのは道徳と習俗に地盤をおいた支配原理そのものであったと批判し，道徳と礼儀といった文化そのものが諸悪の根源であり，自然に帰れと主張した[3]。これらの論争は，これまでゆるやかに身についてきた道徳について問い直し，またその価値を考え抜くことを通して，新たな倫理観を構築しようとしていることから，どちらが正しいというわけではなく真実の一面をそれぞれが語っているというふうに捉えることができる。後に荘子の時代になり，「儒教の本来の立場も礼の形式よりも，そのうちにある精神を尊ぶことにあったはずである[4]」と互いに歩み寄りを見せるようになっていく。

　そして，このような姿勢はカントの道徳哲学にも結びつくところである。中山（2006）は，カントの道徳哲学について次のように解説する。「カントの啓蒙の概念の重要性は，人間が自分の力で考えること，自分の知性を働かせて，疑問を抱き，疑問と思われるものを解明し，これまで知らなかったことを知る「勇気をもつ」ことを訴えたことにある[5]」。

　このようにカントの道徳哲学には，批判的で自覚的な鋭さをもって価値について考え抜くという倫理的な側面が強調されているのである。そして，カントは人間のうちに道徳的な心が存在するかぎり，人類は進歩し続けるに違いないと，人類について尽きることのない希望を抱き，永遠平和を実現するための国内体制や国際的な連合について考察している[6]。

　以上，「道徳」・「倫理」の概念について見てきたが，現実の道徳的問題にぶつかった時，批判的で自覚的な鋭さをもって考察し，創造的に問題を解決に導いていく姿勢は，「平和」を達成していく過程，つまり「直接的暴力」「構造的暴力」「文化的暴力」のない状態に向けて現実の問題を解決していく姿勢につながると考える。

次に，「社会科（公民的分野）」の中のキーワードである「公民」という概念について考察していく。教育思想事典には「公民教育」として次のような説明がなされている。「公民」という言葉は，国民や市民と異なり，独特のニュアンスを有する概念である。「公民教育」に相当するドイツ語は，国家的理念に基づいて国家公民の教育を行うという性格が濃厚である。他方，英語では"civic education"もしくは"citizenship education"で，市民社会，民主主義社会における良き市民として必要な資質，能力の育成という意味が含まれている。「公民教育」は，このように幅の広い概念であるが，いずれにせよ，国家もしくは市民社会の存続の必要性から，政策的に求められる教育であるという共通の性格を有している[7]。

グローバリゼーションが進行し，国民国家の意味が問い直されている現在において，既定の国家や市民社会の概念を前提として議論すること自体が問い直される必要があり，この点について Hoffman（2004）は既定の国民国家や市民社会の概念とは切り離した"citizenship"を提唱している。「国家（the state）は，"citizenship"の概念に対する障壁である。ここでは，全ての人々を含んだ一連の権利として定義したい[8]」。

これまで語られてきた「公民」の概念は国民国家を前提にした上で展開されてきた。それが幅の広い概念であったとしても，国家が独占的な機関としてある者を「包摂」する一方で「排除」する構図を崩すことはできない。小熊（1998）は，国民国家が抱える「包摂」と「排除」の構図について，「ある領域内の人びとに身分を問わない「国民」としての権利と平等」が「すべて「国民」内部のものであり，往々にして「国民」以外の者への差別・侵略・無関心といったマイナス面と，表裏一体でしか発生しない[9]」と述べる。

「コスモポリタン」や「地球市民（global citizen）」という概念でさえも，既存の国民国家を前提としている点で不十分だとしている。「新しい"citizenship"の概念は，これまでとは異なる形の新しい自由，自治，共同体等の概念に支えられる形で変容される必要がある」と説明している。そして，その論理は独立した個別性（atomistic）というより，むしろ関係性（relational）を重視するものである[10]。この"relational approach"とは，他者を通して自己を認識することができるといった他者との関係性を重視するものである[11]。そして，この新し

い"citizenship"の概念を定義する重要な考え方として"momentum concepts"を挙げている。"momentum concepts"とは，国民国家を基礎とした静的な概念ではない。つまり，常に変革の過程にあり，すべての人々を含んだ「今・現在」の闘争として永遠に変容し続ける[12]。この変革の過程は，例えば「人権」の概念がはじめは女性や移民を含んでいなかったことから少しずつ広がりを見せてきたように，国民国家を基底とした「公民」の概念も変容しつつあるのだ。

　以上のような新しい"citizenship"の概念に裏打ちされた「公民」，そしてその教育が現在求められているのではないだろうか。もちろん，アルチュセールが学校教育について言うように「成熟した資本主義的構成体において支配的な地位を占めるに至った〈国家のイデオロギー装置〉は，〈学校的イデオロギー装置〉なのである[13]」という面を忘れてはいけない。国民国家の支配的イデオロギー装置の内部で教育をすること自体が矛盾を抱えているのかもしれない。しかし，その国民国家のもつ暴力性に切り込んだ"momentum concepts"を基礎とした新しいアプローチは，現在の学校教育における平和創造の可能性ともなり，「直接的暴力」，「構造的暴力」，「文化的暴力」のない「平和」の状態につながるものである。

2-2　中学校「道徳」・「社会科（公民的分野）」の歴史的変遷と現況
(1) 日本の場合

　中村（2001）は，日本における道徳の歴史上の変遷を見る時，戦前から戦後への教育内容の転換が道徳に大きな影響を及ぼしていると述べている[14]。

　戦前に出された「教育勅語」（1890年）は，天皇を中心にして国民を統合するという特徴をもっていた。これが，そのまま「修身科」の内容に反映されている[15]。戦後は，「教育基本法」（1947年）にある「一人の個人としての完成を目指す」という目標をもとに学校教育が編成されていった。

　また，戦後道徳教育を特徴づける5つの文書を以下のように挙げ，歴史的変遷を概観している。

　①「公民科による道徳教育」（1946年）

　「修身科」が廃止され，臣民の道徳から市民の道徳へと転換する。

　②「道徳教育の振興に関する答申」（1951年）

民主主義の正しい理解を促す。道徳科の設置を否定し，社会科やその他の教育課程を再検討する。

③「小学校・中学校教育課程の改善について」(1958年)
道徳の時間を週1時間設置する。資料は社会的経験からの生きた資料と古典的作品を使用する。

④「期待される人間像」(1966年)
戦後改革を批判し，世界に開かれた日本人の重要性を述べる。

⑤「臨時教育審議会答申」(1987年)
日本文化の個性を重視し愛国心の大切さを説く。世界で通用する人間になるためには，まずよき日本人になる。

以上のような流れを引き継いでいるのが1998年改訂の学習指導要領である。その学習指導要領施行の年に開かれた「中央教育審議会」(2002年11月)の答申では，2000年代の道徳教育を語る上で重要なキーワードが挙げられている[16]。「新しい時代にふさわしい教育基本法と教育振興基本計画の在り方について」(中間報告)では，「グローバル化の進展と国際的な大競争時代」には，「たくましい日本人」が必要であり，「新しい公共」の精神が重要と述べている。「新しい公共」とは，ボランティア活動や体験活動などによって「公共」に主体的に参画する日本人の育成が求められおり，そのためには「伝統，文化の尊重」「郷土や国を愛する心」が重要であるという論理である。また，三浦朱門教育課程審議会会長からは，「限りなくできない非才，無才には，せめて実直な精神だけを養っておいてもらえればいいのです」という発言があった。これは，つまり2000年代の道徳が新自由主義とネオナショナリズムによって貫かれていることの証明であると言える。

一方，戦前から戦後における中学校「社会科(公民的分野)」の歴史的変遷については桑原(2004)の論文をもとに概略をまとめていく。桑原は，「中等公民的教科目は，公民科ではなく社会科公民として編成されるべきである[17]」として以下のように述べている。「公民科は，公民としての望ましい態度育成や生き方の習得を目標とし，そのために特定の思想を注入・形成しようとするものであるのに対して，国家や民族にとらわれない市民育成をめざし，自主的・自立的な思想形成を保障するのが社会科公民である[18]」。

以上，二つの視点から「戦前の公民科は，公民を天皇制のもとで臣民と捉えることで，天皇制国家体制を維持・発展させていくために必要な態度を形成する教科であった[19]」と指摘する。戦前の公民科に対して戦後は民主的な国家体制のもとで教育を再建しようと新た公民科が誕生した。以下，歴史的な概略を述べていく[20]。

①公民教育刷新委員会の設置（1945）

公民教育刷新の答申を作成し，文部省へ提出。封建遺制の克服と基本的人権の尊重とを民主主義の基盤に置く。1946年には，公民科の実際のカリキュラム案である「中等学校公民科教材配当表」が作成された。

②社会科の成立と編成（1947）

1947年（昭和22年）学習指導要領では中学校に総合的な社会科が設置。しかし，第二次改訂以降，社会科は実質的に解体の方向へ進む。中学校社会科は分科社会科へ変質していく。

③教科としての統一性を弱め，総合から分化へ（1958）

1958年（昭和33年）社会科学習指導要領改訂では，中学校の社会科において，教科として統一性を弱め，総合から分化へ，問題解決学習から系統学習へという方向性がはっきりと打ち出された。態度目標によって固定された教育内容を系統的に教授することで，特定の価値を注入する傾向が強まる。

④平成元年学習指導要領改訂（1989）

高等学校において社会科は廃止され，地理歴史科と公民科が新設された。中学校との社会科における学習との関連を考慮されたと言われているが，実質は態度目標が体制の維持・発展を促すように転換された。中学校では，社会科教科構造の再検討，さらには「課題学習」および選択「社会」の新設などを通してあらたな総合化への動きが現れてくる。

以上のように，中学校では現在まで「社会科という教科名のもとで公民的教科目が編成されてきたが，それが実質的に市民育成という社会科の理念に基づいていたのは，戦後のわずかな期間に過ぎなかった[21]」と桑原は指摘している。

中学校の「道徳」と「社会科（公民的分野）」は，その性格から公民教育の一環として密接に関係しながら現在に至っている。しかし，戦前の教育を反省してつくられたはずだった基本的人権と民主主義を基底とした市民育成教育のあ

り方が，文部科学省の方針や学習指導要領に明確に記載されたのは戦後のわずかな期間であり，2000年代には新自由主義とネオナショナリズムに貫かれた視点が両者に色濃く反映されている。

(2) 韓国の場合

チュビョンワンとパクピョンギ（2001）は，韓国での道徳教育の歴史的変遷を教育課程に沿って以下のように述べている[22]。

日本と同様に教育における大きな転換点（1945年）を境に「道徳」も大きく変わっていく。解放前は，日帝時代の古い教育体制から日本と同様に「修身科」が設置されていた。しかし，解放後は民主主義の理念を取り込んだ教授要目・教育課程へと変わっていった。詳細は以下の通りである。

①教授要目期（1945～54）

米軍政期に「修身」は廃止され，「公民」が設置される。「公民」では，特に民主道義教育を強調する。1946年には，「公民」・「歴史」・「地理」がまとめられ，「社会生活」となる。1952年には，「社会生活」から「社会」へと名前が変更される。しかし，朝鮮戦争の勃発により新しい教育計画が中断される。政府樹立後，道義教育（人格尊重，権利尊重，義務教育）と反共教育が重視される。しかし，両者を連結させる根拠が不足しており，なかなか定着しない。

②第1次教育課程（1954～63）

年間最低35時間の道義教育を行うように指導する。道義教育は全教科および教育活動で実施する。1956年には，道義教育の当面の目標（寛広高潔な人間性陶冶，反共・反日など）を決める。1957年には国定教科書『道義』を発行し，配布する。

③第2次教育課程（1963～73）

教育課程の構造改革を行われ，教科活動，反共・道徳生活，特別活動の3領域に編成される。反共・道徳教育を刷新し，一貫性のある指導を求める。中学校では，週に1時間から2時間ずつに増える。

④第3次教育課程（1973～81）

『道徳』教科が新設される。内容は，礼節生活，個人生活，社会生活，国家生活，反共生活に分類される。教科書の種類は，『民主生活』『勝共統一の日』

『国民教育憲章理解』から『道徳』へ一本化される。

⑤第4次教育課程（1981～87）

国民学校低学年で，道徳・国語・社会がまとめられて『正しい生活』（パルンセンファル）となる。中学校では，評価に対する指針（道徳的思考力と態度，習慣を評価）が提示される。

⑥第5次（1987～92），第6次教育課程（1992～97）

時代の変化に対応する道徳教育を目指す。統一問題（民族共同体の意識形成），民主的生活様式，資本主義経済倫理に力点を置く。

以上のような流れを引き継いで，第7次教育課程（1997～）がある。第7次教育課程の特徴は，世界化・情報化・多様化を志向する教育体制づくりである。それにともなって「道徳」でも，正しい人性をもった民主市民教育，道徳的徳性涵養，韓国人としての意識と態度の育成に力点が置かれている。

また，韓国における「社会科[23]」の歴史的変遷について，パクサンジュン(2006)はアメリカの「社会科」の変遷と関連づけながら，大きく四つの時期に区分して説明している。以下，その概略を示していく[24]。

①光復以前の時期

近代以前は，伝統社会の儒教的な徳目を教えることで儒教的社会秩序を持続させようという意図のもとで教育が行われた。1886年以降は，外国の宣教師によって設立された私立学校で，初めて政治，経済，法律など西洋社会に関連した内容で社会科学が教えられた。1910年の日韓併合以降は，日帝による植民地教育が強化された。この時期の公立小学校で教えられた「社会科」は，歴史と地理，修身と公民科目で，大部分が日本の歴史や地理が中心であり，皇国臣民化の道具として利用された。

②民主政府樹立の時期

1945年に朝鮮半島は米軍とソ連軍により分断された。米軍政府は，韓国で民主政治を実施し，民主社会で要求される市民性を育てるための社会科教育を導入した。1946年9月，米軍政府は，「初等学校教科編成および時間配当」を発表し，社会科の名称を「社会生活科」と呼び，地理，歴史，公民をすべて統合した教科を新設した。1947年に発刊された「教授要目」(1947-1954)以降，「社会科」は「社会生活科」として，主に地域生活での適応，国家に対する理解と

忠誠，道徳の体得などを強調した。

③独裁の時期

1950年〜60年代は，朝鮮戦争，李承晩政権の独裁と4・19革命，5・16クーデターと朴正熙政権の長期独裁など，政治的・社会的に混乱の時期であった。民主政治の定着や経済を成長させ社会生活を安定化させるという課題の解決をはかり，1955年8月には第1次教育課程（1955-63）が公布された。初等学校の「社会科」は統合教科とし，中・高等学校の「社会科」は，地理，歴史，一般社会などに細分化することで，「社会生活科」の位置を明確に規定した。また，社会生活の改善意志を育て，道徳教育を強調した。第2次教育課程（1963-73）では，「社会生活科」を「社会科」と改称し，反共と統一教育を「社会科」の目標に定めた。朴正熙政権になり，反共教育，安保教育，国民精神教育の名で，主に「社会科」と「道徳科」教育に反映された。第3次教育課程（1973-81）では，「社会科」教育課程は社会科学的な知識の構造を中心に構成され，国史教育を強化し，初等学校5年生に「社会生活科」の教科書を編纂し，「社会科」から「道徳科」を分離させ「国民倫理」科目を新設，高等学校では「一般社会」科目をなくし，「政治・経済」「社会・文化」の2科目にしたのが特徴である。1979年には全斗煥と盧泰愚などの新軍部勢力が12・12クーデターで政権をにぎった。民主化を要求する学生と市民たちのデモが大きく起こり，1980年5・18光州民主化運動につながった。このような混乱の中で，全斗煥政権と軍部勢力は民心を買うのに，正義社会の具現，福祉社会建設，民族文化暢達という統治理念を提示し，教育改革措置を推進した。第4次教育課程（1981-87）では，「社会科」教育課程は国民精神教育の体系的な反映，「社会科」で育てなければならない人間像の確立，全人教育に寄与できる内容の選定，教育内容の統合と系列化，初等学校1・2年生の「正しい生活」教科書の編纂，体系的な国史教育の強化などに特徴づけられる。

④民主化の時期

1987年4月に，全斗煥政権が現行憲法維持を表明した4・13護憲措置以降，6月には独裁と人権弾圧，違憲的な長期執権に反対する国民的抵抗運動が全国的に発生した。このような強烈な民主化の波の中で出帆した盧泰愚政府は，新しい民主社会の要求と国際社会の変化に対応できる教育課程をつくる必要があ

った。第5次教育課程（1987-92）では，「社会科」教育課程は，社会現象に対する知識の実生活適用，価値・態度および機能の教育，問題解決能力の向上，国際理解教育，環境教育，進路教育，伝統文化の継承と創造，教育内容の量と水準の適正化と地域化などを特徴とする。第6次教育課程（1992-97）では，「社会科」教育課程は，初等学校社会科の特性を明瞭化し，中・高等学校との連携性を体系化した。社会科教育課程の統合を積極指導し，初等学校1・2年生に「賢い生活」を新設した。

以上のような，「社会科」の歴史的変遷を経て，第7次教育課程（1997〜）に至る。韓国でも，中学校の「道徳」と「社会科（公民的分野）」は，その性格から公民教育の一環として密接に関係しながら現在に至っている。植民地支配や軍事独裁に翻弄された歴史から，教育もその影響を大きく受けざるをえなかった。しかし，1980年代の民主化の時期以降，民主市民教育として大きく変わってきたことがわかる。

2-3 中学校「道徳」・「社会科（公民的分野）」における包括的な平和教育の視点の必要性

道徳教育の目的について金（2001）は次のように述べている[25]。「道徳科は1つの社会が維持・発展されるために成長する青少年に対してその社会の価値体系を内面化し，共同体的な生き方の基盤を準備することを目的としている。（中略）歴史をふりかえってみても道徳教育は教育の根本的な目的となっており，現在の教育においても最も根本的な目的は道徳教育の目的と同じであると言える」。

このことから，道徳教育について研究することは，それ自体がそれぞれの国における公教育を行うことの意味や目的について知ることにつながることを示唆している。また，その性格から道徳教育が国家によるイデオロギー教育と関連してきたことも無視できない点である。つまり，「公教育が現実には各国家の支配的思想を教える国民教育である」という中村（2004）の指摘はこの意味を含んでいる[26]。

中村は，近代から続いている国民教育の矛盾や問題点について続けて述べている[27]。「国民教育論は，一つの国家を構成する全成員がすべて同じ国民性を

共有すべきだと考えた。文化的に同質な国民は，相互に深く理解し合うことができ，また緊密に協力し合うことができると考えたからである。同じ考え方に立てば，人類全体が理解し協力し合う一つの平和な世界をつくるためには，人類全体が同質な文化をもつ世界市民にならなければならないはずである。このような考え方に立つならば，世界はいずれ人類に普遍的な文化によって統一されることを要する。それは，世界の諸国家，諸地域の文化的異質性を否定することに他ならない。国民教育論は，一方で各国民の独自性を強調しながら，他方では世界の文化的同質性を想定するという点でも，矛盾に陥っている。」つまり，国民教育論は矛盾におちいっており，その限界性が指摘されている。国民教育が成功したところは，国内の対立を解消して安定した国民国家をつくりあげた。しかし，祖国愛の延長線上に人類愛が根づくことはなかった。国家間の対立は依然として残り，その対立が国民全体を巻き込む一層深刻な事態となっている。

　それでは，以上のような問題を克服する未来に向けてどのような公教育の理念が必要であり，それが反映された道徳教育とはどうあるべきだろうか。

　藤永（2005）は教育の役割について次のように述べている[28]。「教育の役割として考えられるのは，一つは既存の文化の継承能力の育成と，次の新しい文化を創造する能力の育成であるといえよう。（中略）道徳性は，社会性（社会適応の能力）と普遍性（脱社会的視点からの批判能力）という二つの側面を合わせて考えなくてはならない」。つまり，国民教育には「新しい文化を創造する能力の育成」という視点が欠けている。新しい社会や文化を創造する際に基本となる道徳の普遍的理想を追求するのが，「いのち」や「人権」を中核とした包括的な平和教育であると考える。

　人権の普遍性に関しては，西洋の概念である人権がアジアには固有の文化があり根づかないといった見方もある。しかし，明らかに人権侵害の事実がある場合，固有の文化を言い訳に見過ごすことはできない。

　また，上記のような「普遍的な価値観」と述べる際に気をつけなければならない点がある。それは，馬渕（2002）が以下のように言及している。「「〈皮膚の奥で〉我われ人間はみな兄弟であるという考え方のセンチメンタリティは，文化的相違だけではなく，支配と不平等に関する歴史的事実を覆い隠してしま

う」(R・バルト，1973)という指摘や，「このようなヒューマニズムに基づく普遍主義を標榜する主張は，たいていの場合，支配的な文化の側から唱えられるものだ」(J・トムリンソン，1991)という見解を受けて，この二つの視点は大変重要であり，同時にそれは，ユネスコ等の唱道してきた普遍的とされる「共生」概念が，文化間や社会内部の力関係に対してはナイーブであることへの批判でもある[29]」。つまり，馬渕は支配的な文化の側から一方的に唱えられた普遍的理想の危険性について述べているのである。

この点に関しては，駒込（1996）も，「日本人」という観念の改編に焦点をあて，サイードが述べた「新しい普遍性」という言葉を引用しながら次のように説明する。「すなわち，「日本人」という観念を基軸とした排除の構造を改編していくことである。アメリカのような欧米諸国が人権など普遍的な価値に関わる語彙を独占してきた以上，それは，日本社会の歴史的な現実に即して「新しい普遍性」の構築を目指すものでなくてはならない。逆にまた，そうした志向に貫かれていない宗教やモラルの復権は，「一国の繁昌」こそが支配的な価値観となった社会において，若干の宗教的な情緒を補填する役割しか果たしえないだろう[30]」。そこには，駒込が「民族主義が民族の外部にある他者の権利を侵害することにつながりやすい」と同時に，「普遍性に関わる語彙を独占してきたアメリカ合衆国の権力」が抱える矛盾について述べたサイードの指摘を，どのように日本に応用できるのか模索しているのがわかる。

以上のような点を考慮し，道徳教育における普遍的理想を掲げる際に以下，本橋（2005）が指摘する視点を忘れてはならない。本橋は，スピヴァクを例に挙げて次のように説明している。「倫理とは単に知識の問題ではなく，なによりも関係性への呼びかけであること。（中略）「倫理的である」とは道徳的に正しいことというよりもむしろ，そのような他者との関係を作ろうとする営みを怠らないということである[31]」。ここで，本橋が強調するのは他者に向き合い，彼らの声を聞き，対話しようとする視点である。「普遍的理想」が一方的な押し付けにならないようにするためには，この視点を心がけることが大切である。

道徳教育は，国家の教育目的を具現化する教科である。近代から今までに主流となっている「道徳」を中心とする国民教育がグローバル化，多元化する社会の中でその限界性を現してきている。そこで提唱されるべきなのは日本と韓

国の歴史的な現実に即した，新しい「普遍的な道徳的理想の追求」であり，「いのち」や「人権」を中核とした包括的な平和教育がその根幹となりうるはずである。またその際，一方的な強者の論理の押し付けにならないように，他者と向き合い，声を聞こうとする視点を忘れてはならない。

以上のような「道徳」における「新しい普遍性」の構築は，2-1で述べた「社会科（公民的分野）」における新しい"citizenship"のあり方と共通する。新しい"citizenship"は，関係性を重視しすべての人を含んだ「今・現在」の闘争として変容し続ける。それは，「新しい普遍性」の構築に向け他者と向き合っていくことを必要とするのである。

このような，「道徳」における新しい「普遍的な道徳的理想の追求」や，「社会科（公民的分野）」における新しい"citizenship"のあり方は，具体的に第1章で述べた平和教育の包括的な展開における四つの視点から以下の通り説明できる。

①学校全体の横断的なカリキュラム

個別の授業時間内だけで授業を組み立てるのではなく，平和教育や人権教育を主に行ってきた「社会科」や「道徳」などを中心に他教科，特別活動などと関連させてカリキュラムを構成する。領域を固定せず，広く教科間の関係性の中で学習を構築していく。

②カリキュラムを支援する複数の組織

国民国家がある者を「国民」として「包摂」する一方で，それ以外の人々を「排除」していくという暴力性は，学校カリキュラムを教師や学校内だけで完結させる構図と共通する。さまざまな人々が広くカリキュラムや授業構成に関わっていくことで，国民国家に立脚した学校教育を解放し平和創造の可能性となる。

③平和教育の内容の多様性

反戦平和教育や南北統一教育としてこれまで発展してきた平和教育は，「今・現在」の闘争として「直接的暴力」「構造的暴力」「文化的暴力」をなくす幅広い概念に変容し続けている。それは，個別に発展してきた人権教育，多文化教育，環境教育などと関連させながら教育内容を構成していくことである。

④多岐にわたる手法

　脱社会的視点からの批判能力や，他者と向き合い声を聞こうとする姿勢を育成するには，教師からの一方的な授業の説明や生徒が個人で考える授業だけではなく，参加型学習やフィールドワークなどを通してさまざまな人々と向き合って話し，体験しながらテーマを深めていく授業が必要である。

　以上のような視点を重視し，従来両国の「道徳」や「社会科（公民的分野）」で取り扱ってきた内容編成の特質や個性を尊重しながら，それらの学習を平和教育カリキュラムの一部として編成していきたいと考えている。

2-4　中学校「道徳」・「社会科（公民的分野）」の教科目標における平和理念の反映

（1）日本の場合

　前節で確認してきたように，近代における日本の公教育は国民教育であり，経済の高度成長を担うための人材育成の必要性から，公教育としての学校教育に要請されて確立されたものである。藤井（2003）は，これを「産業化された社会における〈隠れたカリキュラム〉である」とし，次のように述べている。「わが国において，終戦直後の一時期を除いて，公教育としての学校教育では，子どもたちが産業化された社会に適応するための必要性に基づいて，知識や技能の伝達と態度の形成がなされてきたといえる。この点で，国家的にも社会的にも，子どもたちが将来，産業化された社会において適応できるように，知的・態度的に育成することが公教育としての学校教育の課題であり，また，そのようにして産業化された社会において，自らの「身を立てる」ための資源を獲得できる機会を与えることが，教育権を保障することだと考えられてきた[32]」。

　以上のような教育の結果何が起こったかは周知の通りである。子どもたちに高校・大学への進学の機会を拡大し，結果として多くの子どもたちを「受験戦争」に巻き込むこととなった。このことが，子どもたちに「学校ストレス」を感じさせ，1970年代末からの「校内暴力」，それに続く「いじめ」「不登校」などが顕在化してきた。以上のような問題の克服にと「道徳」が中心となり唱えられてきたのが，「ゆとり教育」を原点とした「生きる力の育成」や「心の教育」である。

「生きる力」や「心の教育」の詳細については，下記の通り 2002 年度施行の学習指導要領改訂にともなった道徳教育改訂の要点から窺うことができる。

〈道徳教育改訂の要点〉[33]
1 これからの学校と道徳教育
(1) 学校は，生徒の豊かな人格を形成する場であり，これを目指して教育指導が行われている。学校の教育活動の中で人格の基礎をなす道徳性の育成を目標とする道徳教育は，極めて重要な役割を担っている。
(2) これからの学校教育は，生徒に「生きる力」を育成することを基本的なねらいとして行う必要がある。
(3) 「生きる力」の核となるのが豊かな人間性である。
中央教育審議会は，第一次答申（平成 8 年 7 月）では，豊かな人間性について
　①美しいものや自然に感動する心などの柔らかな感性
　②正義感や公正さを重んじる心
　③生命を大切にし，人権を尊重する心などの基本的な倫理観
　④他人を思いやる心や社会貢献の精神
　⑤自立心，自己抑制力，責任感
　⑥他者との共生や異質なものへの寛容
などの感性や道徳的価値を大切にする心であるととらえられている。
(4) 道徳教育は，道徳的価値を大切にする心やこれを日常生活に行為として現すことができる力を育てる教育であり，心の教育ということができる。
(5) これからの学校教育は，生徒がかけがえのない一人の人間として大切にされ，自己存在感と自己実現の喜びや友達と共に学び合う喜びを実感できる教育活動を展開する必要がある。
(6) 生徒の学校生活を支えるものとして重視しなければならないものに，生徒相互の好ましい人間関係の育成や教師との信頼関係の確立，さらには学級の温かい雰囲気，心の居場所としての学級に対する所属感の醸成などがあげられる．これらは道徳教育の充実と深くかかわっている。
以上のことから，これからの学校教育においては，道徳教育を一層充実し，

推進する必要がある。

上記道徳教育改訂の要点の (3) - ③では,「生きる力」の核になる豊かな人間性について,「生命を大切にし,人権を尊重する心などの基本的な倫理観」を挙げている。これは,まさしく「いのち」や「人権」を中核とすることの大切さがここで述べられていることがわかる。また, (3) - ④では,「他者との共生や寛容」を挙げており,さまざまな人々と共に生きていくという基本的な平和の理念につながるものと理解できる。

しかし,ここで気をつけなければならないのは,表面的に肯定されている「生きる力」「心の教育」が国家により「新自由主義改革」という名のもとで推し進められる時,上記の要点にある「生命尊重」「人権尊重」「他者との共生・寛容」といった平和教育の理念が歪められる危険性があることだ。

「新自由主義」の「自由」とは,競争原理の自由・市場原理の自由であり,多元性や個性を保障するものではなく,新しい格差と統制を生み出すものである。例えば,「学校選択の自由」が小中学校にも導入されつつあるが,これは高校・大学同様の格差や不本意入学という状況をもたらす危険性がある。さらに,低年齢ほど子どもの学力に対する出身家庭の経済状況などの影響が強くなってしまうのである[34]。

経済評論家の内橋克人は,以下のように新自由主義・競争至上主義を批判している。「努力したものが報われるのは当然のことだ。ただ,現実が努力したくてもその機会を十分与えられない人が増え,機会の不平等が結果の不平等を拡大している。努力が報われるという前提条件がすでに破綻している[35]」。

以上のように,日本の中学校における道徳教育の一般的な目標には,平和の理念の中核となる「生命尊重」「人権尊重」「他者との共生・寛容」といった項目が挙げられており,「道徳」における平和の理念が反映されているものと見ることはできる。しかし,一方でそれと共に推し進められている教育現場に対する「新自由主義改革」により,それが形骸化していく恐れが出てきている。

一方,中学校「社会科(公民的分野)」の目標については以下の通りである。

〈公民的分野の目標〉[36]

・個人の尊厳と人権の尊重の意義,特に自由・権利と責任・義務の関係を広い視野から正しく認識させ,民主主義に関する理解を深めるとともに,国

民主権を担う公民としての基礎的教養を培う。
・民主政治の意義，国民の生活向上と経済活動とのかかわり及び現代の社会生活などについて，個人と社会とのかかわりを中心に理解を深めるとともに，社会の諸問題に着目させ，自ら考えようとする態度を育てる。
・国際的な相互依存関係の深まりの中で，世界平和の実現と人類の福祉の増大のために，各国が相互に主権を尊重し，各国民が協力し合うことが重要であることを認識させるとともに，自国を愛し，その平和と繁栄を図ることが大切であることを自覚させる。
・現代の社会的事象に対する関心を高め，様々な資料を適切に収集，選択して多面的・多角的に考察し，事実を正確にとらえ，公正に判断するとともに適切に表現する能力と態度を育てる。

　以上で見られるように，中学校「社会科（公民的分野）」の目標には，「個人の尊厳と人権の尊重の意義，特に自由・権利と責任・義務の関係を広い視野から正しく認識させ，民主主義に関する理解を深める」「世界平和の実現と人類の福祉の増大」，さまざまな資料に関して「多面的・多角的に考察し，事実を正確にとらえる」など，平和や共生の理念に通じるところが見られる。
　しかし，ここでやはり考えなければならないのは「公民」とは何をさしているのかという点である。目標の中で述べられているのは，「国民主権を担う公民」であり，「各国民が協力し合うこと」である。これは，1970年に出された『中学校指導書社会編』の中で公民的資質の中核として説明されている部分と基本的な考え方は変わっていない。それは，（ア）国民主権の原則にふさわしい国民になろうという自覚，（イ）このことと深い関連があるが，自分たちが，地域社会および国家のにない手であるとの自覚とその発展に尽くそうとする態度，（ウ）これらの自覚に基づく政治・経済・社会・国際関係などに関する豊かな教養，（エ）自由・権利と社会的責任・義務についての正しい認識，（オ）この認識に基づいて権利・義務の主体者として自主的に行動するための諸能力，である。
　このような国民＝公民として国民国家と強く結びついた認識に対して，「国際化の進展が加速化する今日，「国際社会に生きる」日本人，地球人としての

新たな資質が再考され，付加されるべきである」という意見もある[37]。前節で述べたように，国民国家の意味が問い直されている現代において，既定の国家や市民社会の概念を前提として議論すること自体が問い直される必要があり，「公民」の概念も国民と一面的に一括りに規定することが難しくなってきている。さまざまなバックグラウンドをもつ複合的なアイデンティティをもつ人々にも平等な権利としての"citizenship"の概念が求められている。国民国家を基盤とした「包摂」と「排除」の繰り返しを避けるために，「今・現在」変容しつつある概念としての"citizenship"を考えながら「社会科（公民的分野）」の学習そのものを捉え直す時期にきている。

(2) 韓国の場合

韓国での「道徳」は，もともと1948年8月15日の韓国政府樹立後，「道義教育」と「反共教育」からスタートした。特に朝鮮戦争を経て社会が混乱におちいり退廃的な風潮が拡散していたので，学校での「道義教育」が強調されただけでなく，北朝鮮の共産主義との対立的な構図から反共の重要性が拡大し「反共教育」が要請された。ここで述べられている「道義教育」とは，民主国家においてもつべき人格尊重，権利尊重，義務遂行等に関連する徳目が何かを研究，実践し，健全な人生観をもち，さらに民主国家の国民としての資質を備えるようにするところに力点を置いた。それ以降，時代や社会の変化に合わせて7回の教育課程改訂を行ってきた[38]。

第7次教育課程は，1997年12月30日に教育部告示第1997-15号で改訂・公布された。これは，世界化，情報化，多様化を志向する教育体制の変化と急速な社会変動，科学・技術と学問の急速な発展，経済・産業・就業構造の変革，教育需要者の要求と必要の変化，教育条件および環境の変化等にしたがって改訂が不可避となりできたものである。ここでは，「弘益人間（広く人間世界に利益を与えること。檀君の建国理念）」の理念のもと全国民が人格を陶冶し，自主的な生活能力と民主市民としての必要な資質をもてるように人間らしい生を営めるようにし，民主国家の発展と人類共栄の理想の実現を支えることが教育目標として提示された[39]。

また，第7次教育課程での「道徳」の特徴は，以下のように述べられている。

「'道徳'は，新教育課程改訂の基本方向で最も強調されている「人性（人間の先天的な性質）教育」と民主市民教育，そして国家的な次元で重視される「統一対備（統一に備えた）教育」と国家安保教育を核心領域として扱っている核心教科である。'道徳'は望ましい生のために道徳規範と価値問題を扱う規範科学的観点と社会秩序の維持および国家・民族の発展のための国民意識形成問題を探求する社会科学的な観点を中心に学際的な接近を指導する[40]」。

　また，大統領の諮問機構である教育改革委員会は，1995年5月に'新教育体制樹立のための教育改革法案'を発表した。この教育改革委員会は，新教育体制が追求する人間像として「共に生きる人間」「賢明な人間」「ひらかれた人間」「仕事をする人間」を設定し，これを達成するために学習者中心の教育，教育の多様化，自立と責務性に基礎を置いた学校運営，自由と平等が調和した教育，教育の情報化，そして質の高い教育を目標として追求しており，道徳教育と関連したものでは，人性および創意性を含んだ教育課程，学習者の多様な個性を尊重する初・中等教育運営等の教育改革法案を実行している[41]。

　以上のように，韓国の中学校における「道徳」では，「民主主義教育」「多様な個性の尊重」「人間らしい生」「共に生きる人間」「人類共栄」など，生命尊重や人権尊重といった平和の理念に通じるものが多く見られる。しかし，個人の自律性などの個人的な徳目から出発して社会と国家の発展に対する寄与をあまりに強調しすぎると個人→家族→社会→国家という同心円的な図を描きやすく，個人の権利の尊重よりも国家に寄与する人間づくりに力点が置かれるような「国民教育」となる危険性をはらんでいる。

　それでは，「社会科」の教科目標には，どのように平和の理念が反映されているだろうか。教科目標は次の通りである。

〈「社会科」の特徴と教科目標〉[42]

　社会科は，社会現象を正しく認識し，社会知識の習得と社会生活に必要な機能に慣れ，民主社会の構成員に要請される価値と態度をもつことで，民主市民としての資質を育成する教科だ。社会科で教えようとする民主市民は，社会生活を営むのに必要な知識をもち，人権尊重，寛容と妥協の精神，社会正義の実現，共同体意識，参与と責任意識などの民主的価値と態度を涵養し，

さらに個人的,社会的問題を合理的に解決する能力を育てることで個人の発展はもちろん,国家,社会,人類の発展に寄与できる資質を備えた人である。(中略)中学校では,各領域で重要視する知識を科学的な手続きによって発見,適用し,個人的,社会的問題を解決する能力を育て,共同生活に自発的に参与する市民精神を発揮させる。

以上のように,「社会科」の究極的な目標は「民主市民を育てる」ことだと言える。「人権尊重,寛容と妥協の精神,社会正義の実現,共同体意識,参与と責任意識などの民主的価値と態度を涵養」することや,「人間生活の多様性を把握」すること,「民主的社会生活のために解決しなければならないさまざまな問題を把握」すること,「個人生活および社会生活を民主的に運営する」ことなど,平和の理念に通じる文章が多く込められている。それは,「社会科」の指導内容の細目にも次のような文言があることからも理解できる。「民主主義が変遷する過程で,市民の自由,権利と国家権力はどのような関係にあるのかを政治形態と生活方式の二つの側面から総合的に理解する[43]」ということである。このように,「民主市民」をどのように育てるかという点に力点が置かれ,具体的な細目にまで記述がある点は,韓国で「民主市民教育」を積極的に推進しようという姿勢の現れであり,高く評価できるところである。

しかし,韓国の「民主市民教育」が「社会科」の歴史的変遷の中でどのように発展してきたのかを注意深く見ていく必要がある。車(2000)は,韓国の「民主市民教育」の歴史について次のように述べている[44]。「解放直後は,わが国が西洋に比べて後進的な状況にあり西洋の文化と制度をそのまま模倣し,学ぼうとする傾向が強かった」。つまり,アメリカ型の民主主義や社会科教育のあり方をそのまま受け入れた形で,韓国の「民主市民教育」はスタートしている。

また,韓国における市民社会のあり方について,康(2006)は,「抵抗的市民社会」であったとして次のように説明する[45]。「資本主義の成長を基盤にした西欧社会と異なり,日帝に対する独立運動,解放以降の権威的な軍事独裁に対する民主化運動を経て国家に反発する抵抗的市民社会に成長してきたが,90年代に入り転換期を迎えている」。つまり,内部の力によるものというよりも外部に対する反発力によって市民社会が形成されてきた。そして,それは「外部

の強制力に対する闘争の過程でつくられてきたために，合理性と持続性が不足し，非合理的で扇動的に流れる可能性を内包している」と指摘する。

以上のように，韓国の市民社会は外部勢力に対する抵抗から形成されてきたために，「量的に成長はしたが質的にはまだ成熟していない」という見方である。そして，康大賢は教育に対しても「国家と市場から距離をおくことで市民教育が可能であり，そうすることで市民社会の内部的な成熟を促す」と指摘している[46]。

このような見方は前節までに述べてきたHoffman（2004）の"citizenship"の概念と通じるものであり，その新しい"citizenship"のあり方が日本と同様に韓国の平和教育にも大きく影響するものと考える。

2-5　中学校「道徳」・「社会科（公民的分野）」における包括的な平和教育の比較分析方法

日本と韓国の中学校「道徳」の比較については，両国で使用されている教科書と副読本の内容分析をしていく。教科書や副読本は，その教科の授業を構成する上で重要な教材であり，また客観性をもって比較することができる。韓国は国定教科書（2007年度改訂により検定済教科書に変更）があり，日本もそれに近い形で配布された「心のノート」がある。しかし，一般的には副読本を採用している学校は多い。韓国は第7次教育課程，日本は2002年度施行の学習指導要領下で発行されている，2004年度のものを使用する。詳細は以下の通りである。

〈比較分析する中学校「道徳」教科書と副読本〉（2004年度）[47]

韓国：全て国定教科書	日本：全て資料としての副読本
『中学校道徳1』	『中学校心のノート』（文部科学省・あかつき）
『中学校道徳2』	『中学生の道徳』（あかつき）
『中学校道徳3』	『道徳の学習ノート』（吉野教育図書）
（以上，韓国教育人的資源部）	『道しるべ』（正進社）
	『よりよく生きる』（学宝社）
	『ゆたかな生き方』（創育）
	『生きる力』（大阪書籍）〈2005年〉
	『かけがえのないきみだから』（学研）〈2005年〉
	『道徳の学習』（秀学社）〈2005年〉

日本の副読本については,全学校に配布された「心のノート」との関連から「中学生の道徳」(あかつき)を主な分析対象とし,その他の副読本については補助的なものとして扱う。

日本と韓国の中学校「社会科(公民的分野)」については,両国ともに検定済教科書が使用されている。韓国は第7次教育課程,日本は2002年度施行の学習指導要領下で発行されている2006年度のものを使用する。日本では,公民的分野の教科書は1冊としてまとまっており3年生で学ぶが,韓国では,「社会科」の中の一部として「世界史」や「地理」と同じ教科書の中に,「公民的分野」が2年生の後半から3年生にかけて収録されている。詳細は以下の通りである。

〈比較分析する中学校「社会科(公民的分野)」教科書〉(2006年度)

韓国	日本
『社会2』『社会3』 (以下出版社名: 　高麗出版, 　教学社(2種類), 　クムソン出版社, 　図書出版ティディムトル, 　トンファ社, 　中央教育振興研究所, 　チハク社)	『中学社会公民的分野』(大阪書籍[48]) 『中学社会　公民ともに生きる』(教育出版) 『新中学校公民改訂版　日本の社会と世界』(清水書院) 『中学生の社会科公民　地球市民をめざして初訂版』(帝国書院) 『新編新しい社会公民』(東京書籍) 『わたしたちの中学社会公民的分野』(日本書籍新社) 『中学生の社会科公民　現代の社会』(日本文教出版) 『新訂版新しい公民教科書』(扶桑社)

以上の教科書や副読本について,1-2 (2) 項の「平和教育プログラムの学習内容」で提示した中核となる項目の中から「多文化共生教育」プログラムに関連する主要なテーマ(いのち・子どもの権利,さまざまな差別)をもとに,第3章から第5章にかけて分析していく。

註

1　Weston, A.(著)野屋茂樹他(訳)(2004)『ここからはじまる倫理』p.10(春秋社)
2　小寺正一・藤永芳純(編)(2006)『新版道徳教育を学ぶ人のために』pp.3-6(世界思想社)

3　森三樹三郎（2006）『老子・荘子』pp.18-24（講談社文庫）
　4　森三樹三郎　前掲書　pp.102-103
　5　中山元「解説—カントの思考のアクチュアリティ」（カント，I.（著）中山元（訳）(2006)『永遠平和のために／啓蒙とは何か他3編』pp.280-284（光文社古典新訳文庫））
　6　中山元　前掲書　pp.361-376
　7　教育思想史学会（編）（2000）『教育思想事典』pp.281-283（勁草書房）
　8　Hoffman, J.（2004）*Citizenship beyond the state*（p.2）. Sage.
　9　小熊英二（1998）『〈日本人〉の境界—沖縄・アイヌ・台湾・朝鮮　植民地支配から復帰運動まで』p.636（新曜社）
　10　Hoffman, J.（2004）op. cit., pp.17-19
　11　Hoffman, J.（2004）op. cit., pp.9-12
　12　Hoffman, J.（2004）op. cit., pp.12-13
　13　アルチュセール，L.（著）西川長夫他（訳）（2005）『再生産について—イデオロギーと国家のイデオロギー諸装置』p.205，p.344（平凡社）
　14　中村清（2001）『道徳教育論—価値観多様化時代の道徳教育』pp.81-105（東洋館出版社）
　15　岩本俊郎他（編）（1994）『史料道徳教育の研究〔新版〕』pp.48-100（北樹出版）
　16　勝山吉章（2003）「教育改革論議のなかの〈道徳〉の正体とは—新自由主義とネオナショナリズムが求める道徳」（土戸敏彦（編）『〈きょういく〉のエポケー第三巻　〈道徳〉は教えられるのか？』pp.200-211（教育開発研究所））
　17　桑原敏典（2004）『中等公民的教科目内容編成の研究—社会科公民の理念と方法』p.12（風間書房）
　18　桑原敏典　前掲書　p.12
　19　桑原敏典　前掲書　p.13
　20　片上宗二（編）（1984）『敗戦直後の公民教育構想』pp.11-24（教育史料出版会），社会認識教育学会（編）（2000）『改訂新版中学校社会科教育』pp.6-24（学術図書出版社）
　21　桑原敏典　前掲書　pp.14-15
　22　チュビョンワン・パクピョンギ（2001）『倫理学と道徳教育2』pp.80-121（図書出版インガンサラン）〔韓国語〕
　23　韓国における「社会科」は，「歴史，地理，政治，経済，社会，文化」などを統合した教科として呼ばれている。しかし，解放以降長期間「社会生活科」と呼ばれてきたために現在でも多く使用されている。また，「一般社会科」という用語は，「社会科」の「歴史教育」と「地理教育」を除外した「政治，経済，文化」などのいわゆる「公民科」を指す用語として使われてきた。現在，「一般社会科」という科目は事実上なくなっている。（車京守（2004）『現代の社会科教育』p.25（学文社）〔韓国語〕）本書では，日本の「社会科（公民的分野）」との比較という視点から，混乱を避けるために日本と同じ用語を使用する。
　24　パクサンジュン（2006）『社会科教育の理論と実際』pp.27-33（教育科学社）〔韓国語〕
　25　金眞　前掲論文　p.52
　26　中村清（2004）『改訂公教育の原理—多文化社会の公教育』p.56（東洋館出版社）

27　中村清　前掲書　pp.79-82
28　藤永芳純（2005）「道徳教育の多様性―教育の保守性と創造性」（越智貢他（編）『応用倫理学講義6 教育』pp.168-170（岩波書店））
29　馬渕仁（2002）『異文化理解のディスコース―文化本質主義の落とし穴』pp.107-108（京都大学学術出版会）
30　駒込武（1996）『植民地帝国日本の文化統合』pp.388-389，pp.453-454（岩波書店）
31　本橋哲也（2005）『ポストコロニアリズム』p.158（岩波書店）
32　藤井千春（2003）「公教育の新しい方向」（佐野安仁（監修）『現代教育学のフロンティア―新時代創出をめざして』pp.106-107（世界思想社））
33　文部科学省（2002）道徳推進指導資料『中学校　心に響き，共に未来を拓く道徳教育の展開』pp.3-9
34　教育基本法改悪反対！12・23全国集会広報連絡委員会編集・発行（2004）報告集『12・23教育基本法改悪反対全国集会』
35　朝日新聞　2005年1月14日付
36　京都市教育委員会（2006）『京都市立中学校教育課程京都市スタンダード指導計画　社会』p.98（京都市教育委員会）
37　社会認識教育学会（編）　前掲書　pp.20-23
38　チュビョンワン・パクピョンギ他　前掲書　pp.80-83
39　チュビョンワン・パクピョンギ他　前掲書　p.112
40　教育部（1998）『中学校教育課程　別策3』p.62（大韓教科書株式会社）［韓国語］
41　崔鉉浩（2002）『南北間中等道徳教科書比較―価値徳目による人間観・国家観・社会観比較』p.113（哲学と現実社）［韓国語］
42　教育部（1998）『社会科教育課程　別策7』pp.28-31（大韓教科書株式会社）［韓国語］
43　教育部　前掲書　p.73
44　車京守（2000）『21世紀社会科教育課程と指導法』pp.291-294（学文社）［韓国語］
45　康大賢（2006）『韓国市民社会と市民教育』pp.169-172（韓国学術情報）［韓国語］
46　康大賢　前掲書　pp.160-168
47　日本の道徳副読本の一部（大阪書籍・学研・秀学社）については2005年度発行のものを参照した。
48　大阪書籍の教科書は日本文教出版に引き継がれ，2009年4月から発行社名は日本文教出版になっている。日本文教出版HP（http://www.nichibun-g.co.jp/）を参照。

3. 日・韓が共有できる包括的な平和教育の主要テーマの考察
—中学校「道徳」副読本・教科書の内容分析

　本章では，前章で示した平和教育の中核となる主要なテーマ（いのち・子どもの権利，さまざまな差別）について，両国の「道徳」の副読本と教科書の内容分析を行っていく。各国それぞれの特徴や共通する部分などを整理し，比較考察を行う。そこから，両国が平和教育プログラムを実施する上で，共有する主要なテーマの課題を明らかにする。

3-1　いのち・子どもの権利
(1) 日本の場合
　本項では，いのちや子どもの権利を含む基本的な権利や義務についてまとめる。まず，いのちをテーマとして扱ったものは以下の通りである。

〈いのちをテーマとして扱ったもの一覧〉

出版社（学年・ページ） タイトル（主題）	主な内容の要約
文部科学省（p.61） この地球に生まれて（自然のすばらしさに感動できる人でありたい）	ただ一度きりのいのち，この瞬間を精一杯生き抜こうというメッセージが書かれている。
文部科学省（pp.66-69） かけがえのない生命（限りあるたったひとつの生命だから）	生命というたった一つのかけがえのないもの，生まれた時のことをふりかえろう，生命について学んだことを書き留めておこう。
文部科学省（pp.74-77） 生命を考える（生命とは何か）	偶然性，有限性，連続性をキーワードに，生命に対するメッセージが書かれている。
あかつき（1年 pp.18-20） 語りかける目（生命の尊重）	阪神淡路大震災の時，瓦礫の中に取り残された母を置いて逃げざるをえなかった少女との出会いを書いた，警察官の手記。

54   3．日・韓が共有できる包括的な平和教育の主要テーマの考察

あかつき（1年 pp.52-55） 生命の誕生ってすばらしい（生命のすばらしさ）	筆者が母親のお腹にいた時から生まれてくるまでのエピソード。流産しやすい体質の母親が細心の注意を払って日常生活をすごし，出産した時の感動が書かれている。
あかつき（2年 pp.4-7） いのちのきずな（かけがえのない命）	自殺を考えながら，作者に相談に訪れた女子高生との話。作者の体験を話しながら，次第に女子高生の心に変化があらわれる。
あかつき（2年 pp.52-58） じいちゃんとサルスベリの花（生命の尊重）	末期の肝臓ガンだった祖父が，残された時間を精一杯生き，主人公の少年，父や祖母など周りの人々ができるかぎり亡くなるまで祖父を支えた。
あかつき（3年 pp.91-95） 天井が明るい（生命の尊重）	心臓手術を受ける主人公の気持ちの変化や周囲の人々からの励ましの様子が書かれている。
あかつき（3年 pp.122-123） ドナーカード（生命尊重）	臓器移植をめぐって，家族が脳死の場合臓器を提供することに賛成できるかどうか，違う立場から2つの意見を載せている。
大阪書籍（1年 pp.23-25） 生きる幸せ（生命の尊重）	急性リンパ性白血病にかかりながらも，一生懸命学校生活をおくろうとしている主人公の気持ちが描かれている。
大阪書籍（1年 pp.51-54） 命の大切さ（生命の尊重）	作者の家の前に巣をつくった鳩の親子の姿から，命の大切さについて学んでいく。
大阪書籍（2年 pp.40-43） スクープ写真（生命の尊重）	雲仙普賢岳の火砕流の写真を危険区域で撮ろうとしていたカメラマンを制止しようとした時の話。
大阪書籍（2年 pp.82-83） 二度とない人生だから（生命の尊重）	一輪の花，一羽の鳥にも愛をそそぎ，戦争のない世の実現に努力しようという詩。
大阪書籍（3年 pp.34-37） 震災後のある社説（生命の尊重）	阪神・淡路大震災で被災者となった新聞記者がその当時の不安ややりきれなさを書いた社説の紹介。
大阪書籍（3年 pp.88-92） 正進社（3年 pp.52-57） 弟の死（生命の尊重，生命の重さ）	筆者が幼い頃，百日咳が原因で亡くなった弟のことを回想し，生命の重さについて考える。
学研（1年 pp.56-60） おぼれかけた兄妹（生命の尊重）	荒れた海に妹を連れて入っていった主人公はおぼれかけてしまい，命からがら助けを求め，妹もなんとか救出された。
学研（1年 pp.93-95） ベタの足跡（生命の尊重）	主人公の家に迷い込んできた犬のベタを飼うが，病気にかかり，間もなく亡くなってしまう。
学研（2年 pp.2-5） 木は生きている（自然への畏敬）	筆者が山の中の大きなブナの木を抱き，耳をあててみると，内部に水の流れる音が聞こえた。
学研（2年 pp.72-74） 暗闇で知った自然の働き（生命の尊重）	ある男性がエジプトのシナイ山でラクダの背に乗って移動するが，一人グループから遅れてしまう。生きている自分を支えてくれた大きな自然の力に感謝し，最後にはグループに合流できた。

学研（2年 pp.84-91） ブラック・ジャックふたりの黒い医者（生命の尊重）	寝たきりの患者に対して，ブラック・ジャックとドクターキリコが正反対のアプローチをする。結果，患者の手術は成功したが，事故にあって死亡してしまう。
学研（3年 pp.16-18） しゃぼん玉（生命の尊重）	しゃぼん玉の歌に込められた，亡くした子どもへの思いについて書かれている。
学宝社（1年 pp.30-31） 小さな生命（生命の尊重）	主人公が弱っていたモルモットを必死に看病し，一匹が生き残った。生命のはかなさ，すばらしさを，身をもって体験した。
学宝社（1年 pp.72-75） ここに幸あり（生命の尊重）	長女が大病を患ったことから，筆者は，健康の大切さ，生命の尊さを感じる。
学宝社（2年 pp.32-35） われ一人（生命の尊重）	家庭の事情で中学校へ行く望みをなくしていた主人公は，鉄橋にぶらさがり気絶してしまう。先生がそんな彼を呼び出し，命の大切さを諭す。
学宝社（2年 pp.68-71） 二度とない人生だから（生命の尊重）	一度きりの人生だから，一瞬一瞬を大切に生きていこうという姿勢が，詩で表されている。
学宝社（3年 pp.32-33） すずめ（生命の尊重）	巣から落ちた子すずめを助けようと犬に立ち向かう親すずめの姿を見た筆者が尊敬の念を抱く。
学宝社（3年 pp.70-73） 二人の子供たちへ（生命の尊重）	悪性腫瘍で死を目前にした医師が，二人の子供たちへの思いを書いている。
秀学社（1年 pp.48-50） 体験ナースをとおして（尊い生命）	筆者が，学校活動の一環として体験した，産婦人科でのナースの仕事を通して，自らのいのちや母親とのつながりを実感し，感謝している。
秀学社（2年 pp.47-50） やったあ，生きている（生きている喜び）	筆者が，心臓の手術の経験を通して，生きているということを改めて感謝し，一生懸命生きようとする姿が描かれている。
秀学社（3年 pp.46-48） 「命」（生命の尊さ）	筆者が，13歳年の離れた妹を生んだ理由を母親から聞き，母親への感謝の思いを述べている。
正進社（1年 pp.45-49） 新ちゃんの流しびな（生命の尊さ）	生まれたばかりの赤ん坊が死んでしまった。父親の無念の思いが書かれている。
正進社（1年 pp.94-97） ライオンと子犬（生命の尊厳）	サーカスの猛獣使いがライオンの檻に子犬を入れた。ライオンは子犬を襲わず，一緒にえさを食べ始めた。
正進社（2年 pp.22-26） 死児を抱いて（命の重み）	幸島のサルの母親が出産をしたものの，生後数日で子ザルは死んでしまう。しかし，死んだ後も子ザルをはなそうとしない。
正進社（2年 pp.100-103） 生きるつとめ（生きることへの喜び）	交通事故にあった主人公が，入院生活の間に母親から手紙を受け取り，懸命に生きるきっかけとなる。
正進社（3年 pp.79-83） いのちある日精いっぱいに（生きることへの喜び）	末期がんの妻と，命ある日々を共に苦難を分かち合いながら過ごした夫婦の話。

創育（1年 pp.52-57） 大きい車どけてちょうだい（生命尊重）	交通事故にあい病院で亡くなるまでの息子の様子，やりきれなさ，息子やドライバーへの思いなど，新聞の投書欄に書いたもの。
創育（2年 pp.2-5） 生命の輝き（生命の尊重）	流産や病気の危機を乗り越えて，成長していく息子の姿を，母親が愛しい思いで書いている。
創育（3年 pp.20-23） 樹齢七千年の杉（生命尊重）	筆者が，屋久島の縄文杉の前に立ち，死の瞬間まで命の火を燃やすことに感動する。
吉野教育図書（1年 pp.10-13） 生命の尊さ（生命への畏敬，自他の生命の尊重）	母親から腎臓移植の手術を受けた筆者が，母親に感謝し，自分の健康管理をしっかりしていきたいと述べる。
吉野教育図書（2年 pp.6-9） 尊い生命（生命への畏敬，自他の生命の尊重）	武者小路実篤の「何処までも生きよ」の詩の紹介。平山郁夫の生命に対する思い，自分が今あるのは大変な生命の恩を受けていることが書かれている。
吉野教育図書（3年 pp.26-29） 生命を尊ぶ（かけがえのない生命）	生徒が夏休みに書いた10日間しか生きられないセミへの思いに対する教員の応答。しらみ一匹の命の大切にしていたという禅僧良寛の話。

　上記の表からいのちに関する題材の特徴は次の3点である。①出産や生命誕生の感動，②身近な人の死，③自然の偉大さ，を通して生命の尊さを学ぶというものである。以上のような視点はどれも大切なものだが，どれも説話を中心に構成されており，自分が現在どのようないのちの連鎖の中で生き，それをどうやって実感できるかについては詳しくふれていない。

　中には，正進社2年の「死児を抱いて」の活動のように「自分が誕生してきたときの様子を調べよう。そして，そのときの親や家族の思いがどんなだったか，聞いてみよう」という項目が設定されているものもある。このような項目があれば，受けついできたいのちが実感できる，体験的な授業を計画しやすい。しかし，現在子どもたちは日常的に，いのちのつながりを実感しにくくなっている。例えば，スーパーで並ぶパックにされた肉や魚には出会っても，生きた動植物の命を奪って自分が生きているということは見えにくい。また，日々ゲーム，スマートフォン，メール，SNSなどのヴァーチャルな世界との接点が多い。人と人とのつながりが見えにくく，ゲームの中でどんどん人を殺していくこともある。

　いのちというテーマでは特に，説話をこえた体感することを重視したプログ

ラムを長期的に実施することを通して、子どもたちに「自分が今生きているということ」を実感させることが必要である。

それでは、次に基本的な権利や義務をテーマに扱っているページについて整理する。

〈基本的な権利や義務をテーマに扱っているページ〉[1]

出版社（学年・ページ） タイトル（主題）	主な内容の要約
文部科学省（pp.82-85） 集団、そして一人一人が輝くために （仲間がいてキラリと光る自分がいる）	集団の中で自分の役割を果たすとはどのようなことなのか考えてみる。一人一人が、集団の中で輝くための人間関係を考えてみる。
文部科学省（pp.86-89） 縛られたくないのはみんな同じ（法やきまりを守る気持ちよい社会を）	社会の秩序と規律を高めるために、法やきまりは社会のルール。自分の権利を押し通そうとばかりする人をどう思うか。
文部科学省（pp.90-93） 自分だけがよければいい……（つながり合う社会は住みよい）	公徳心をもち、一人一人が手をたずさえて協力し、だれもが豊かに生活できる社会をつくっていきたい。
あかつき（1年 pp.72-75） 人に迷惑をかけなければいいのか？（法やきまりの意義）	先生の注意を聞き入れず、主人公が禁止されている区域を通り、結果として車のタイヤをパンクさせ、迷惑をかけてしまった。
あかつき（1年 pp.88-89） 島耕作 ある朝の出来事（公徳心）	電車の中で男性が自分の座る権利を主張し、おばあさんに席を譲ろうとしなかった。
あかつき（1年 pp.90-93） 半分おとな 半分こども（自分の中の礼儀）	「今の中学生は礼儀知らず」と書かれた新聞の投稿を見た筆者が、自分の行動を見直す。
あかつき（1年 pp.110-111） 募金箱（集団の一員として）	災害の被害者にクラスで募金を送ろうという時、最初は主体的な意見でなかったが、最後には全員が納得するやり方に決まった。
あかつき（1年 pp.118-119） 明日という言葉（自主自律）	主人公が飼っていたメジロが猫に襲われた経験から、動物を飼う時、人間の都合だけで世話を明日にのばしてはいけないとわかった。
あかつき（2年 pp.8-13） 虎（個性の伸長）	役者である主人公は脇役ばかりの自分に引け目を感じていたが、ある時虎の役を本物そっくりに演じ、拍手喝采をあびた。
あかつき（2年 pp.38-42） 槍中村とツッパリ（心と形）	強い槍の使い手、槍中村が倒された話とツッパリ風の生徒とのやりとりのコラムから、外見が人間関係にあたえる影響を考える。

あかつき（2年 pp.65-67） 路上に散った正義感（正義感）	強盗の犯人を追って捕まえようとする中で殺害された学生の事件から，よりよい社会のあり方について考える。
あかつき（2年 pp.68-71） 種をまいてもいいですか？（社会連帯）	美しいレンゲ田の復活を目指し，学級の仲間が連帯して取り組もうとする。
あかつき（2年 pp.80-81） ハート（エチケットを守る）	筆者が外国で「エクスキューズミー」と声をかけられた経験を思い起こし，人と人とが気持ちよく暮らしていくための礼儀を考える。
あかつき（2年 pp.82-83） 二つのエピソード（法やきまりの意義）	安い肉を盗んだ男への判決と貧しい女性をとりたてる男の訴訟を断ったリンカーンの話から，法やきまりのあり方を考える。
あかつき（2年 pp.92-96） 明かりの下の燭台（集団生活の向上）	チームを献身的に支えたマネージャーの話。自己犠牲ではなく自己の価値を高めることができた。
あかつき（2年 pp.102-104） お前のカワウソが淋しがっているぞ（責任感）	上野動物園の職員採用試験に失敗した主人公が，世話をしていたカワウソのことを思い，責任をもって仕事をする決心をする。
あかつき（2年 pp.115-119） リクエスト（責任・誠実な生き方）	ラジオのDJ岩田さんに，中学生が癌の友人を励ますという嘘でリクエストを何度も取り上げてもらう。後に岩田さん自身が癌で亡くなってしまい，嘘を反省する。
あかつき（3年 pp.9-11） フーテンの寅子（個性の伸長）	筆者が，新聞記者として働きたい気持ちで必死に記事を投稿し続け，現在は子育てと仕事を一生懸命両立している。
あかつき（3年 pp.42-43） いただきます（礼儀の意義）	食事をする時の「いただきます」という言葉から，挨拶をする時に心がけることを考える。
あかつき（3年 pp.78-82） 元さんと二通の手紙（きまりを守る）	動物園の入園時刻をすぎてやってきた幼い兄弟を入園させた職員の話から，人のためになったとしても多くの人に迷惑をかける恐れがあることを考える。
あかつき（3年 pp.117-121） ある贈りものの話（責任ある態度を育てる）	お歳暮の送付ミスをした店の店員が，自分の行動に対して責任をとるという誠実な態度を見せ，筆者がそれに感心した。
あかつき（3年 pp.124-128） チーム BE TOGETHER（集団のよさ）	中学生の駅伝チームの練習や試合の様子から，マネージャーや選手たちの協力体制について考える。
あかつき（3年 pp.136-138） おばあちゃんの雪段（充実した生き方）	嫁のつくった雪段をきれいに踏み直すことで，おばあちゃんが個性を発見していく。
あかつき（3年 pp.139-141） パブリック？プライベート？（公徳心）	電車の中で携帯や化粧をして大騒ぎしている高校生の姿から，公私の区別を考える。

上記の表からわかるのは，「集団」「社会連帯」「公徳心」「法やきまり」「礼儀」などのキーワードが多く出されている点である。基本的な権利について解説されているページが大変少ない。「権利」について学ぶページには，あかつき2年の「二つのエピソード」の話がある。単元のねらいには「人間の生き方と関連づけて権利・義務，遵法の精神を深く考える。」とある。しかし，最後の課題には「きみは，「きまりを守る」ということについて，どう思うか。また，どうして「きまり」はあるのだろうか。社会の中での「きまり」の意義について考えみよう」というふうに「きまり」の話だけに終始してしまっている。

　一方，「個性の伸長」のように，「人権」に関わる項目も見られる。しかし，あかつき2年の「お前のカワウソが淋しがっているぞ」の単元のねらいには「自律の精神を重んじ，誠実に実行してその結果に責任を持つ態度を養う」とある。これは，一定の個性的な生き方は認めるが，その生き方に何らかの損害を被った場合は「自己責任」であるという解釈も可能である。つまり，ここで述べられているのは一定の枠内での権利や個性であり，法・秩序・きまりの遵守に大きく比重が置かれている。また，「子どもの権利」に関する記述は全くされていない。

(2) 韓国の場合

　いのち，子どもの権利を含む基本的な権利や義務の2つに分けて内容整理をしていく。

〈いのちがテーマになっているページ〉

主題を構成している章タイトル（学年・ページ）	小テーマ（主な内容の要約）
Ⅰ 人生と道徳 　3 人間らしい生き方の姿勢 　　(2) 生命はどうして大切なのか？ 　（1年・pp.89-96）	1. 生命の大切さ（人間の生命はどんな物にもかえられない大切なものである。命の大切さは，両親がどれだけ自分を大切に育ててくれたかがわかれば，感じやすい。） 2. 自己尊重と生命尊重（絶壁にある松の木の説話のように，自分を尊重することが，生命を尊重する出発点になることを忘れてはならない。） 3. 生命尊重の実践（生命を尊重することは，身の周りから始めることができる。友人への謝罪など。）

Ⅰ 社会生活と道徳 　2 現代社会の市民倫理 　　(3) 市民倫理の基本精神 　(2年・pp.56-59)	生命を尊重する精神（生まれたてのあかちゃんから，生命の驚きを発見できる。あかちゃんは高貴な存在。しかし，私達の社会では性比率の不均衡という問題がある。社会の間違った制度を改善する努力が必要。生態系の保護も地球に暮らす我々の義務。）

　以上の表から特徴を2点挙げることができる。①出産や誕生に関わる話から父母に対して感謝し，生命の大切さを学ぶ，②動植物を含めた自然に対する生命の尊重まで広範囲に学ぶ，である。

　例えば，①に関しては，『道徳1』(p.90) の質問課題に，「自分が母親のお腹の中にいる時，両親が自分を守るために多くの苦労と努力をされた。両親が苦労し，努力したことを質問し，その主な内容を書いてみよう。そして両親の愛を感じてみよう」とある。両親に対する感謝や尊敬の念が強く描きだされている。

　また，②については，『道徳1』(pp.94-96) の説話の中に，煙突の上に巣を作った小鳥たちを守るために寒い日にも暖炉に火をつけない先生が登場し，次のように記されている。「私たちは小鳥の生命を大事に思う先生の心から，生命尊重の範囲がどれほど広いかがわかる」。

　このような特徴を基本としながら，2年生の教科書では，男児と女児の出生率の表から男児を産むことが理想とされている社会のあり方を問い，男女差別の問題につなげて触れているところも韓国の教科書の特徴である。

　以上のように生命の誕生や自然との共生については多くふれられているが，身近な人の死など，死について考え，そこから生命の大切さを学び取る項目がない。韓国でも核家族化が進んでおり，以前のように身近に祖母や祖父が暮らしていない状況で，死と向き合い，そこから自分たちが今生きている意味を考える体験が減っている。このような状況からもバランス良く題材を盛り込むことが必要である。

　次に，基本的な権利や義務について扱っているページを整理していく。

〈基本的な権利や義務をテーマに扱っているページ〉

主題を構成している章タイトル（学年・ページ）	小テーマ（主な内容の要約）
Ⅰ 人生と道徳 1 人生の意味と道徳 　(3) 慣習，法，礼節，道徳の関係 　(1年・pp.24-30)	法，礼節，道徳の共通点や差異点（慣習は，一民族が社会の構成員の間で長い時間をかけて形成されてきたもの。法は，人間社会でお互いが守らなければ，他人に大きな被害を与えそうだと思う時，そのような内容を統治する規範。礼節は，一民族や社会集団が長い間一緒に暮らしながら人々に定着してきた習慣的な規範。個人の良心的な判断による生き方の規範は大部分が道徳の領域に属する。）
2 個性の伸長と人格陶冶 　(1) 自我の発見と実現 　(1年・pp.39-48)	1. 私は誰なのか？（自分のことを深く考えよう。本当にしたいことは何なのか。自分の隠れた才能を見つけられるように行動しよう。自分の能力を正確に理解しよう。） 2. 自我実現の条件（自我の実現のためには，たゆまぬ努力が必要である。自分の能力を十分に発揮し，夢を実現する。） 3. 自我実現のための努力（自らが主人公となり，自分の可能性を十分に発揮しながら，目標を実現する。どんな困難にも最善をつくして勝ち抜いていく。）
(2) 個性の尊重と伸長 　(1年・pp.49-57)	1. 個性の意味（人は他人とは違う，自分だけに固有の特性をもっている。個性をもって他人と調和できるようになって初めて人間らしい人になる。） 2. 個性に対する誤解（個性は嗜好とは違う。奇抜なことではない。流行とは違う。） 3. 個性の伸長（自分だけの独特な個性がどんなものかを理解する。自分の個性を発揮できるように流されないこと。たゆまぬ努力が必要。）
(3) 優秀な人格 　(1年・pp.58-65)	1. 尊敬される人（他の人々から本当に尊敬されている人，多くの人々がそのように感じる人を人格者と呼ぶ。） 2. 人格の意味（人格は感情，理性，意志と関連している。これらの特性を調和させて発達させた人を優秀な人格を備えた人と呼ぶ。） 3. 人格者を見習う姿勢（優秀な人格者は，必ずしも聖人やすばらしい学識や能力をもっている人だけではない，周囲にも尊敬できる人格者はたくさんいる。）
(4) 人格を磨く道 　(1年・pp.66-73)	1. 人格の陶冶（自分自身もそのような人格者になることが重要。優秀な人格の基礎は，まさに心である。） 2. 中学生としての人格陶冶（自分を客観的に見て，欠点をなおすように努力をする。言葉で他人をけなさないようにする。他人の優秀な人格を見習う。現状を改善できるように努力する。）

3 人間らしい生き方の姿勢 （1）人間らしい生き方，価値のある生き方 （1年・pp.80-88）	1. 人間らしい生き方と価値（我々の生き方が望ましい価値に根付いている時，人間らしい生き方と言える。） 2. 人間らしい生き方の姿勢（人生の目標をもつ。精神的なものを重要に考え努力する。他人の立場を考える。） 3. 共に生きる人生（物質的なことや自分のことばかり考えず，困難を共に分かち合い，共に生きる生き方の姿勢が大切。）
Ⅰ 社会生活と道徳 3 民主的生活態度 （1）民主社会と人間尊重 （2年・pp.77-85）	1. 人間尊重の意味（民主社会では人間の自由と平等な権利が最も重要。すべての人々が同等の人格として評価され，個人の自由と平等が保障される社会。） 2. 人間尊重思想の発展（人間尊重精神の発展過程は，自由と平等思想の発展過程と同じ。どのような権力も人間の基本的な権利を剥奪できない。） 3. 人間尊重の実践（生命を大切に思う姿勢。偏見や先入観をやめる。中学生としてできる人間尊重方案を実践する。全員が共同体意識をもつこと。）
（3）秩序意識と遵法精神 （2年・pp.95-102）	1. 秩序の意味と必要性（社会の秩序とは，人が自らの行動を慎み，自分を治めることであり，共に生きる共同生活の基盤である。） 2. 遵法精神の重要性（法は，社会構成員全員のためのものであり，誰でも必ず守らなければならない。） 3. 秩序意識と遵法精神の生活化（秩序は生活の根であると同時に人格の光。遵法精神の実践は，周辺の小さな約束を守ることから出発する。青少年の頃から遵法精神を備えるように努力する。）

　上記の表のように，人権の重要性についてふれているのは，主に2年生の「民主社会と人間尊重」である。その中には，人間の尊重について思想的な発展の歴史だけでなく，キング牧師の演説の内容や人権に関連したNGOの活動紹介，UNICEFの活動などが幅広く扱われている。

　しかし，これは1年生の教科書にある，国家という共同体の一員としての慣習，法，道徳，礼節など，多数のページを学習した上で成り立っている。2年生の教科書にも「市民倫理」と「遵法精神」のページが多数を占めている。「民主社会の発展には国民としての義務遂行が重要」という内容が随所に強調されている。1年生の教科書で取り上げられている「個性の大切さ」も，その枠内で実現することに制限される。一見，もっともらしく見える「個性の伸長」も，その延長線上には国家という共同体の役に立つ「個性」であることを求められる。

また，基本的な人権について学ぶ中に，子どもの権利については記述がない。以上のように，一人一人の人権の大切さよりも国民としての義務や遵法精神に重きが置かれておりバランスがとれていない。基本的な権利の学習をより充実させる必要がある。

3-2　さまざまな形態の差別
(1) 日本の場合
　本節では，さまざまな形態の差別について，①いじめ，②同和など，国内における地域や階級，③男女，④外国人（多文化共生），⑤障害者，⑥高齢者について順に分類し，特徴について整理した[2]。

①いじめの問題
〈いじめの問題を扱っているページ〉

出版社（学年・ページ）タイトル（主題）	主な内容の要約
文部科学省（pp.94-97）この学級に正義はあるか？（不正を許さぬ社会をつくるために）	公正，公平な態度で差別や偏見のない社会を ・傍観者でいてどうやって正義を実現するのですか？ ・不正や不公平を憎みそれを断固として許さない。
あかつき（1年 pp.79-81）私もいじめた一人なのに……（正義）	「菌まわし」によっていじめられていた女の子を一度だけかばった筆者に対して，彼女は感謝の気持ちを伝えた。
あかつき（2年 pp.135-137）ひとりぼっち（正義を重んじる）	一部の人の無視から始まった作者に対するいじめがどんどんエスカレートし，作者は自殺することも考え出す。

　全副読本でいじめに関するテーマが扱われているわけではないが，身近な人権の侵害や差別意識の例として数社で取り上げられている。単元のねらいは，ほとんどが「正義を重んじる」ことに焦点をあてている。内容は，いじめの加害者，被害者，傍観者の立場を話の内容に沿って理解しながら，自分ならどうするかを考えるように構成されている。
　例えば，あかつき2年の「ひとりぼっち」では，単元目標に「いじめをなくし，差別のないよりよい社会を実現しようとする態度を養う」とある。そして，

話の最後に設定されてある課題には「周囲から無視され，だれにも相談できないでいる主人公の気持ちはどんなだろう」「暴力をふるわれる主人公に戸惑いを感じながらも，「見て見ぬ」ふりをする級友たちをどう思うか」など，それぞれの気持ちについて自分で考える質問に終始している。

また，加害者や傍観者の「心の弱さ」を考えさせることに留意するように，教員向けの指導書には書かれている。これについては，社会的技能にも関わるが，具体的にどういう和解の方法があるのか，民主的な話し合いはどのように行われるのかなどの例示がなく，各個人が加害者や被害者の心情を考えるだけの内容になってしまっている。加害者や傍観者の立場を「心」の問題としてしか捉えさせようとしない指導は，いじめを根絶するのに不十分と考える。より具体的な社会的技能の例示や習得を盛り込んだプログラムが必要である。

②同和など，国内における地域や階級

日本の副読本では，同和問題が扱われている。しかし，それも1社1項目だけであり，表を作成できない。正進社3年（pp.138-144）に掲載されている「峠」である。同和地区出身の男性と結婚しようとする主人公の女性が，最初は家族に反対されるが，話し合いを通してお互いをわかり合っていく姿が描かれている。各地方自治体や学校で，同和問題に関する独自の授業資料は作成されてきた。しかし，副読本での扱いが極端に少ないのは，同和問題における権利獲得運動がその他のマイノリティの権利獲得へとつながっていった背景を考えても，問題があると考える。これについては，各学校の地域性などを考慮した上でしっかりと授業に取り入れていく必要がある。

③男女
〈男女をテーマにしたページ〉

出版社（学年・ページ） タイトル（主題）	主な内容の要約
文部科学省（pp.50-53） 同じ一人の人間として（異性を理解し尊重して）	互いをよりよく理解するために，お互いを異なる性として認め合い，尊重し合う。好きな異性がいるのは自然，中学生の男女交際のあり方を考えよう。男女共同参画社会の実現。

あかつき（1年・pp.38-43） アイツ（異性理解）	幼なじみの真一とナツキは中学生になった。しばらく口をきかなかったが，真一がケガをした時にナツキがハンカチを渡したことから気持ちに変化が表れる。
あかつき（2年・pp.140-145） アイツとセントバレンタインデー（異性理解）	後輩の女の子からもらったチョコレートをきっかけに，真一は夏樹のことを何も理解していなかったことに気づく。
あかつき（3年・pp.110-116） アイツの進路選択（正しい異性理解）	進路を選択する時期になり，真一の希望する高校に夏樹も行くと言い出した。将来の夢や今の気持ちをどう理解するのかが書かれている。
大阪書籍（1年・pp.66-69） えんぴつけずり（異性についての理解）	主人公がクラスの男子とえんぴつ削りの貸し借りをしたことで，クラスのみんなに茶化される。それをきっかけに，男子と女子が協力することについて話し合いが起こった。
大阪書籍（2年・pp.35-39） 夢のなかの異性のイメージ（異性についての理解）	思春期の男女がもつ心の中の「男性のイメージ」や「女性のイメージ」について考え，成長とともにその変化についても考える。
大阪書籍（2年・pp.126-130） 恋のルール（異性についての理解）	中学校二年生の主人公と同級生とのつきあい方について，担任の先生からのアドバイスを通して考える。
大阪書籍（3年・pp.44-48） 男と女（異性についての理解）	男性や女性に対する思い込みのイメージではなく，一人一人が自分のいいところをのびのびと発揮できるようにしよう。
学研（3年・pp.19-23） 学宝社（1年・pp.102-109） さわやかな笑顔（異性についての理解）	主人公が，身体を切り離されたアンドロギュノスの話を読んでから，相手のことを考えて素直に気持ちを伝えることの大切さを知る。
学宝社（2年・pp.72-75） 秀学社（1年・pp.79-81） 男女平等は家庭から（異性の理解，家族への思いやり・家族愛）	筆者の家庭では，父親はできる限り家事に参加している。その父親の行動を見て，祖父の行動も少しずつ変わってきた。家庭の中の「男女平等」が，社会や政治の場につながるはずだ。
学宝社（3年・pp.74-77） 智恵子（異性の理解）	長沼智恵子と出会ってから，高村光太郎は，これまで気づかなかった力が心の底から芽生えるのを感じる。両親の反対を押し切り，結婚した二人は，貧しさと戦いながら勉強する。
秀学社（1年・pp.32-37） 電信柱に花が咲く（男女の交際・健全な異性観）	父と母が幼い頃に出会い，いっしょに遊んだりふざけたりした時のエピソードを聞き，異性に対する気持ちや接し方を考える。
秀学社（2年・pp.35-38） ジェンダー意識（男女平等の心・健全な異性観）	日本社会に残る性役割が厳しい制約となって，自分らしく生きたいという希望が叶えられなくなる。

正進社（1年・pp.59-63） 葉鶏頭の季節（男女の人格尊重（男女の敬愛））	幼い頃から主人公は広志を頼りにしていた。しかし，周囲の友達の心ないからかいと，自分の冷静さを欠いた言動により，関係が崩れた。
正進社（2年・pp.94-96） 文通（男女の人格尊重（異性との望ましい関係），友情・信頼）	主人公が，友人へ友情を貫きたいという気持ちと文通による交際の申し込みの間で，気持ちが揺れてしまう。
正進社（3年・pp.84-87） 「好き」と「愛する」と（男女の人格尊重（信頼と敬愛））	愛は，一緒に励ましながら努力し，互いを向上させるものである。
創育（2年・pp.47-49） 雨の日の会話（健全な異性観）	正志は，よい学級新聞を作るために努力しているが，考え方が狭い面がある。友美はそれに対して誠意のある忠告をした。
創育（3年・pp.72-77） 雪の日のオルゴール（健全な異性観）	少年が気になる少女にオルゴールをプレゼントした。それをきっかけに少女のことを深く考えるようになる。
吉野教育図書（2年・pp.54-57） 異性の友だち（異性への敬愛）	掃除を手伝ってくれたK君と主人公とのことを周りにひやかされた時の話や，男女交際の調査結果を通して，自分の考えをまとめる。
吉野教育図書（3年・pp.46-49） 健全な交際（人格の尊重）	男女交際のアンケート，交際している二人の日記を通して，男女が交際する上で気をつけなければならないことを考える。

　男女については，全社で20項目取り上げられている。さまざまな形態の差別というテーマの中では2番目に多い項目である。主題を見てもわかるように，「正しい異性理解」，「健全な異性観」など徳目的な項目が並んでいる。心のノートには，「二人きりの殻にこもってしまってはいけない[3]」などあいまいな記述が並び，はっきり伝えたい内容がわからない。これでは，今の子どもたちの最も知りたいと思っていることの適切な回答にはなっていない。

　中には，大阪書籍2年「夢の中の異性のイメージ」のように，「男性のなかの女性性（アニマ）は，男性の感情の細やかさや，やさしさ，思いやり，精神的なゆたかさというようなことと深い関係があります」というふうに，男女を二元的に捉えず，「男らしさ」や「女らしさ」の事例を挙げて本当にそういえるものか考えてみるという活動につなげる題材もある。ジェンダーの視点から切り込んだ題材ということで評価できるが，全項目から見ると少数である。

　氾濫する性的な情報を真実だと思い込んでいる生徒に対して的確な指導をするためにも，「保健体育科」の授業や養護教諭と連携しながら，いのちのつなが

りとも関連させ，学校の実情に合わせた性教育をしていくことが必要である。

④外国人（多文化共生）
〈外国人をテーマにしたページ〉

出版社（学年・ページ） タイトル（主題）	主な内容の要約
文部科学省（pp.118-121） 世界の平和と人類の幸福を考える（世界に思いをはせよう）	世界の中の日本，そこに生きる自分を見つめてみよう，世界に貢献できることを考えよう。
あかつき（1年・pp.6-8） リヤカーは海を越えて（身近な国際理解）	タンザニアにリヤカー工場をつくりたいという思いで熱心に活動する村松さんの話。
あかつき（2年・pp.14-19） 国際協力ってどういうこと？（国際理解）	国際協力について書いた中学生の作文から，さまざまな協力のあり方について考える。
あかつき（3年・pp.107-109） 貧しさの中で―ネパール（人類の幸福）	医療事情の悪いネパールで，青年海外協力隊の一員として派遣された看護師の体験。
大阪書籍（1年・pp.105-109） ヒマラヤの子ども（世界平和・人類愛）	医療器具が不足しているネパールの病院の話を紹介し自分たちにできることを考える。
大阪書籍（1年・pp.110-111） 世界と手をつなごう（国際協力・国際交流）	日本人の国際協力活動の様子や日本での国際交流の様子を紹介。
大阪書籍（1年・pp.135-138） 自他相愛（世界平和・人類愛）	世の中に平和をもたらすには自他相愛の精神が大切。日本人が実践していくことが重要。
大阪書籍（2年・pp.2-5） どの花見てもきれいだな（正義，公正・公平）	黒人である筆者が経験した日本での偏見や差別の話から，自分のとるべき態度について考える。
大阪書籍（3年・pp.6-9） 人種をこえた父の情熱に拍手（世界平和・人類愛）	工業技術研修指導員として東南アジアの青年に技術を教えている父の姿から国際協力について考える。
学研（1年・pp.42-44） これからの私（世界平和・人類愛）	主人公のアメリカでのホームステイの経験から，外国の人と理解し合うために大切なことを考える。
学研（1年・pp.118-119） 日本の文化について考えよう（世界の人々とともに生きる）	日本のよさについて外国人に聞いてみよう。日本と外国の文化について調べてみよう。外国人との交流の輪を広げよう。
学研（2年・pp.142-145） アジア・アフリカの人々と育てた愛（世界平和・人類愛）	ネパールで医療活動をする医師は，その活動に喜びを感じている。その喜びがどういうものかを考える。

学研（3年・pp.56-57） ホームステイで来日したジョン君をむかえて（世界の人々とともに生きる）	ホームステイで来日したジョン君と，どう交流したらよいかを考える。
学研（3年・pp.102-105） 世界へ出ていく若者たちへ（世界平和・人類愛）	緒方貞子さんのUNHCRでの活動や経験を通して，「ソリダリティー（連帯）」の大切さについて書かれている。
学研（3年・pp.146-148） 笑顔がかける橋（世界平和・人類愛）	主人公がアフリカの農村を支援する活動を通して，国際ボランティアに対する関心が高まったという話。
学宝社（3年・pp.58-61） 新たなる架け橋（国際社会への貢献・人類愛）	アジア・アフリカを中心に各地で医療活動をしてきた筆者は，生活を共にして学び合うことの大切さを説く。
学宝社（3年・pp.82-85） 私を表現したい（道法，権利・義務）	12歳までアメリカで育った筆者が，日本の学校に通うようになり，自分に正直に振舞えず悩む。
秀学社（1年・pp.90-93） さよなら，ホストファミリー（国を愛する心，愛国心）	ニュージーランドでのホームステイの間，自分の国や故郷のことを上手く説明できず，日本人としての自分を意識するようになった。
秀学社（1年・pp.94-96） 「ボクはナニ人ですか」に答えて（国際社会の中で・人類の幸福）	日系ペルー人の悩みを聞きながら，さまざまな外国人の悩みを考えた話。人種や国籍を越えるためにはどんな態度が大切かを考える。
秀学社（2年・pp.93-96） 小さな国際協力（国際社会への参加・人類の幸福）	ピースパックという国際協力活動を通して，アフガニスタンの子どもたちへの偏見に気づく。
正進社（1年・p.37） 外の人？（他国の文化理解）	「外人」という言葉を考えながら，世界の人々を仲間として思いやることが大切だと書かれている。
正進社（1年・pp.136-139） 今，私たちにできること（世界の中の日本人（国際理解））	東南アジアの難民の悲惨な生活に驚き，募金活動を始めた生徒たちの様子が書かれている。
正進社（2年・pp.38-43） 日本から世界へ，世界から日本へ（世界の中の日本人（日本人としての条件））	筆者のアメリカでのホームステイの経験から，他国の文化を理解し日本の良さも理解してもらうことの大切さを感じた。
正進社（2年・pp.142-144） 本当の国際化（世界の中の日本人（国際人としての条件））	中東のバーレーンに住んでいた経験から，真の国際人になるためにはどうしたらいいか考える。
正進社（3年・pp.66-71） 灼熱砂漠にメロンが実った（世界の中の日本人）	筆者は，エジプトで砂漠緑化に取り組み，メロンを栽培した。そこから開発途上国での支援について考える。
創育（1年・pp.73-75） 好きな日本助けたい（人類愛）	神戸の震災の時に，ボランティア活動をしていた外国人の姿が書かれている。

創育（3年・pp.9-11） 一人の少女と出会って（人類愛）	筆者がアメリカに滞在中，スーダンからの移民の少女に出会い，国際協力について考える。
創育（3年・pp.68-71） 国際人であること（人類愛）	筆者のイタリアでの生活経験から，外国人には心を開いていきたいと思うようになる。
吉野教育図書（2年・pp.58-61） 人類の幸福（国際平和・世界の中の日本人としての自覚）	外国人に対するアンケートや在日コリアンの作文の紹介。偏狭な民族観を廃し，身近な外国人を理解しようと努めることが重要。
吉野教育図書（3年・pp.58-61） 世界の平和（国際平和・世界の中の日本人としての自覚）	在日コリアンの生徒の作文や，日本人のドイツ捕虜兵への対し方についての話を読み，国際理解や民族に対する偏見について考える。

　外国人（多文化共生）を扱ったページは，全部で30項目と，さまざまな差別の中で最も多く扱われている。一部在日外国人についてふれているものもあるが，大多数は「日本の国際貢献」について述べている。JICAや青年海外協力隊の人々が発展途上国の人々を支援しているという話である。ここでは，「国際貢献」の望ましいあり方が大変一面的に描かれている。

　中には，あかつき2年「国際協力ってどういうこと？」のように，「目の前に飢えている人にお金や食べ物をあげるべきかあげないべきかということに対して，完璧な答えなど無い」と，国際協力の取り組みについて多様な視点から捉えようとする題材もあるが，ごく少数である。国際協力には日本国内でも多様な方法がある。さまざまな方法を紹介し，子どもたち自身が比較しながら考えられるような多角的な視点が求められる。

　また，現在日本国内で，在日コリアンだけではなく，中国，フィリピン，ブラジルなど，文化背景が多様な人々，複合的なアイデンティティをもつ人々が増加している。しかし，テーマとして扱われているのは，秀学社1年「「ボクはナニ人ですか」に答えて」などごく少数しか見当たらない。

　さらに，外国の文化や人々を扱ったページの前後には，「日本や自分の郷土を愛する」という主題の説話が多くで設定されている。この設定では，「日本人」と「外国人」というカテゴリーが強調され，流動する人々や文化について考えにくい。

　さまざまな文化背景をもつ人々と，自分自身のアイデンティティを照らし合わせながら理解し，共感する授業構成が必要である。

⑤障害者

〈障害をテーマに扱ったページ〉

出版社（学年・ページ） タイトル（主題）	主な内容の要約
あかつき（2年・pp.43-45） 迷惑とは何ぞ（積極的に生きる）	車椅子の少女は外出のたびに不快な目にあっていた。しかし，勇気をもって外に出て助けを求めるようになる。
あかつき（2年・pp.46-47） 社会福祉を考える（バリアフリー）	町の地図を見ながら不便なところを考える。バリアフリーの町のアイデアを出す。
あかつき（3年・pp.12-17） やさしいうそ（強い意志）	交通事故で全身麻痺となった筆者が，明るくふるまい多くの困難を乗り越えて，生きる喜びを見出す。
あかつき（3年・pp.55-61） ひまわり（人間のすばらしさ）	筆者は脳の手術を受けた後，障害者になった。死にたいと思っていたが，生きることの輝きを取り戻した姿が書かれている。
大阪書籍（1年・pp.33-36） 橋になれたら（公共の福祉（勤労・奉仕））	手話を学んでいる筆者が，勉強としてではなくコミュニケーションの手段として学んでいこうと気持ちが変わっていった。
大阪書籍（2年・pp.46-49） 車いすの重み（人間愛（感謝・思いやり））	車椅子の介助を頼まれた筆者が，自分の都合ばかり考えていたことを反省し，自分の態度を見直すきっかけとなった。
学研（1年・pp.100-101） 世界に一つだけの花（手話のふりつけ，夢や願い）	歌詞にあわせて手話をやってみよう。自分だけの花を描いてみよう。
学研（1年・pp.128-131） 笑顔の心で（公共の福祉）	福祉施設のボランティアに行った筆者が，とまどいながらも施設にいる人々から大切なことを学んでいく。
学研（2年・pp.78-83） 心のバリアフリー（生きる喜び）	乙武洋匡さんの経験から，心のバリアをなくすこと，バリアフリーの社会をつくることについて考える。
学宝社（1年・pp.76-79） 同情に潜む差別意識（公正・公平，正義）	人々が親切心でしたことが，障害者の自尊心を傷つける結果になっていたことに筆者が気づく。そこから差別の心を捨てることを訴える。
学宝社（2年・pp.48-51） 図書館でのこと（公正・公平，正義）	図書館で会った車椅子の人との会話を通して，筆者も社会の一員であることを自覚していく。
秀学社（1年・pp.66-69） 手で話すことの楽しみ（ともに生きる・よりよい社会の実現）	筆者が手話を学ぶことを通して，いろいろな障害者とのふれあいを大切にしていきたいと思うようになった。

秀学社（2年・pp.55-58） できること，できないこと，そして接し方（磨き合う学級・集団生活の向上）	筆者のクラスにいる障害者のA子ちゃんとの接し方を考えながら，一人一人のちがいの一つに障害があると考えるようになった。
秀学社（2年・pp.72-76） 出会いにふるえた心（ボランティアを考える・勤労・公共の福祉）	長野冬季パラリンピックボランティアとして通訳をしていた筆者が，障害を越えたふれあいをしていきたいと語る。
秀学社（3年・pp.26-31） ぼくは伴走者（真のやさしさ・思いやり）	マラソン大会に出場したいという友人を応援する主人公が，怪我をしている友人を見て手助けするかどうかを迷う。
秀学社（3年・pp.35-38） 人に見せられない姿を愛する人に見せられるか（信頼と敬愛・健全な異性観）	女性のトイレの介助をしたカップルを見て，筆者はとまどうが，2人の前向きで真摯な思いを聞いて気持ちが変わっていく。
正進社（2年・pp.126-129） 車いすの少年（人間愛（一人ひとりを大切にする心））	イギリスで車椅子の少年が横倒しになりそうになった。筆者は助けようとするが，周りで温かく声援をおくっている人々に気づく。
吉野教育図書（3年・pp38-39） 公正な社会（正義，公正，公平）	車椅子に乗った人を指差して「ああいう人」といった女性に対して，筆者が差別であると指摘する。

　障害者に関わるページは，全部で18項目扱われている。外国人，男女をテーマにしたページに次いで，3番目に多いテーマである。

　このテーマのほとんどが，車椅子や視覚障害の方々の話になっている。また，前後のページで，車椅子や手話の体験活動とセットになっており，「総合的な学習の時間」のボランティア体験にもつなげやすいような構成になっている。

　しかし，障害者の描かれ方が身体障害者ばかりを扱っていることや，支援の対象と一面的に描かれているものがある点も気にかかる。また，障害者が困難を乗り越えていく強い姿として描かれている説話が多く，無意識に障害者に求めているあるべき姿が感じ取れる。

　車椅子，手話，アイマスクを使った体験や関連した説話は子どもたちの理解を得やすいかもしれないが，障害者のイメージを身体障害者に固定する恐れがある。知的障害や発達障害など，さまざまな人々と協力してバリアフリーやユニバーサルデザインを考えていくことが必要であり，子どもたちの問題に対する視野を狭めてはいけない。

⑥高齢者
〈高齢者をテーマにしたページ〉

出版社（学年・ページ） タイトル（主題）	主な内容の要約
あかつき（3年・pp.96-103） 午後の電話（思いやりの心）	主人公の家に何度も間違い電話をかけてくる老婦人との話。思いやりをもって接することの大切さを考えさせる。
大阪書籍（2年・pp.60-62） もっとわかり合いたい（集団生活の向上（役割・責任））	老人ホームでボランティア活動をする筆者が，お年寄りともっとわかりあいたいと思うようになる。
学研（2年・pp.104-105） 交流を通してともに生きる（高齢者の問題を考えよう）	高齢者の割合をグラフから読み取る。身近にできるボランティアを考える。

　現在急増する高齢者の抱える問題について取り上げることは重要であるはずだが，副読本ではほとんど取り上げられていない。「総合的な学習の時間」を利用して，高齢者の福祉施設でボランティア体験をする活動などが行われている反面，読み物資料が不足している。

　上記の数少ない資料の中で描かれている高齢者は，さみしい，孤独な姿として描かれており，高齢者のイメージを固定するおそれがある。これでは，高齢者がいきいきと生活する社会やイメージを描きにくい。

　また，学研2年「交流を通してともに生きる」では，グラフから客観的に高齢者が増加している割合を読み取ったり，スウェーデンの福祉政策と比較してみようという調べ学習の項目があったりする点で，孤独な高齢者の説話だけの資料よりも評価できる。このように，系統だった学習がしやすくなるような，「道徳」の読み物資料を増やしていくことが必要である。

(2) 韓国の場合

　本項については，①いじめ，②国内における地域や階級（学縁問題[4]），③男女，④外国人（多文化共生），⑤障害者，⑥高齢者，について順に分類し，特徴について整理した。

①いじめの問題
〈いじめをテーマに扱っているページ〉

主題を構成している章 タイトル（学年・ページ）	小テーマ（主な内容の要約）
Ⅱ 家庭・隣人・学校生活の礼節 4 学校生活の礼節 （2）友人や異性間の礼節 （1年・pp.265-269）	1. 友人の意味（学校で友人とつきあい、お互いに理解する過程を通じて自分の人格形成をしていく。） 2. 友人間の礼節（友人に心を開き、誠意を尽くす時本当の友情を育てることができる。友人間の礼節も大切であり、相手の間違いも寛容に受け入れる度量が必要である。いじめの問題は相手の立場を理解する心が必要。）
（3）先輩と後輩間の礼節 （1年・pp.274-281）	1. 先輩と後輩の意味（学校で困った時や辛い時には、先輩が協力して問題を解決し、友人以上に熱い情が生まれる。） 2. 先輩・後輩間の正しい関係と誤った関係（卒業後に制服や教科書をゆずることや同窓会などを通して後輩へ愛情をひきついでいくことは美しいことだ。しかし、後輩を自分の思い通りにしようとすればその関係は不健全な方向に進む。トイレへの呼び出しや恐喝などの被害がでることもある。また、過剰に先輩に依存することも望ましくない。） 3. 正しい先輩・後輩間の礼節（①先輩は後輩を大事にしないといけない。②後輩は先輩を尊敬しないといけない。③先輩・後輩間の人間関係は学校への愛情で結ばれた共同体意識を基礎につくらなければならない。）
Ⅱ 家庭・隣人・学校生活と道徳問題 3 学校生活と道徳問題 （1）校友間の道徳問題と解決 （3年・pp.164-173）	1. 校友関係の意味とそのあり方（（ベトナム戦争で銃弾に倒れた友人を助けに走る兵士の話から）本当の友人とはお互いを成長させる存在である。教室で共に過ごす友人たちは、賞賛と批判、協同と競争を通じて成長や発展しあう存在だ。） 2. 校友関係で表れる道徳問題（親しい仲でも些細な誤解が生じたり、礼儀を守らずに葛藤が生じる。また、校則を守ろうとする態度と友情を大事にしようとする間に問題が生じることもある。友情という名目で友人に対して何も言わなければ、いじめや校内暴力など深刻な問題につながる。） 3. 校友間の道徳問題の解決（校友間の尊敬、信頼、お互い理解しようとする大切さなどを心に刻めば道徳問題を予防し正しく解決できる。また、校内暴力やいじめに苦しむ人がいないか、個人的、社会的にどう努力すればいいか考えよう。）

子どもたちのいじめの問題は，韓国でも深刻であり多くのページが割かれている。1年生の教科書では，有名な詩人のエピソードや漫画など多様な課題を通して身近な友人との問題について考えられるように工夫がしてある。
　また3年生の教科書では，友人関係で悩んだり，クラスでいじめの問題があった場合にどのような解決法があるのか，方法を例示したり子どもたちに考えさせる課題がある。学級会議や模擬裁判の実施など民主的な解決方法を例示してあり，大変具体的でわかりやすい。いじめを受けている人たちが悩みを打ち明けているホームページの紹介などもある。
　このように，非暴力的方法による和解の方法や悩みの解決方法をたくさん例示している点は大変評価できる。ただ，理想的な友人関係の例に戦場で助け合おうとする兵士の話が出てくることや，学校について愛情で結ばれた共同体意識を強調するなど，国家への帰属意識を高めようとする記述が垣間見える。
　また，韓国では「道徳」が一教科として教えられていることもあり，暗記科目の一つであるという面も否めない。現状で具体的ないじめの問題について十分に議論できる時間をもち，非暴力的な和解の方法を子どもたち自らがゆっくりと深めることができるかは疑問が残る。学級会議や模擬裁判で弁護士と協力する「法教育」の導入や，「社会科」と連携して内容を発展させるなどさまざまな工夫が必要である。

②国内における地域や階級（学縁問題）
〈学縁問題を扱ったページ〉

主題を構成している章タイトル（学年・ページ）	小テーマ（主な内容の要約）
Ⅱ 家庭・隣人・学校生活と道徳問題 　3 学校生活と道徳問題 　　(3) 学縁問題と解決 　（3年・pp.184-192）	1. 祖先たちの学縁の姿（血縁，地縁の次にもつ人間関係が学縁。儒学者イファンたちのように，先輩，後輩がお互いを尊敬し，学問を論ずる態度が我が国の学問の発展に大きく寄与した。学問的な論争だけでなく，政治的な派閥をつくるようにもなった。） 2. 現代の学縁問題の姿（学縁は，教育熱が高まり，教育が社会進出の重要な手段となってから，大切に考えられるようになった。情報交換など肯定的な面もある。しかし，名門学校であるほど学縁を重視する傾向がある。それは，学閥中心社会となる原因となった。） 3. 学縁問題の解決（集団利己主義のような問題を解決するにはどうしたらよいか。同窓会や校友会などが，社会の発展に寄与するような活動を積極的にする。能力によって個人を評価する。）

3-2 さまざまな形態の差別　75

　韓国の教科書には，学縁問題が取り上げられている。これについては受験競争の激しい韓国ならではの項目である。名門大学などを中心にした学縁の問題は，韓国社会に深く根ざしている。それによって，就職や出世などにも大きく影響すると思われてきたからだ。
　教科書には，例えば「メディアやインターネットで学閥や学縁を重視する態度を醸成している事例を見つけよう」というふうに，調べ学習を通して具体的な事例を子どもたちが考えられるような設定がしてある。
　確かに，学縁問題は韓国社会にとって重要な問題であるが，地域性による差別や対立など韓国社会に特有の問題が他にもあることから，これらの問題をもう少し幅広く関連させて考えさせる資料が必要である。

③男女
〈男女をテーマに扱ったページ〉

主題を構成している章 タイトル（学年・ページ）	小テーマ（主な内容の要約）
Ⅱ 家庭・隣人・学校生活の礼節 　4 学校生活の礼節 　　(2) 友人あるいは異性間の礼節 　　（1年・pp.269-273）	1. 異性の友人に対する理解（正しく異性に対して理解し，正しい男女関係である両性平等の基礎をつくる。異性との関係は，人間関係として考え，異性とのつきあいを自我発展の契機にする。） 2. 異性間で守らなければならない礼節（異性の友人とつきあう時，本当の友人であれば相手を拘束してはいけない。言行や服装に注意し，健全に付き合うことを大人に報告する。
Ⅱ 家庭・隣人・学校生活と道徳問題 　3 学校生活と道徳問題 　　(1) 異性問題と解決 　　（3年・pp.174-183）	1. 異性関係の変化（伝統社会において男尊女卑思想があったが，今日社会の解放と民主化により男性と女性の差異を平等に認定する文化が形成されてきた。） 2. 異性交際の問題点（異性交際は，自信や安定感を与え，愛の本質と喜びを知らせる，社会生活の同僚として認識できる，結婚生活のために必要な礼節を学べる，など肯定的な面もある。しかし，青少年期での間違った交際のあり方，過度に異性関係にひたる，異性の特殊性を理解できずに誤解が生じるなど，問題点もある。 3. 正しい異性関係（異性関係だけでなく，他のことともバランスよく生活する。青少年期に異性交際をする目的をはっきりさせる。両性平等の意識をもつ。）

韓国でも，性行動の低年齢化やそれにまつわるさまざまな問題が出てきており，性の問題や男女平等教育を柱とする取り組みは重要視されてきている。教科書では，基本的に男女間でも他の人間関係と同様，礼節をどう守るかが重要なこととして挙げられている。

しかし，例えば『道徳1』の教科書，「異性の友人の間での正しい礼節」では，「女子学生が嫌う男子学生，女子によく見られようとする男子学生，理解心がない男子学生」「男子学生が嫌う女子学生，猫をかぶる女子学生，自分のことだけ考える女子学生」など，例示の仕方に偏りも見られる。正しい礼節のあり方を列挙する学習のあり方が，性にまつわる問題の対処になっているのか疑問が残る。

中には，このような表示の仕方について，少しずつ訂正されてきている面もある。2007年には，小学校で使用されている教科書について，先祖の墓参りで母親だけがお辞儀に参加せず後ろに立っている挿絵が，男女平等の観点から母親も含めた全員がお辞儀しているものに変わったり，父親が皿洗いをする挿絵が入れられたりしている[5]。

今後は，韓国で性教育を主に扱っている「家庭科」と連携しながら，「正しい礼節のあり方」の列挙に終わらないような学習を模索しなければならない。

④外国人（多文化共生）
〈外国の文化や人々をテーマに扱ったページ〉

主題を構成している章 タイトル（学年・ページ）	小テーマ（主な内容の要約）
II 望ましい国家・民族生活 1 民族の発展と民族文化の暢達 （4）主体的文化交流の姿勢 （2年・pp.178-183）	1. 地球村時代の文化（さまざまな文化が混じりあい，文化交流が増加している今日，他の文化を正しく理解し，相互利益を増進させること文化交流をしなければならない。 2. 文化交流の姿勢（正しい文化交流は我々の社会を発展させる原動力となる。違う文化を理解するには，各民族や国家に独特の文化があることを認め，尊重する態度が必要。 3. 我々の文化の世界化（我々は固有で優秀な文化をもっていながら，日帝の侵略と国民の意識不足で世界に十分に紹介できなかった。積極的に世界化し，我が民族と国家のイメージを大きく改善し，人類の文化をさらに多様にする。）

4 南北統一と統一実現の意志 　(2) 北朝鮮社会に対する理解 　(2年・pp.265-274)	1. 北朝鮮住民の政治生活（北朝鮮住民は，労働党により政治活動がなされているため，日常生活でも「我々式の社会主義」について，徹底した学習がされている。住民の思想教育，主体思想の日常的な実践を強調する。） 2. 北朝鮮住民の経済生活（社会主義計画経済路線を追求してきた。住民は，闇市場などを通して食料などを購入しているが，物価が高く月給の意味が喪失されてきている。） 3. 北朝鮮住民の社会生活（北朝鮮社会は組織的な社会であるために，自らの誤りといっても家族に迷惑をかける場合がある。党と家庭が一つだと考える。） 4. 北朝鮮住民の教育および文化生活（託児所と幼稚園2年，人民学校4年，高等中学校6年，大学3～6年，研究員3～4年など，義務教育は11年間。文化生活については，「民族的形式に社会主義的内容を込めた，主体的，革命的文化芸術」を目標にする。）

　外国の文化や人々との交流については，基本的に「誇るべき韓国の伝統文化を世界に発信しよう」という姿勢で書かれている。教科書の課題にも，「共同体の文化，伝統的な食べ物など，自慢したい我々の文化を，百科事典やインターネットで調査し，外国に紹介する文章を書いてみよう」と設定されている。

　また，教科書に描かれている外国人は観光客であり，韓国に暮らしているさまざまな外国人との共生についてはふれられていない。現在は，韓国国内にも，在住する外国人が暮らしやすいように，グローバルセンターや移住女性の支援センター[6]など，多く設置されてきており，支援活動も活発である。そして，法律や制度の上でも，外国人地方参政権を認める法律が可決される[7]など，この数年で韓国社会は急速に変化してきている。そのような状況をふまえて，さまざまな文化背景をもつ人々の学習を構成していく必要が出てきている。

　他にも，北朝鮮社会の理解のために多くのページがさかれているのも特徴的である。主に，北朝鮮の社会制度を理解できるように設定してある。これは，「南北統一の実現」という章の中にあることからもわかるように，統一に向けてできるだけ北朝鮮社会の現状を理解しようとするものである。ただし，現在は韓国国内にも多くの脱北者（セトミン）[8]が生活しており，さまざまな文化背景をもつ人々との共生という観点から，新たな移住者とともに理解を深めていく学習が求められる。

⑤障害者

〈障害をテーマに扱ったページ〉

主題を構成している章 タイトル（学年・ページ）	小テーマ（主な内容の要約）
Ⅱ 家庭・隣人・学校生活の礼節 　3 隣人間の礼節 　　(4) 隣人との生活において守 　　　らなければならない礼節 　　（1年・p.254）	障害者に対する礼節（精神障害者に対して実際の年齢にあうように尊敬語を使う，人格をもつ存在という点を考える，出入り口やエレベーターでの配慮，じっと見ないこと，無条件に同情しない。）
Ⅰ 社会生活と道徳 　3 民主的生活態度 　　(1) 民主社会と人間尊重 　　（2年・pp.78-79）	人間尊重の意味・障害の体験（私たち自らが障害を体験し，感想を話してみよう。視覚障害，言語障害，肢体障害。）

　障害者に関わる学習では，『道徳1』(p.151) にヘレン・ケラーが人物学習として扱われており，その続きにアイマスクを使った体験プログラムがセットになっている。その他のページにも障害者と助け合うことを表現するために何枚か写真が掲載されているが，その写真がすべて車椅子の方の写真であり，さまざまな障害の理解にはつながりにくい。

　また，障害者に対しても「正しい礼節」について列挙してあるが，自分の問題として捉える視点が少なく感じる。例えば，『道徳2』では，車椅子の写真の説明に「障害者のための便利な施設がたくさん必要である」と書かれている。バリアフリーやユニバーサルデザインの発想は，障害者のためのものというよりも，誰もが使いやすい施設や心のもち方ということに重点が置かれる。

　障害者を，ボランティアや正しい礼節を行う対象だけではなく，一緒に住みやすい社会のあり方を考えていくという視点を盛り込んだ内容が必要である。

⑥ 高齢者

〈高齢者をテーマに扱ったページ〉

主題を構成している章 タイトル（学年・ページ）	小テーマ（主な内容の要約）
Ⅱ 家庭・隣人・学校生活の礼節 　1 幸せな家庭 　　(3) 父母と子女間の道理 　　（1年・pp.173-177）	1. 孝道（健康な家庭をつくるために子女である我々は父母の愛に対して孝道で応えなければならない。） 2. 孝道の核心（小さなことでも，父母の心を楽しませ，喜ばせることが本当の孝道。）
2 親戚間の礼節 　　(4) 祖先に対する礼節 　　（1年・pp.210-216）	1. 私と祖先の関係（自分に命を与えた根源。多様な生き方の方法を伝えてくれた。安全で幸福な国家を伝えてくれた。我々の土地，歴史，文化をつくってきた。） 2. 祖先に対する正しい態度（身体，精神，物質など全ての根源。文化財や伝統の保存。祖先の恩恵と愛に感謝する。祭祀は孝の連続。） 3. 祖先に仕える方法としての祭礼（伝統祭礼のやり方を時代に合うように改善しながら真心こめて行えるように努力する。）
3 隣人間の礼節 　　(2) 高齢者恭敬の伝統 　　（1年・pp.234-241）	1. 老人恭敬の理由（老人は，価値のある経験と体得した高貴な知恵をもつ方々だ。） 2. 老人恭敬の根本精神（老人を尊敬する伝統がある国は大変幸福で，誇りにできる。） 3. 老人恭敬の道（高齢化社会の問題。老人に対する恭敬心が弱まる。老人恭敬文化を発展させること。）
Ⅰ 社会生活と道徳 　1 現代社会と伝統道徳 　　(3) 伝統道徳の具体的内容 　　（2年・pp.29-31）	孝道と大人への恭敬（人として必ず行わなければならない。父母に対する孝道が拡大し大人への恭敬の姿勢にあらわれる。）
(4) 伝統道徳の適用と実践 　　（2年・pp.36-40）	1. 孝道と大人への恭敬の実践（孝道の実践は，父母はいつも感謝し恭敬の心をもつことが根本である。周囲の大人たちを尊敬する。） 2. 隣人愛の実践（門をなくす，道のそうじ，あいさつなど。）

　さまざまな差別の項目の中では，高齢者に関する項目が一番多い。しかし，これらの項目では高齢者というよりも「目上の人」という意味合いが強い。自分よりも目上の人々に対してどのように孝道を実践し，礼節を守っていくかという点が強調されている。これ以外にも，親戚，隣人，男女などすべての人間関係の基本となっているのが，この孝道と礼節である。

　『道徳1』（p.240）では，「大人への礼節」について具体的に紹介してある。

「食事をする際には，まず大人が食べた後食べ始め，大人が食べ終わってから席を立つ」「大人の体調が悪いとき，薬や治療も重要だが，真心をこめて看病することがもっと重要である」ことなどが列挙してある。

教科書の中で述べられているように，高齢者への恭敬心が弱まってきたとはいえ，電車やバスの中で荷物を持ち合ったりする光景が少しでも垣間見える韓国では，このような礼節を重んじ，教育の中でも積極的に伝えていこうという姿勢が窺える。

3-3　両国の比較分析

本節では，前節までに行ってきた日本の副読本と韓国の教科書の内容分析をもとに比較分析を試み，その特徴について考察し両国が共通に抱える課題についてまとめる。

①いのち・子どもの権利

両国の教科書及び副読本で扱われているいのちや，子どもの権利を含む基本的な権利や義務について，特徴をまとめると以下の通りである。

	日　本	韓　国
いのち	① 出産や生命誕生の感動 ② 身近な人の死 ③ 自然の偉大さ	① 出産や生命誕生を通した父母への感謝 ② 動植物を含めた広範囲な自然に対する尊重
基本的な権利	①「集団」「社会連帯」「公徳心」「法やきまり」「礼儀」などのキーワードが多く出されている ② 基本的な権利に関する解説が少ない	①「市民倫理」と「遵法精神」のページが多数を占めるなど，「民主社会の発展には国民としての義務遂行が重要」という内容が強調 ② 基本的な権利に関するページはあるが，国民としての義務や責任に重点

いのちに関しては，両国ともに出産や生命誕生の感動から生命を尊重し，父母に感謝する姿勢を育てる教材が多い。また，動植物など広範囲な自然における生命の偉大さについて学ぶ点も共通している。しかし，日本では自然への「畏敬」という言葉が使われており，「自然を大事にする」という感覚を超えた何か大きなものが訴えかけられている。つまり，これは入江（2004）が示しているように「宗教的な存在を示唆している[9]」ことがわかる。一方，身近な人

の死を通して生命の大切さを学ぶ教材は日本では数個扱われており，韓国では扱われていない。

　この点から，両国に共通した課題は，核家族化が進み身近な人の死に遭遇することが少なく，自分が今どうやって生きているのか実感する体験も少なくなってきている点だと言える。あふれるゲームの世界でヴァーチャル上の生死を体験し，自分が摂取する食物はスーパーでパックにされたものを見ることが多い子どもたちが，今自分が生きていることを実感する教材や授業が求められる。

　基本的な権利・義務に関しては，「集団や社会での法，きまり，義務」「礼儀」が両国ともに強調されていることがわかる。自分の権利の行使についても，まずは社会秩序，遵法精神をしっかりもった上で認められるという内容が読み取れる。しかし，だからといって国際的にも認知され両国ともに批准している「子どもの権利条約」について全く記載がないのは問題であり，「権利と義務」についての学習はバランスの欠いたものと言わざるをえない。

　このような学習のあり方については，両国政府の「子どもの権利条約」に対する姿勢からも読み取れる。「子どもの権利条約」には，韓国が1991年に批准，遅れて日本が1994年に批准している。「子どもの権利条約」が国内で実施されているかどうかは，定期的に国連子どもの権利委員会が政府から提出された報告書をもとに審査する。ここでは，2004年1月に日本政府に出された国連子どもの権利委員会からの最終見解をもとに見ていく[10]。

　日本政府は，2003年12月に「青少年育成施策大綱」を策定したが，これには子どもの権利の確保という視点がほとんどない。2004年3月には，与党から「青少年健全育成基本法案」が参議院に提出されたが，この法案では「次代を担う青少年を健全に育成していくことは，我が国社会の将来の発展にとって不可欠の礎である」とされ，子どもの成長を国家社会の発展に寄与するものと位置づけるのみで，ここでも子ども自身の権利には目を向けられていない。

　また，韓国では，1991年以降，「子どもの権利条約」批准にともなった規定の作成準備が滞っていた。全般的に子どもの人権に対する認識も低く，教員への意識づけも十分に行われてこなかった[11]。その一方で，青少年を未来の資源というだけではなく，今現在を幸福に生きる主体であるという新しい観点から，文化観光部により「青少年憲章」(1998)が改定されるという動きも少しあった。

しかし,「青少年憲章」を生かした形で学校に適用されるはずであった「学生人権宣言」の制定計画は座礁してしまった[12]。2010年にようやく京畿道で「児童・生徒人権条例」が制定され,少しずつ広がりを見せるようになってきた。

以上のような観点から,両国は子どもの権利に関わる学習を,資料や授業方法ともに発展させていく必要がある。

②さまざまな形態の差別

本項では,いじめ,同和など国内における地域や階級,男女,外国人(多文化共生),障害者,高齢者に分けて整理し,以下の表に特徴をまとめた。

	日　本	韓　国
いじめ	①「正義を重んじる」ことに焦点 ② 各立場の心情を理解する課題が多い	① 学級会議や模擬裁判の実施など民主的な解決方法を多数例示 ② いじめを受けている人たちが悩みを打ち明けているホームページの紹介
同和など	同和問題についての内容が1項目のみ	学縁問題についての議論
男女	「正しい異性理解」「健全な異性観」「望ましい交際」など徳目的な項目が多い	男女間での礼節の実践
外国人	① 日本から発展途上国に対する支援活動についてが大多数 ② 国内の外国にルーツをもつ人々についての内容はほとんどない	① 韓国の伝統文化を世界に発信する ② 外国人観光客へのマナー ③ 北朝鮮社会の理解
障害者	① 登場するのは車椅子の使用者や視覚障害者などの身体的障害がある人々 ② 障害者を支援の対象とする見方 ③ 体験活動とセット	① 登場するのは,大多数が車椅子の使用者 ② 体験活動とセット
高齢者	福祉施設などでの体験活動と比べて,教材としてはほとんど扱われていない	①「目上の人」への尊敬と関連させて親戚,隣人など多くのページがさかれる ② 孝道と礼節の実践

いじめに関しては,日本と韓国でかなり異なった扱いになっている。日本では,子どもたちが具体的な和解方法を模索することよりも各立場の心情を理解するように自分自身に問いかけ,「正義」の行使の大切さを説くといったように

非常に心情主義的である。一方，韓国では心情理解よりも具体的な葛藤や紛争の解決に重点を置いている。両国ともに，いじめの被害者の相談や救済の方法の提示が十分ではなく，「非暴力的方法による和解」や「人権機構の活用の仕方」など，社会的技能の習得と関連させてその点を充実していくことが求められる。

同和などの国内における地域や階級については，日本の同和問題と韓国の学縁問題が取り上げられている。韓国の学縁問題については，国内での厳しい受験戦争の背景もあり比較的多く扱われている。しかし，日本の同和問題については1項目だけの扱いであり，人権獲得運動の重要性からいってもあまりに少ない。もちろん各学校の地域性も考慮されなければならないが，他の人権問題と関連させながら学習できるような教材づくりが必要である。また，韓国でも被差別民が存在していた。過去には日本との交流もあり，両国に共通した教材化が可能ではないかと考える。

外国人（多文化共生）に関しては，両国ともに顕著なのが外国の文化や人々に対する理解が非常に偏っている点である。日本から見た発展途上国の人々は一方的な支援の対象であり，韓国で扱われている外国人観光客の写真は西洋の人々ばかりである。また，国内の外国人問題についてほとんどふれていない。外国人労働者やその家族が両国で生活していくケースは急増しており，お互いに理解を進める教材や授業が必要である。

男女の抱える問題については，両国ともに「清純な愛」「守るべき礼節」など大変徳目的であり，子どもたちの間にあふれる性に関する情報の十分なカウンターになりえていない。性に関する正しい情報を，いのちの学習，「家庭科」，「保健体育科」，養護教諭との連携で伝えていく必要がある。

障害者については，両国ともに身体障害者に焦点があてられている。また，体験活動とセットになって，支援施設でのボランティア学習とも関連させている。しかし，障害者は支援の一方的な対象ではない。彼らからの意見表明がまず大事であり，協力した生活や町づくりが必要である。この問題については，授業において多様な視点の提供や協力手段の検討が必要である。

高齢者については，両国で極端な違いが出ている。日本ではほとんど扱われていないのに比べて，韓国では「目上の人への孝道」という形で多くのページ

がされている。高齢化は両国ともに現在どんどん進んでいる課題であり，このように教材の扱い方に対する差が大きいのには問題がある。両国がバランス良く教材を扱い授業を組み立てることが重要である。

註

1　一社につき扱っている項目数が大変多いため主な分析対象である文部科学省とあかつきの出版した副読本に限った。
2　本節でも，一覧表は文部科学省とあかつきの出版した副読本を中心に構成した。
3　文部科学省『心のノート　中学校』p.52
4　同じ学校ということで結ばれる人間関係のこと。
5　朝鮮日報（2007 年 5 月 8 日付）
6　ソウルグローバルセンターは，HP（http://global.seoul.go.kr/）を参照。他にも，韓国移住女性人権センター（http://www.wmigrant.org/xe2/）など多くの支援組織がある。
7　ヒューライツ大阪「韓国の全国統一地方選挙で永住外国人が初投票」（http://www.hurights.or.jp/news/0606/b01.html）を参照。
8　「投降勇士」「脱北者」「北韓離脱住民」「自由北韓人」「セトミン」など，時期や称する人の理念的な思考により，名称はさまざまである。（オギョンソク他（2007）『韓国における多文化主義現実と争点』pp.140-141（ハヌルアカデミー）［韓国語］）
9　入江曜子（2004）『教科書が危ない──『心のノート』と公民・歴史』pp.173-179（岩波新書）
10　日本弁護士連合会パンフレット（2004）『国連から見た日本の子どもの権利の状況』pp.1-6（子どもの権利条約批准 10 周年記念シンポジウム）
11　姜淳媛（2000）『平和・人権・教育』p.83（ハヌルアカデミー）［韓国語］
12　ペキョンネ（2006）『青少年 Report ②人権は校門の前で立ち止まる』pp.174-175（ウリ教育）［韓国語］

4. 日・韓が共有できる包括的な平和教育の主要テーマの考察
―中学校「社会科（公民的分野）」教科書の内容分析

本章では，前章の「道徳」の副読本と教科書の内容分析と同様の方法で，両国の中学校「社会科（公民的分野）」について比較分析していく。各国それぞれの特徴や共通する部分などを整理し，比較考察を行う。そこから，両国が平和教育プログラムを実施する上で，共有できる主要なテーマの課題を明らかにする。

4-1 いのち・子どもの権利
（1）日本の場合

本項では，いのちや子どもの権利を含む基本的な権利や義務についてまとめる[1]。まず，いのちをテーマとして扱ったものは以下の通りである。

〈いのちをテーマとして扱ったもの一覧〉（出版社：すべて大阪書籍）

主題を構成している章（ページ）	（タイトル） 主な内容の要約
第1編 わたしたちの生活と現代社会 　第1章 現代社会の成り立ちと特色 　　1 現代社会をみる視点（p.11）	（環境と開発）大量生産・大量消費に支えられたわたしたちの生活は，大量のごみを生み出した。これからは，リサイクルや省エネルギーの循環型社会が求められている。
第2編 わたしたちの生活と政治 　第1章 個人の尊重と日本国憲法 　　環境への取り組みを調べよう 　　（pp.30-31）	（兵庫県尼崎市の環境への取り組み）資源リサイクルセンターや浄水場を見学。 （市役所で話を聞く）市民が安心してくらせるように，環境問題に積極的に取り組んできた。 （環境改善への提案を考える）環境や福祉など，政治の問題に関する要望を話し合って，その目的と手段を書き出そう。

(第2編・第1章) 　2 日本国憲法と基本的人権 　　社会の変化と人権尊重② 　　(pp.56-57)	(環境権) 人間らしい生活環境を求める権利。環境の保全や改善に積極的に取り組む必要がある。限りある資源を有効に使うリサイクル社会をめざして，循環型社会形成推進基本法も制定された。 (自己決定権) 延命治療で生かされるのではなく，人間らしい死をむかえたいという考えは，自己決定権という人権からきている。
(第2編・第1章) 　生命科学の発達と人権 　　(pp.64-65)	(遺伝子とは) ヒトゲノムの解読は，医療や医薬品の開発をはじめ，人の進化の歴史やバイオテクノロジー，生命科学などの分野で多くの成果を生み出すと期待されている。 (先端医療とその問題) 出生前診断や発症前診断が行われ，就職や結婚などの差別を受けるかもしれない。クローン人間づくりの禁止など，科学技術の発達に応じた人権尊重のしくみづくりが必要。
第4編　現代の国際社会 　第1章　国際社会と人類の課題 　　2 地球環境と人類 　　　地球規模の環境問題 　　　(pp.174-175)	(さまざまな環境問題) 経済発展と環境問題は，裏腹の関係にある。日本の四大公害，ヨーロッパ地域の酸性雨，チェルノブイリの爆発事故など。 (経済活動と環境問題) オゾン層の破壊，地球温暖化が問題。気候が変動し，生態系が変わる。
(第4編・第1章・2) 　地球の環境を守るために 　　(pp.176-179)	(国際的な協力) 国連人間環境会議などが開かれ，政府とNGOの双方が地球環境を守り，持続可能な発展を続けるにはどうすればよいかを討議した。 (日本における取り組み) フロンガスの規制，廃棄物のリサイクル，クリーンエネルギーの開発など。 (人類の共生を目指して) 人類が必要とする食料とエネルギー，文明世界の活動全体をクリーンで環境にやさしいものにする英知を働かさねばならない。 (地球のためにできることを考えよう) 二酸化炭素削減に向けた日常生活のなにげない取り組みの積み重ねが地球環境に大きな影響をあたえる。

　いのちをテーマにした内容については，上記の表からもわかるように，環境保護活動について述べたものが多くを占める。二酸化炭素削減やリサイクルなどの活動について，個人でできる環境家計簿から，地方自治体のリサイクルセンターの取り組みを調べて提言を考えるなど，大変具体的で内容も多岐にわたる。活動事例を紹介した写真も多く掲載されている。例えば，大阪書籍（p.178）には，砂漠化防止と農業生産の向上を目指した青年海外協力隊の活動や，内陸部で緑化活動を行うNGOの写真が掲載されている。このような環

保護に関わる学習は，校外でのインタビュー活動や調べ学習を実施しやすい設定にしてあり，学校でも取り組みやすい。

　しかし，環境を保護すべき対象として当然視した上で，教科書の前半から既にさまざまな保護活動ありきで記述されていることに違和感を感じる。それは，人間が環境を保護するというよりも，自然の循環の中で，いのちのつながりを感じながら，人間は環境の一部であるという視点が抜けているからだ。その視点がなければ，保護活動の内容ばかりが先走る可能性がある。このような視点に注意しながら，学習を組み立てる必要がある。

　先端医療に関わる生命倫理についてのテーマも各教科書で扱われているが，環境保護活動の事例と同様に，いのちのつながりとして存在する自分という視点を十分に理解させた上で議論することが必要だと考える。そうでなければ，出生前診断や発症前診断，クローン技術の是非など，いのちと人権に関わる大変重要な問題について，子どもたちが表面的な意見ばかりを述べる可能性がある。

　また，自分が受けついできたいのちという観点から，憲法9条や平和主義に関わる学習と関連させて，自分の祖父や祖母から当時の生活の様子を聞くという活動も考えられる。これについては，「人権に関わる事件」「人権に関わる宣言や条約」の項目とも関連させることで，より深化した学習をすることができるだろう。

　自分のからだについて知るという観点からは，例えば大阪書籍（pp.54-55）に「「ネット社会」とつきあうために」というテーマで，インターネットの使い方やプライバシーの侵害について少し記述があるが，十分にはふれられていない。教育出版（p.49）「広がる人格権」には，「相手に対して性的な嫌がらせをおこなうセクシュアル・ハラスメントは，相手の人格を傷つけ，幸福を追求する権利を侵す問題」として取り上げられている。同じページに「女だから男みたいないい方をするな」というイラストも掲載されているが，具体的にどのような行為に注意し，よりよいコミュニケーションとは何かを考えるには不十分である。「道徳」などと連携しながら，相手を尊重するコミュニケーションスキルの獲得が必要である。

　それでは，次に基本的な権利や義務をテーマに扱っているページについて整理する。

〈基本的な権利や義務をテーマに扱っているページ〉(出版社:すべて大阪書籍)[2)]

主題を構成している章(ページ)	(タイトル) 主な内容の要約
第1編 わたしたちの生活と現代社会 　第2章 わたしたちと現代社会のかかわり 　　1 個人と現代社会 　　　一人の人間としてのわたしたち(pp.20-21)	(個人と社会)人は一人で生きていけない。家族,学校,地域社会,国家の一員であるなど,さまざまな社会集団に属している。 (家族と社会)家族は,人間らしく自立して生きていくこと,互いに個人として尊重して生きていくことを学ぶ。
(第1編・第2章・1) 　わたしたちと社会 　　(pp.22-25)	(社会とルール)人間として尊重し合い,互いの生命,財産,自由を大切にしながら生活するためには,社会の秩序を維持していくルールが必要である。 (社会と責任)社会の秩序には,慣習,道徳,法などがある。このようなルールを守ることが大切。 (15歳は「子ども」?それとも「大人」?)日本の法律で決められている15歳の権利とその制限を手がかりに,大人になるとはどういうことか考えてみよう。
第2編 わたしたちの生活と政治 　第1章 個人の尊重と日本国憲法 　　1 法に基づく政治と日本国憲法 　　　法に基づく政治と日本国憲法 　　　(pp.32-33)	(法に基づく政治)社会の秩序を守り,安心できる生活を維持していくはたらきを政治という。政治権力は人が生まれながらにもつ権利を侵害してはならない。 (最高法規としての憲法)憲法は国民の人権を守るために政治権力を制限するしくみを定めたもの。国民の自由を守り,権力分立制を採用している憲法を,立憲主義の憲法という。国の最高法規。 (日本国憲法の制定)民主主義を強化すること,基本的人権の尊重を確立することなど,が盛り込まれた。
(第2編・第1章・1) 　日本国憲法の基本原則 　　(p.34)	(三つの基本原則)国民主権,基本的人権の尊重,平和主義。 (国民主権)政治のあり方を最終的に決めるのが国民であること。
(第2編・第1章) 　2 日本国憲法と基本的人権 　　人権思想のあゆみと日本国憲法(pp.38-39)	(人権思想の誕生)基本的人権という言葉は,「人の権利」,「人であれば,無条件にもっている権利」のことをさす。 (人権思想の発展)国民に自由権を保障し,国民がどのような生活を営むかは各自の責任に任せておく。国家に対して人間らしい生活を求める権利,社会権も人権の仲間入りをした。 (日本国憲法の人権保障)一人一人をかけがえのない個人として大切にしようとする考え方がある。人権尊重を徹底しようとする。

(第2編・第1章・2) 　自由に生きる権利 　　(pp.40-41)	(自由権とは) 精神の自由,生命・身体の自由,経済活動の自由を保障。 (精神の自由) 思想・良心の自由,信教の自由,表現の自由,学問の自由など。特に,表現の自由は,人権を守り,民主主義を発展させる上で重要。 (生命・身体の自由) 正当な理由もなしに捕らえられたり,生命をうばわれたりしないことも必要。 (経済活動の自由) 経済的に安定できるように,契約を結んだり,財産を所有することができる。
(第2編・第1章・2) 　等しく生きる権利① 　　(p.42)	(平等権とは) 人には誰でも個人として尊重され,誰もが法律上平等なあつかいを受ける権利がある。
(第2編・第1章・2) 　人間らしい生活を営む権利 　　(pp.48-49)	(社会権とは) 国家に対して人間らしい生活を求める権利。 (生存権) 病気や失業などで生活できなくなった人に,必要な援助をする責任がある。公的扶助,社会保険,社会福祉などの社会保障制度を充実させてきた。 (教育を受ける権利) 社会の中で自立して豊かに生きていくために,適切な学校教育を受ける機会が必要。生涯学習を充実させる必要もある。 (勤労の権利と労働基本権) 人間としてふさわしい条件のもとで働けるように,賃金などの労働条件の基準を法律で定める。
(第2編・第1章・2) 　人権の保障を実現するための権利 　　(pp.50-51)	(参政権) 基本的人権を実際に政治や裁判の場で実現するために,参政権や請求権を保障している。 (救済を求める権利(請求権)) 誰でも,自分の権利が侵害された時には,裁判所に訴え,公正な裁判によって救済を受けることができる。
(第2編・第1章・2) 　社会の変化と人権尊重① 　　(pp.52-53)	(新しい人権とは) 日本国憲法が保障する幸福追求権などもともに保障される。(知る権利) 政治について正しい判断を下すためには,国や地方公共団体がどのような活動をしているのかを知ることが必要。 (プライバシーの権利) 私生活が他人から干渉されない権利。プライバシーの権利は,自分の情報を自分で管理する権利を指すものへと変わってきた。
(第2編・第1章・2) 　人類の問題としての人権 　　(pp.58-59)	(人権尊重の国際的広がり) 人,もの,情報が容易に国境を越えるようになると,人権の保障は一つの国の課題ではなくなってきた。「世界人権宣言」「国際人権規約」など,達成すべき共通の人権保障水準を掲げた。 (児童(子ども)の権利条約) 子どもを放置,搾取,虐待から守るための世界的な取り組みが始まった。しかし,今日でも子どもの人権が完全に保障されているとは言えない。

（第2編・第1章・2） 　　公共の福祉と国民の義務 　　　　（pp.60-61）	（人権と公共の福祉）個人の人権の主張には，同時に他の人々の人権を守るという責任がともなう。経済政策などの観点から人権が制約されることもある。 （国民の義務）子どもに普通教育を受けさせる義務，勤労の義務，納税の義務。
（第2編） 　第2章　国民主権と日本の政治 　　1　くらしに身近な地域の政治 　　　　地方自治とわたしたち 　　　　（pp.74-75）	（住民の権利）地方自治を実現するためには，地域の政治にわたしたち住民の意思を十分に反映させることが大切。 （住民運動と住民参加）自然保護，生活環境の保全，福祉施設の充実，情報公開の要求などへ広がりを見せている。
（第2編・第2章） 　　5　裁判所と司法権 　　　　裁判のしくみ（p.91）	（少年法ってどんな法律）20歳までの少年の犯罪には少年法を適用し，大人とは区別する。子どもが日々成長していて，正しいことを身につける力や，自分が社会の中でどんな役割を果たせるか，真剣に考える力があると期待されているからである。
（第2編・第2章・5） 　　　　裁判と人権（p.92）	（裁判と人権尊重）刑事裁判は，わたしたちの身体や自由に関わる裁判だから，人権に対する配慮が必要。
第3編　わたしたちの生活と経済 　第3章　財政と国民の福祉 　　3　福祉の充実と生活環境の 　　　整備 　　　　社会保障のしくみ 　　　　（pp.146-147）	（生存権と社会保障）人々が相互扶助の精神に基づき，国の責任において，生活上の不安を取り除こうとするしくみがつくられた。社会保障は，国の責務として実現しようとする制度。 （社会保障制度）社会保障制度の中心は，国民に加入が義務づけられている社会保険。その他，公的扶助，社会福祉，公衆衛生などがある。

　上記の表からもわかるように，基本的な権利や義務については，日本国憲法の条文を紹介しながら解説することに，多くのページがさかれている。もちろん，日本国憲法がどのような歴史の中で制定されたかを知り，条文の内容を十分に理解することは大変重要である。

　しかし，「社会科」の授業時間数の関係上，条文の暗記に終始してしまわないかという懸念を払拭できない。確かに，憲法の基本的な人権に関わる項目には，学習を深める活動内容が指示されている。例えば，大阪書籍「日本国憲法の基本原則」(p.35)では，「わたしたちは，どのようなときに国民が主権者であると意識するのかを話し合ってみよう」「人類の問題としての人権」(p.58)では，「新聞で，日本や世界の子どもの人権が問題になっている記事を調べよう」という指示がある。どれも欄外に小さく書かれているだけで，授業の中でどこまで

深められるかはわからない。このような点からも、他教科との連携も視野にいれて学習活動を組み立てる必要がある。

　東京書籍（pp.34-35）には、「人権を考えよう」というタイトルで、「ちがいのちがい」という参加型の活動が紹介されている。「女性は16歳で結婚できるが、男性は18歳にならなければ結婚できない」「外国人のDさんは、日本国籍をもっていないという理由でマンションの入居を断られた」などの項目について、子どもたちが「あってよいちがい」や「あってはならないちがい」に分けて議論するものである。日本国憲法や人権の学習の前段階として位置づけられており、日本国憲法の条文を学習する際にも、より身近に体験的に学習できるという点で評価できる。

　また、子どもの権利については各教科書に取り上げられているが、取り上げ方にばらつきがあり、内容に偏りを感じる。

　例えば、大阪書籍（p.59）には、「児童（子ども）の権利条約」というタイトルで、次のようなエピソードが書かれている。「発展途上国では、5歳の誕生日をむかえられずに命を失う子どもたちが、年間1100万人いるといわれています。（中略）世界で2億5000万人の子どもたちが、労働に従事させられているといわれています」。この記述のあとに、子ども兵の話が出てくるなど、子どもの権利について、「発展途上国のかわいそうな子どもたちには権利が十分に保障されていない」ということが全面に出てしまっている。

　教育出版（pp.50-51）も「子どもの権利条約」について次のような説明になっている。「世界には戦争や飢饉から飢えに苦しむ子ども、貧しさから通学できない子ども、親に虐待されている子どもが数多くいます」。

　もちろん、このような記述を読んで、子どもの権利は日本に暮らす自分たちとも無関係ではないという見方もできるが、掲載されているサラエボの少女の手紙や、カンボジアにおけるストリートチルドレンの写真から自分たちと関連づけることは容易ではない。

　子どもの権利を自分たちの身近な生活の中で具体的に考えながら、発展途上国の子どもたちの置かれている状況についても考えられるような学習の組み立て方をしないと、自分たちにとっての子どもの権利条約が、他人事のまま学習を終える可能性がある。

一方，各教科書には，住民自治を考えるページがあり，子どもたちが主体的に動く活動が多く掲載されている。
　教育出版「住民からはじまる」（p.74）には，「ニセコ町の子ども議会」の事例が写真とともに次のように掲載されている。「子どもたちがまちづくりに参加する権利を保障しています。子ども議員からの指摘で，ニセコ町は高齢者も見やすいごみの分別方法を示したパンフレットづくりを検討することにしました」。
　帝国書院「地方自治と私たち」（p.120）にも，「中学生にも投票の機会を」というタイトルで，長野県平谷村での子ども議会のようすについて書かれている。大阪書籍（p.74），教育出版（p.78），清水書院（p.83），東京書籍（p.94），日本書籍新社（p.90），日本文教出版（p.65，p.93）にも同様に，長野県平谷村の事例が掲載されている。
　上記のような事例を，「子どもの権利条約」とつなげて子どもたちに説明するなど，教科書の掲載順に追うだけでなく，関連項目を意識的につなげて授業を組み立てるなど教える側の工夫が必要である。
　清水書院（p.63）には，「子どもが訳した「子どもの権利条約」」が掲載されており，より平易な言葉で子どもたちも理解しやすく，自分たちの日常ともつなげて考えやすいという点で評価できる。
　東京書籍「子どもの権利」（p.153）にも，「ユニセフと世界のともだち」に子どもの権利を解説するイラストが掲載され，本文には「地球上のあらゆる国において，この子どもの権利条約の精神と内容を，実際の生活のなかにどのように生かしていくかが問われています」というふうに，身近なところから考えさせようという工夫も見られる。
　扶桑社「国際社会における人権」（p.92）には，「児童の権利条約」という言葉と簡単な説明が載っているだけで，条文の内容については一切触れられていない。巻末の学習資料にも，条約の条文が一切掲載されていない。子どもたちが学習する教材としては，大変不足していると言える。
　使用する教科書に左右されず，子どもたちが生きていく上で最も重要になる権利について，しっかりと学習させる姿勢が求められる。

(2) 韓国の場合

　いのち，子どもの権利を含む基本的な権利や義務の2つに分けて内容を整理していく。

　一覧表については，代表して高麗出版の教科書内容を掲載した。

〈いのちがテーマになっているページ〉（出版社：すべて高麗出版）

主題を構成している章 タイトル（学年・ページ）	小テーマ （主な内容の要約）
Ⅵ 個人と社会の発展 　1 人間の社会的成長 　（2年・pp.155-156）	1. 人間は社会的動物だ（大部分の人々は，生まれてから父母の保護と長い間の教育を通して，社会的存在に成長する。） 2. 社会化機関にはどんなものがあるか？（生まれたてのあかちゃんは，家庭の中で父母の助けで歩行と言語を習い基本的な生活方法を習得して成長する。） 探求活動：個人の社会化過程（過去の自分の写真を羅列し，どんな社会化過程を経てきたのか整理してみよう。）
Ⅵ 人口成長と都市発達 　1 人口成長と人口移動 　（3年・p.145）	1960年代以降の我が国の人口移動（父母の居住地移転時期と動機を把握し，これを集めて学級の父母世代の人口移動について調査してみよう。）
Ⅱ 民主市民と経済生活 　1 経済問題の合理的解決 　（3年・p.45）	環境汚染が我々の経済活動に及ぼす影響（環境を保全する時に得られる便益とかかる費用について，比較してみよう。）
Ⅳ 現代社会の変化と対応 　3 現代社会の社会問題 　（3年・p.107）	探求活動：社会問題の合理的解決（世界的に人間複製実験が継続されているという記事を読んで分析し，合理的な解決方法を考える。）
Ⅴ 資源開発と工業発達 　1 資源の分布と移動 　（3年・pp.117-118））	各種道具を作るのに利用される資源―木材，鉄（木材は工業原料などに利用されるが，木材が生産される山林は大気浄化，洪水調節，生態系保存などの重要な役割をしている。）
2 資源の利用と資源問題 　（3年・pp.121-126）	1. 資源問題はなぜ発生するのか？（資源の枯渇を防ぐには資源の消費増加を抑制し，代替資源を積極的に開発しなければならない。我が国は，海外の資源を安定的に確保し，資源を効率的に利用するための方案を準備し，資源消費を抑制する生活習慣を育てなければならない。） 2. 我が国は資源の輸入依存度が高い（天然資源が貧弱な我が国は，経済発展で資源消費量が急激に増加し，資源の輸入依存度はだんだん高くなってきている。）

	3. 資源の使用は環境問題を起こす原因になる（石油のような化石燃料の過大な使用は大気を汚染し，地球温暖化現象を起こす。資源の開発と使用過程で現れる環境破壊を最小化しようとする努力が必要だ。） 代替エネルギー資源の開発と利用（代替エネルギー資源の開発がなぜ必要なのか話してみよう。）
3 工業発達と工業地域の形成 （3年・pp.133-134）	工業発達とともに現れる環境問題（公害などの問題を解決するために，公害物質を排出する工場に対し強力な規制がされたり，国際的に公害物質を排出して生産された製品に対し流通を規制しようとする動きも現れている。） 環境問題を解決するための国際的な努力（環境問題を解決するための国際的な努力の事例を調査し，環境を保全する態度を育てよう。）
Ⅵ 人口成長と都市発達 3 人口問題と都市問題 （3年・pp.159-162）	人口が都市に集中してどんな問題が起きるか？（都市では，仕事の不足，住宅及び各種施設の不足問題がひどくなっている。交通混雑による問題，環境問題などが日ごとに悪化している。世界の主要都市の大部分が大気汚染の深刻な状態である。先進国では河川の汚染に対しても改善するために多くの努力をしてきた。）ソウルで現れる大気汚染程度の変化（ソウルで亜硫酸ガスの濃度が低くなった原因を調査してみよう。）
Ⅶ 地球村社会と韓国 3 我が民族の発展課題 （3年・p.182）	21世紀を幸せな世界にするために（より多くの人類が生きていくためにという名分の経済開発優先政策，地球の遠い未来のために開発を止めようという極端な環境保全政策をやめ，現在の経済繁栄を維持する開発を持続するが環境に及ぼす影響を最小化する「持続可能な開発」を推進しなければならない。）

　上記の表のように，韓国の教科書でいのちをテーマに扱ったものについては大きく二つに分けられる。一つ目は，人間の社会化の過程で，自分自身が生きてきた歴史をふりかえるという，受けついできたいのちを意識した学習である。二つ目は，産業の発達とともに出てきた公害への理解と自然環境保護についてである。他に，生命倫理や生命工学について，動物実験等を通して考えさせるページもあったが，付属のページ（中央教育振興研究所の探求活動（3年・p.190）など）に1ページのみ掲載されていた。

　受けついできたいのちを意識した学習については，例えば高麗出版「過去の自分の写真を整理しどんな社会化の過程を経てきたのか整理してみよう」，教学社（ファンジェギ他編・2年・p.141）「自分と周辺の人たちとの相互作用が

自我形成にどのような影響を与えたか，自分の歴史を父母と一緒に記録してみよう」という活動がある。「人間の社会化」について学ぶという点が主題になっているが，自分の誕生や成長と家族の関係についてふりかえることができる。また，高麗出版「人口成長と人口移動」の単元で，「父母の生きてきた歴史」について移動という視点から整理する活動がある。このように，身近な人々の歴史を年表にまとめることは，生きた体験を同時に聞くことになり，自分が受けついできたいのちを実感する学習に発展させることができる。それぞれの単元の主旨ではないが，生きてきた歴史を聞く中で，戦争，植民地支配，民主化運動など，さまざまな歴史に個人がどう関わってきたか，その中で「死」をどう受け入れてきたかを知ることになり，平和という観点からも重要な学習ができる。

　自然環境保護については，高麗出版「我が民族の発展課題」の最後でまとめられているように，経済発展と環境保護を上手く両立させる「持続可能な発展」を目指していこうという姿勢が全体に現れている。代替エネルギーの開発や環境保護の取り組みについて，他国のデータと比較し，韓国でも適用できる方策を考えるなど，活動も多い。トンファ社（3年・p.202）にも，「持続可能な開発の追求」というページで，「地球が当面している環境問題を解決すると同時に，生存と繁栄に向けた人類の無限の欲求を満足させる方法」と紹介されている。公害の理解や自然環境保護の取り組みなど，各社多く掲載されている。しかし，ここでは，生物多様性や自然環境の中で生かされている人間という視点よりも，人間自身が経済と環境の両立をどうコントロールしていくかという面が強い。

　中には，教学社（チャギョンス他編・3年・p.125）のように，「自然保護憲章の一行目には，「人間は自然から生まれ，自然の恩恵の中で生き，自然にかえる。」と記録されている」と自然環境と人間のいのちのつながりについて記されているものもあるが，十分ではない。

　また，自分のからだを正しく知るという点では，「家庭科」の範囲であることから公民的分野では取り上げられていない。ただし，メディアリテラシーという部分で，高麗出版（p.28）「正しい言論が民主主義を守る」，クムソン出版社（2年・p.156）「大衆媒体の影響力」などがあり，そこでメディアの役割につい

て考えるページはある。しかし，いのちや性という観点から吟味されているものはなく，この点についても資料が不足している。
　次に，基本的な権利や義務について扱っているページを整理していく。

〈基本的な権利や義務をテーマに扱っているページの一部抜粋〉（出版社：すべて高麗出版）

主題を構成している章 タイトル (学年・ページ)	小テーマ (主な内容の要約)
Ⅶ 社会生活と法規範 　1 法の支配と正義 　　(2年・pp.178-182)	1. 法は強制性をもつ社会規範だ（社会生活の中で人々がお互いのために守らなければならない行為の基準がある。これが，社会規範であり，慣習，宗教規範，道徳，法などが含まれる。） 2. 法は正義の実現を追求する（民主主義国家において法は個人の人権保障と公共福利の増進を追求し，自由と平等の実現を通した人間尊重という民主主義の根本理念を込めなければならない。） 3. 理念と現実の間に現れる法的葛藤（どうすることが正義なのかについて，違う立場がありえたり，正義を現実の中で実現する過程で多くの葛藤が引き起こされるからである。） 4. 法で統治しなければならない（人間として享受する基本的な権利が保障されるためには，人による支配ではない，法による支配が成し遂げられなければならない。）
2 社会生活と法秩序 　　(2年・pp.184-191)	1. 日常生活と関連のある法（個人間のことは相互の協議を通じて達成するのが望ましい。しかし，合意できず，紛争が発生した場合，これを処理する法が必要だ。これに関連した法の分野を私法という。） 2. 公的な生活と関連のある法（共同体生活をする個人は，さまざまな義務をもつ。公的な生活と関連する法の分野を公法というが，公法には憲法，行政法，刑法，訴訟法などがある。） 3. 人間らしい生活を保障するための法（国家が積極的に介入して国民の経済生活や労使関係を規定，調停することで全国民の人間らしい生活を保障するために努力するようになった。） 4. 法を適用して是非を正す司法（法を適用して，社会秩序を乱す行為を処罰したり，個人間の争いを解決しようとする国家の作用が司法である。） 5. 個人間の紛争を解決しようとする民事裁判とその手続き（個人間でおきる権利闘争はお互いの合意を通して解決するのが一番望ましいが，円満な解決が難しいなら，民事裁判を通して紛争を解決できる。） 6. 犯罪を処罰する刑事裁判とその手続き（犯罪が発生すれば犯罪者として疑わしい人を連行し嫌疑事実に対して捜査が行われる。） 7. 司法過程での市民の役割（紛争が発生した時にもお互い争うよりは，法で規定された枠内で解決方案を探さなければならない。）

3 共同体と市民の権利 （2年・pp.194-200）	1. 我々にはどんな権利があるのか？（憲法，刑法などと関連した公権，民法，商法など個人生活と関連した私権，福祉国家と密接に関連がある社会権に分けられる。） 2. 大韓民国国民としてどんな権利があるのか？（我々の憲法は，「全ての国民は人としての価値と尊厳性があり，幸せに暮らしていく権利があり，法の前に平等である。」と規定している。） 3. 個人としてどんな権利があるのか？（個人的な権利には，財産，人格，家族などと関連した権利がある。） 4. 権利行使は自由であるが責任感をもたねばならない。（法で保障されるさまざまな権利と権利救済の手続きは，権利を主張し守ろうとする人の役割として活用される制度である。） 5. 我々の遵法意識はどうか？（我々の社会にはまだ法を軽視する風潮が広がっている。） 6. 生活の中で法を守る。（遵法は遠い存在ではなく，身近な生活の中にある。）

　上記の表を見ると，一見法や秩序などの社会規範が強調され，市民の権利については後の方で説明があるだけのようにも見えるが，一概にそうとも言えない。

　高麗出版には，「Ⅴ 現代社会と民主市民」という章があり，民主市民として果たせる役割や市民がどのように政府や企業の権力に対抗していけるかという記述が多く見られる。その中で，さまざまな市民活動の紹介がある。「少額株主運動」「議政監視運動」などの国内の活動だけでなく，アムネスティやグリーンピースなど国際団体の紹介まで幅広い。それらの活動の最初には，1987年6月の民主抗争の写真が掲載され，「独裁に抵抗し民主主義を発展させた」と説明されている。クムソン出版社（2年・p.136）には，1960年の4・19革命，1980年の5・18民主化運動の写真も掲載され，「わずかの間で大きな成果を成し遂げた点に注目する必要がある」と韓国の市民社会の歴史について説明している。中央教育振興研究所（2年・p.132）には，1987年6月の民主抗争の写真とともに，「民主化のための，市民たちのたゆまぬ努力で，我々の市民社会が成立した」と説明されている。これらの説明には，現在の韓国における市民活動の基本精神が現れている。

　以上のような，民主市民に関する学習のあり方が，その後の社会規範や法秩序の学習にもいかされている。権力をふるう政府や君主に対して批判的に分析し，法治主義をどのように実現できるか考えさせるというものである。例えば，

高麗出版「何が法治主義を阻害するのか？」（p.183）では，第二次大戦中のユダヤ人の権利を剥奪した法と70年代に韓国で髪の長さなどを取り締まった法を比較しながら，「実質的な法治主義が実現されていない理由を述べよう」という活動がある。

　以上のように，「民主市民になる」という前提で，社会規範や法秩序などの学習も進められており，基本的な権利や義務の学習として評価できる点である。
　その一方，子どもの権利について取り上げられていない点が残念である。高麗出版（p.179）には，「学校の中での法探し」という探求活動がある。乱暴な学生に対して，どのような規定が必要で，実際の学校の規定はどうなっているか考えさせるものである。また，クムソン出版社（3年・pp.18-19）には，「学校生活での民主的な原則と制度」というページの中で，「学校は学生たちが民主政治の制度と運営原理を学び，体験する教育現場だ」と書かれている。図書出版ティディムトル（3年・p.41）には，「民主政治の発展と青少年」というページの中で，「青少年の時期に民主的な生活原理に慣れ，これを実践できる多様な機会をもたねばならない」として，市議会の活動に参加する子どもたちの写真も掲載されている。トンファ社（3年・pp.18-19）には，「民主的な手続きと多数決」というページの中で，「学生たちが学級内の葛藤を平和的に解決するための憲法」を紹介している。しかし，その中に，子どもの権利への言及が全くない。民主市民のあり方とも関連させて，子どもの権利を考えさせる学習が必要である。

4-2　さまざまな形態の差別
(1) 日本の場合
　本項では，さまざまな形態の差別について，①いじめ，②同和など，国内における地域や階級，③男女，④外国人（多文化共生），⑤障害者，⑥高齢者について順に分類し，特徴について整理した。

①いじめ
　いじめの問題については，ほとんど扱われていない。扱われていたとしても，大変記述が少ない。

帝国書院「だれでももちうる偏見」(p.97) では,「だれもが気がつかないうちに, 偏見をもち, 差別していることがあります。学校で問題になるいじめも, ほかの人と異なる個性をもつだけで偏見をもち, 差別することからはじまることがあります」というように, 人権について考える最初のページに, 中学校でのいじめの状況を表した円グラフと一緒に掲載されている。

日本書籍新社「学ぶ権利」(pp.26-27) では,「教育は子ども一人ひとりの可能性を育てていくことを基本としておこなわれている。しかし, 現実の学校ではどうだろうか。受験戦争が激しく, いじめや校内暴力, 不登校がふえるなど, 学びにくい状況であるともいえる」というように, 子どもの権利と結びつけながら説明されている。

日本文教出版「身近な人権」(p.60) では,「わたしたちの身近にみられる,「いじめ」などの問題点も差別や人権の無視であることを忘れてはならない」と記されている。

以上のように, いじめに関しては, 教科書本文で数行ふれられている程度である。しかし, 日本書籍新社が試みようとしているように,「子どもの権利」から身近な事例として具体的に考えさせ, いじめの予防や解決の仕方を授業で取り組む工夫は十分にできる。子どもたちの学校生活で一番身近な問題という点からも, 積極的に取り組む必要がある。

②同和など, 国内における地域や階級
〈同和問題をテーマに扱っているページ〉

出版社 主題を構成している章(ページ)	(タイトル) 主な内容の要約
大阪書籍 第2編 わたしたちの生活と政治 　第1章 個人の尊重と日本国憲法 　　2 日本国憲法と基本的人権 　　　等しく生きる権利② (p.44)	(部落差別をなくすために) 対象地域の生活環境はかなり改善されてきたが, 就職や結婚などで差別が見られる。差別をゆるさない運動や, 差別をなくす教育が進められて, 差別に立ち向かう人々も増えている。
教育出版 第2章 わたしたちの暮らしと民主政治 　1 暮らしのなかに生きる憲法 　　⑥平等な社会を創る (p.40)	(部落差別からの解放) 今もなお結婚や就職などの際に, 身元によって差別を受ける人権侵害が起こっている。人権が十分に保障される社会を創る努力をしなければならない。

教育出版 第2章 わたしたちの暮らしと民主政治 　2 暮らしとつながる政治 　　共生をめざして（p.80）	（文字を知るよろこび）部落差別を受けている地域で生まれ育った80歳代のある女性は，子どもの頃から家族の生活をささえるために働かなければならず，学校に通えなかった。
清水書院 第1編 私たちの生活と政治 　第1章 人権の尊重と日本国憲法 　　2 基本的人権の保障 　　　平等権（2）（p.46）	（差別の撤廃を求めて）身元調査などで，被差別部落の出身者が就職や結婚を断られたり，周囲からの迫害を受けることも少なくなかった。差別を許さないという国民のいっそうの自覚や行動が求められている。
清水書院 第1編 私たちの生活と政治 　第1章 人権の尊重と日本国憲法 　　2 基本的人権の保障 　　　平等権について考える（p.49）	（心の中にある差別）部落の青年と結婚した女性のインタビューの紹介。部落問題について真剣に勉強する中で，周囲の人たちへ説得を続けた。壁は厚く，結婚の決意もなかなかできなかった。二人のまわりには，部落問題を真剣に語り合う仲間の輪が広がっている。
帝国書院 第3部 私たちの民主政治 　第2章 人権について考えよう 　　3 現代社会に残る差別（1） 　　　（pp.100-101）	（いまなお残る差別）実際の生活では，結婚や就職の時に被差別部落出身者というだけで不利になるような差別が根強く残った。部落差別をなくす運動は，他の差別をなくす運動のきっかけになったことも忘れてはいけない。
東京書籍 第2章 人間の尊重と日本国憲法 　3 人権と共生社会 　　1 ともに生きる①（p.44）	（部落差別からの解放）就職，教育，結婚などで差別は続いてきた。1965年，部落差別をなくすことが国の責務であり，国民の課題であると宣言した。
東京書籍 （第2章・3・1） 読み物資料（p.47）	（差別をのりこえて―詩　お姉さんへ）部落民だということで結婚を反対されたお姉さんへの思いを書いた詩。
日本書籍新社 第3章 人間尊重と現代の民主政治 　2 基本的人権の尊重 　　差別をなくしていく努力（p.105）	（まだまだある差別）江戸幕府の身分政策でかためられた部落差別は，明治以後になっても残った。国や地方自治体の責任で被差別部落の環境改善はかなり進められてきたが，部落への偏見は依然として残っている。
日本文教出版 第3章 人間の尊重と日本国憲法 　2 基本的人権の尊重 　　憲法で保障された基本的人権（p.47）	（平等権）江戸幕府によって制度化された身分差別は，明治以後も差別として残った。1965年，部落差別をなくすことは国の責務であり，国民的な課題であると宣言した。
扶桑社 第3章 現代の民主政治とこれからの社会 　第1節 日本国憲法の基本的原則 　　32 私たちの社会に潜む差別（p.90）	（部落差別）同和地区に住む人々の生活はしだいに改善されてきた。しかし，今日でも結婚などに際して偏見に苦しめられたり，心ない落書きがあるなど，完全には解消されていない。

日本の教科書では，同和問題が全社で取り上げられている。すべて，基本的人権や平等権に関わる章に掲載されており，現在にも残る差別の解消に向けた運動の一つとして紹介されている。

　本文の内容は，教科書によって江戸時代の身分政策から述べているもの，江戸時代のことにはふれず全国水平社の設立や同和対策事業特別措置法の制定について主にふれているものなど，さまざまである。

　しかし，同和問題についての記述が，日本国内における差別の一つであるという認識から発展できずに，教科書全体の1，2ページしか扱われていないことが残念である。帝国書院で取り上げているように「部落差別をなくす運動が，ほかの差別をなくす運動のきっかけとなった」という点で，さまざまな観点から重点的に取り上げる必要があるのではないかと考える。

　歴史で学んだ江戸時代の身分制度をふりかえるだけではなく，同和問題に関わる各地域の歴史や行政施策の変遷，現在の運動や人権講座など同和問題を学ぶ場についての情報も取り入れられるだろう。グローバルな視点から，インドのカースト制など海外における身分や地域による差別と比較することで，多様な人々とのつながりや連帯を考えることもできる。

　平沢（2000）は，同和教育の学習のあり方について次のように提言している。「水平社宣言（1922年）が解放令から半世紀が経過した時点で当事者の異議申し立てとして出された必然性，宣言文を表現するためになぜ仏教，キリスト教，マルクス主義，イギリス労働運動などの用語が多用されたのか，「エタであることを誇る」とはどういうことなのか，といった点にこだわりながら，この宣言にこめられた思想性を徹底して掘り下げることにより，人権運動一般に共通する戦略やエンパワーメントの思想性を浮き彫りにすることが可能になる[3)]」。

　このように「国内における一差別」という狭い見解から，人権運動の普遍性が読み取れるように発展させた授業が模索されなければならない。

③**男女**

〈男女をテーマにしたページ〉

出版社 主題を構成している章（ページ）	（タイトル） 主な内容の要約
大阪書籍 第2編 わたしたちの生活と政治 　第1章 個人の尊重と日本国憲法 　　2 日本国憲法と基本的人権 　　　等しく生きる権利①（pp.42-43）	（男女共同参画社会をめざして）女性差別をなくすために、さまざまな取り組みをしてきた。政策決定に関わっている女性の割合は、いちじるしく低い水準にとどまっている。性別にかかわらず、その個性と能力が発揮される社会が求められている。
大阪書籍 第3編 わたしたちの生活と経済 　第2章 生産のしくみ 　　3 働く人をめぐる問題 　　　今日の職場の問題（pp.130-131）	（女性と労働）女性労働者の3人に1人はパートタイム労働者。女性の労働力は賃金の低い補助的な職種に集中し、男女の所得に大きな格差が生じることになっている。
教育出版 第1章 わたしたちの暮らしと現代社会 　2 社会のなかで生きる 　　③家族の一員として（pp.26-27）	（家族の生活と男女平等）家事や育児を分担する男性が少しずつふえている。わたしたちは、変化する社会にふさわしい新しいルールをつくることができる。（社会のなかで生きる）職場や地域などにも、それぞれ新しい考え方が必要。
教育出版 第2章 わたしたちの暮らしと民主政治 　1 暮らしのなかに生きる憲法 　　⑤人間はみな平等（pp.38-39）	（男女差別の解消）女性への差別を解消し、性別にかかわりなく、個性と能力を十分に発揮できる社会の実現を求めている。
教育出版 第2章 わたしたちの暮らしと民主政治 　2 暮らしとつながる政治 　　男女共同参画社会の実現をめざして 　　（pp.82-83）	（性別にとらわれることなく）社会的につくられた男女の役割分担などは、変えられる。それぞれの個性や能力を十分に発揮しながら自由に生きられる社会を築いていける。 （ものごとを決める場に女性を）ものごとを決める場に女性の姿があまりにも少ない。一方で、女性を積極的に採用しようという地方公共団体もある。
清水書院 第1編 私たちの生活と政治 　第1章 人権の尊重と日本国憲法 　　2 基本的人権の保障 　　　平等権（1）（pp.44-45）	（ともに生きる）国は、女性への差別の解消に努力してきた。働く女性はまだ男性と格差があり、家庭生活でも重い負担を負わされる場合が多い。性別にかかわらず、個性や能力を発揮して、ともに活躍できる社会をめざす。
清水書院 第1編 私たちの生活と政治 　第1章 人権の尊重と日本国憲法 　　2 基本的人権の保障 　　　平等権について考える（p.48）	（男女平等をめざして）東京都のある信用金庫では、男性は勤務年数にしたがって昇格していくのに、女性は補助的な仕事ばかりをあたえられ、昇進もいちじるしく遅れていた。信用金庫を相手どって、裁判をおこした。

帝国書院 第1部 現代社会と私たちの生活 　2章 個人と社会生活 　　1 家庭生活のなかで（p.25）	（男女が協力し合う社会）だれもが型にはめられず，のびやかに活躍できるためには，家庭のなかでも男女がおたがいの立場を理解し協力し合うことが必要。
帝国書院 第2部 私たちのくらしと経済 　3章 企業を通して経済を考えよう 　　9 労働をめぐる課題（p.67）	（女性と職業）日本の働いている女性の割合は，現在では50％を少し上まわっている。育児と仕事を両立しやすい環境をつくるため，育児・介護休業法が施行された。
帝国書院 第3部 私たちの民主政治 　2章 人権について考えよう 　　2 平等権について考えよう 　（pp.98-99）	（男女平等はいま）社会のあらゆる活動に男女がともに参加する社会をめざしている。しかし，不況になると女性が男性より就職で不利にあつかわれるなど，実質的な平等はまだ実現されていない。
東京書籍 第2章 人間の尊重と日本国憲法 　1 個人と社会生活 　　1 家族と社会生活（pp.30-31）	（男女共同参画社会に向けて）今日においても，伝統的な性別役割分担の意識が，多くの人々に残っていることも事実。仕事と子育て，介護が両立できる環境づくりが必要。
東京書籍 第2章 人間の尊重と日本国憲法 　3 人権と共生社会 　　2 ともに生きる②（pp.48-49）	（男女平等をめざして）女性が社会に出て働こうとする場合，就職が難しかったり，給与や昇進が男性と同じ基準ではなかったりして，男性よりも不利にあつかわれがちだ。女性が仕事を得やすく，働きやすい環境を整えていくことが必要。
東京書籍 第3章 現代の民主政治と社会 　3 地方の政治と自治 　　5 わたしたちと日本の政治（p.99）	（女性議員の活躍）女性議員が増えており，女性の政治参加に対する意識の高まりが読み取れる。女性議員の増加により，政策の幅がより広がることが期待されている。
日本書籍新社 第1章 現代社会に生きるわたしたち 　2 個人と社会生活 　　共に生きる社会をめざして（p.32）	（男女平等をもとめて）男性も女性も，職場・地域と家庭においておたがいに乗り入れをして，男女平等の社会を築いていこう。
日本書籍新社 第3章 人間尊重と現代の民主政治 　2 基本的人権の尊重 　　平等なあつかいを受ける権利 　（pp.100-101）	（ほんとうの平等を求めて）近代の市民革命による平等は，大人の男性を中心とする平等であった。男女間の完全な平等を意味するものではなかった。
日本書籍新社 （第3章・2） 　　差別をなくしていく努力（p.104）	（女性差別）不況の中で女性正社員の採用は減り，賃金や昇進などでも相変わらず大きな格差がある。

日本文教出版 第2章 わたしたちの社会生活 　2 わたしたちと地域社会 　　家族の中の女性（pp.34-35）	（男女共同参画社会をめざして）日本において政策を決定する過程に女性が関わることが少ない。その理由についてグラフから考えよう。 （女性の就労）年齢階級別女性の労働力率の推移がM字形のカーブ。 （家族に対する責任）出産，育児，介護などの負担に対して社会が援助できるしくみを整える必要がある。
日本文教出版 第3章 人間の尊重と日本国憲法 　2 基本的人権の尊重 　　憲法で保障された基本的人権（p.47）	（平等権）憲法は，男女同権を定めており，社会参加の機会の平等や，家族や社会における，より適切な役割分担へ向けた政策がすすめられている。
日本文教出版 （第3章） 　3 共生の社会と人間尊重 　　夫婦別姓をめぐって（pp.58-59）	（夫婦の氏）家族の中でも男女の差別をなくし，個人を尊重するという考えからも，結婚しても夫と妻がそれぞれの姓を名のることを選択できる制度を求める声がでてきた。 （男女の役割分担の見なおし）男女共同参画社会を形成するには，家庭における男女の役割と責任の分担を見なおすことも必要。
日本文教出版 第5章 わたしたちのくらしと経済 　1 日常生活と経済 　　勤労者としてのわたしたち 　　（pp.106-107）	（機会均等と雇用）わが国では，労働基準法によって差別を禁止している。1999年から男女を限定した募集・採用が原則禁止になるなど，改正されている。
扶桑社 第1章 現代社会と私たちの生活 　2 家族の意義を考えてみよう（p.11）	（家族と個人）個人が家族より優先されるようになると，家族の一体感は失われるおそれがある。家族というコミュニティを守ろうとする努力が必要である。
扶桑社 （第1章） 　7 少子化問題（p.21）	（少子化対策）女性の社会進出にともなう未婚化・晩婚化，子育てへの負担などの問題がある。低年齢児の保育所受け入れなどを定めた「新エンゼルプラン」を策定したが，低年齢児を長時間保護者から分離することは，子どもに悪影響をおよぼすのではないかと心配する声もある。
扶桑社 第2章 国民生活と経済 　第1節 私たちの生活と経済 　　16 働く意義と労働環境（p.49）	（労働環境の変化）男女雇用機会均等法など，女性の社会進出を後押ししようという動きも進んでいる。
扶桑社 第3章 現代の民主政治とこれからの社会 　第1節 日本国憲法の基本的原則 　　32 私たちの社会に潜む差別 　　（pp.90-91）	（男女平等）男女の役割分担を越え，個人の能力に基づいて自己を生かしていこうとする傾向が見られる。しかし，同時に性差をかけがえのない個性としてとらえ，それぞれの役割を尊重しようとする態度も大切である。

扶桑社 （第3章・第1節） 　　男女共同参画社会の課題（p.94）	1999年男女共同参画社会基本法が制定され，あらゆる分野で男女が平等な社会の構成員として能力を発揮し，活力ある社会をつくろうとしている。しかし，「性差と男女差別を混同し，男らしさ・女らしさという日本の伝統的な価値観まで否定している」といった反対の声もある。

　男女をテーマにした内容は，各教科書で章をこえて，多く取り上げられている。「平等権」の中で男女平等を考えるだけではなく，家庭生活，職業，労働，夫婦別姓などテーマも多岐にわたる。教科書に掲載されている写真も，男性が育児をしている様子，男性の保育士，女性議員，女性の運転士など幅広い。本文の内容も，家庭，地域，職場など，性別を越えて自分の能力や個性を生かせるような男女共同参画社会の重要性について述べている。

　中には，扶桑社のように，「個人を優先させると家族の一体感が失われる」「低年齢児を長時間保護者から分離することは子どもに悪影響をおよぼすのではないか」「性差をかけがえのない個性としてとらえる」「日本の伝統的な価値観までも否定しているといった反対の声がある」など，女性が家父長制によって被ってきたさまざまな不利益を正面から捉えようとしない記述をしている教科書もある。

　男女に関わる問題については，家父長制や戸籍制度などの歴史的な経緯とつなげて，現在「男性の育児休暇が取りにくいこと」や「女性のパート労働による賃金格差が生じること」などを捉えないとわかりにくい。

　また，「男性」「女性」という「性」そのものについて考えようという記述は見当たらなかった。これでは，性同一性障害の人たちがどのような問題を抱えているかを理解し，「性」そのものを本質的に考えることは難しい。

　男女に関わる問題については，現在起こっているさまざまな課題の歴史的経緯を十分に理解させることや，本質的な「性」のあり方について考える視点が必要である。

④外国人(多文化共生)
〈外国の人々や文化について扱ったページ〉(出版社:すべて大阪書籍)[4]

主題を構成している章(ページ)	(タイトル) 主な内容の要約
第1編 わたしたちの生活と現代社会 　第1章 現代社会の成り立ちと特色 　　2 現代社会のあゆみと世界との結びつき 　　　国際社会の中の日本(pp.14-15)	(世界の中の日本経済の大きさ)日本経済は世界のなかで大きな地位を占める。国際的な政治や外交の面においても重要。世界の平和と繁栄に貢献する役割。 (海をわたる日本人と文化)国際的課題に対して,日本人が貢献できる分野は確実に広がっていくだろう。
(第1編・第1章・2) 　日本社会の国際化(pp.16-17)	(国際化とくらし)日本の伝統的な文化と,外国から取り入れた文化をうまく融合して,今日の社会を形づくってきた。 (多文化共生をめざして)国際化はわたしたちの身のまわりで起こっている。今よりいっそうお互いが理解し合って暮らす社会をつくる努力が必要。
第2編 わたしたちの生活と政治 　第1章 個人の尊重と日本国憲法 　　2 日本国憲法と基本的人権 　　　等しく生きる権利②(p.45)	(在日韓国・朝鮮人差別)第二次世界大戦前,わが国が植民地支配していた朝鮮半島から移住してきた人々が,民族の誇りを守りながら,その子孫もふくめて多く住んでいる。これらの人々の人権保障については,日本で生まれ生活していることや,歴史的な事情が考慮されなければならない。
第4編 現代の国際社会 　第1章 国際社会と人類の課題 　　　国際へのとびら 　　　(pp.156-157)	(身近な国際協力をしよう)国際協力とは,国際社会の平和と安定のために,世界の国々や人々を支援・協力すること。身近にできることがないか話し合ってみよう。
(第4編・第1章) 　1 国家と国際社会 　　国際社会と主権国家 　　(pp.158-159)	(国際関係の成り立ち)アジアやアフリカのほとんどは,欧米諸国の植民地だった。しかし,第一次大戦頃から,すべての民族が,自らの政治を決定すべきであるという民族自決の原則が強調されるようになった。 (国家と主権)すべての国の主権を平等に尊重し合うことが,国際社会の大切な原則。国旗・国歌を国のシンボルとして相互に尊重し合うことが,国際的な儀礼。
(第4編・第1章・1) 　もっと知りたい国連の活動 　　(pp.162-163)	(難民の救済)セルビア共和国コソボ自治州で,人道的な援助活動。非武装地帯の一般市民を保護する。 (PKOと国家の再建)紛争当事者の間に入って監視,道路や橋の修復,地雷の除去。多くの日本のNGOがボランティアとして参加。 (貧困や病気とのたたかい)自然災害などにより食糧危機におちいっている国に対する支援など,国連の果たす役割は多い。

4-2 さまざまな形態の差別　107

（第4編・第1章・1） 一体化する国際経済（pp.164-165）	（国境のない経済）複数の国にまたがって事業を行う多国籍企業の出現。経済活動は国境を越えている。 （地域統合の動き）経済活動を行いやすくするための協力のしくみ。ヨーロッパ連合など。 （南北問題）豊かな国と貧しい国の経済格差とその解消。特に日本のODAは世界有数の水準。
（第4編・第1章・1） 現代世界の戦争と平和（pp.166-167）	（冷戦下の世界）アジアでは，冷戦を背景に，朝鮮戦争やベトナム戦争など，地域紛争がくりひろげられた。 （冷戦後の世界）世界各地に民族紛争が勃発，原理主義運動が高まる。2001年のアメリカ同時多発テロを契機に，テロとの戦争。 （アジアの変化）中国や韓国の経済発展。北朝鮮による国際危機。
（第4編・第1章） 2 地球環境と人類 地球の環境を守るために（p.178）	（人類の共生をめざして）文明の衝突に陥らず，文化交流と文明間の対話を深め，相互理解を通して平和を築かなければならない。
（第4編・第1章・2） 世界遺産を身近に知ろう（pp.180-181）	（世界遺産ってなんだろう）国や民族や誇る文化財や自然環境がある。世界のすべての人々が共有し，ひきついでいくべきもの。
（第4編・第1章・2） 現代の宗教と政治（pp.182-183）	（宗教と政治の関係）現代の世界では，宗教が，国内あるいは国際政治に大きな影響をあたえる原因の一つである。北アイルランド問題，パレスチナ問題など。
地球社会の一員として （裏表紙見開き）	世界には，紛争や災害などで助けを求めている人や貧しい生活をしなければならない人が多くいる。同じ地球に住む人間としてどのような行動ができるか考えよう。

　上記の一覧表では，外国人や文化だけではなく，外国とのつながり，外国との関係などにふれているものも含めている。そのため，さまざまな差別に関するどの項目よりも一番多い項目となった。これは，国際関係や国際経済などを取り扱っている，公民的分野の特徴でもあり，当然のことであろう。

　どの教科書にも，国際社会や経済の中での日本の重要性が述べられている。政府開発援助（ODA）を拡大してきたこと，日本のPKO活動，青年海外協力隊やスポーツ選手など海外での活躍が評価されていること，などである。

　国内における「多文化共生」についても多くふれられている。大阪書籍（p.17）には，大阪市内で在日コリアンと日本人の児童が交流する写真や神戸市

にあるイスラム教のモスクの写真が掲載され，本文でも「国際化は，わたしたちの身のまわりで起こっているのです。これからの日本社会は，さまざまな国や民族の文化が共存する，多文化社会へと変わっていくでしょう」と記されている。

特に，在日コリアンについては，各社「平等権」の学習の中で現在に残る差別として別途取り上げている。例えば，大阪書籍（p.45）には，「わが国が植民地支配していた朝鮮半島から移住してきた人々が，民族の誇りを守りながら，その子孫もふくめて多く住んでいます」という説明の後，入居や就職などの差別が残っていることが書かれている。

また，外国人をメインテーマにした学習ではないが，大阪書籍「住民投票」（p.75），教育出版「開かれた地域を求めて」（p.79）のように，住民投票の資格を永住外国人にまで広げたり，外国人市民代表者会議を設置したりする，地方自治体の事例について記述されているものもある。

国際社会をテーマに扱う章では，北朝鮮に対する記述も多く見られる。大阪書籍「アジアの変化」（p.167）では，「北朝鮮は，経済的な困難のなかで，核やミサイルの開発に乗り出し，国際危機を起こしました」という本文の横に，日本人拉致問題について写真が掲載されている。

一覧表には「外国人」というカテゴリーのため掲載していないが，「多文化共生」という視点から考えた時，文化や民族をどう捉えるかということについて，アイヌ民族に関する記述にも注意が必要である。大阪書籍「アイヌ民族への差別」（pp.44-45），教育出版「アイヌ民族への差別」（p.41），「国会に響くアイヌ語」（p.81），清水書院「差別の撤廃を求めて」（pp.46-47），帝国書院「アイヌの人々への差別」（p.101），東京書籍「アイヌ民族への差別撤廃をめざして」（pp.44-45），日本書籍新社「まだまだある差別」（p.105），日本文教出版「平等権」（p.47），扶桑社「社会に残る差別」（p.91），などアイヌの人々や文化の写真とともに掲載されている。

以上のように，外国人や外国との関係について，一見多く取り上げられているようだが，課題も多くある。

在日コリアンは，今や国籍や民族の概念を超えて，アイデンティティの捉え方，国籍や名前も多様に，流動的になっていることが十分にふれられていない。

その他，ラテンアメリカの労働者などの記述もされているが，これだけでは日系ブラジル人などが抱えるアイデンティティや生活の悩みなどを十分に理解できない。外国人労働者の問題には，南北問題や開発経済とのつながりがあることが，これではわからない。南北問題についての記述はされているが，国連の取り組みの紹介に終わっている。北朝鮮との関係についての記述も，核やミサイル開発，拉致問題に限定されていることが懸念される。北朝鮮における政治や社会のしくみ，日本との交流などを十分に理解せずに，国家外交の問題ばかりを扱うことは北朝鮮に暮らす人々や在日コリアンへの偏見を助長するだけになる。アイヌ民族の記述についても，先住民の保護という観点の記述が多く，先住民の土地を奪ったままなおも存在し続ける国家の責任については，ほとんど言及されていない。

中には，東京書籍「身近になった多文化社会」（pp.22-25）のように，「身近な地域の多文化マップをつくろう」「外国人を支援しているNGOを調べよう」など，多文化社会の現状に深く切り込んでいこうという設定がされているものもあり，評価できる点である。

表面的な「多文化共生」ではなく，現在日本に暮らす多様な文化背景をもつ人々の歴史や問題について，外国とのつながりをさまざまな視点から捉える授業が必要である。

⑤障害者

〈障害をテーマに扱ったページ〉

出版社 主題を構成している章（ページ）	（タイトル） 主な内容の要約
大阪書籍 第2編　わたしたちの生活と政治 　第1章　個人の尊重と日本国憲法 　　2 日本国憲法と基本的人権 　　　等しく生きる権利①（p.43）	（障害者とともに生きる社会）交通機関や公共施設は，障害者が安心して利用できるようにバリアフリー化を進め，補助犬を同伴しても利用ができるように法律が整備された。障害者が自立し，社会参加できるような施策がさらに求められている。
大阪書籍 （第2編・第1章・2） 　　　等しく生きる権利②（pp.46-47）	（バリアフリー社会をめざして―東大阪市を例に―）すべての人にとって障壁（バリア）のない社会は，くらしやすいはずだ。どんなバリアフリーの施設があるのか，探してみよう。

大阪書籍 　第3編　わたしたちの生活と経済 　　第2章　生産のしくみ 　　　3 働く人をめぐる問題 　　　　今日の職場の問題（p.133）	（障害者が働ける場所を）情報通信技術を活用した新しい働き方が注目されている。これまで移動が困難なため、通勤が必要な仕事場に勤められなかった障害者などが、インターネットを利用して、在宅で仕事ができるようになった。
教育出版 　　ともに暮らす 　　　スポーツでつながる（表紙見開き）	東京都八王子市では、市民に防災マップを配っている。点字の防災マップが用意されている。伴走者といっしょに走る視覚障害者など。
教育出版 　第2章　わたしたちの暮らしと民主政治 　　1 暮らしのなかに生きる憲法 　　　⑤人間はみな平等（pp.38-39）	（障害者とともに）障害者基本法に基づいた努力が続けられている。障害のある人たちの自立をいっそう支援すること、社会のあらゆる分野の活動に参加する機会を実現すること。
教育出版 　第3章　わたしたちの暮らしと経済 　　2 福祉と環境を守る政府 　　　⑥豊かな暮らし（pp.120-121）	（社会資本）生活や産業の基盤となり、人々が共同で利用する公共的施設を社会資本という。 （暮らしやすい町づくり）バリアフリーなど、誰もが利用しやすい設計にすることが、子どもや大人たちをふくむすべての人にとって暮らしやすい町づくりにつながる。
清水書院 　序章　現代社会を生きる 　　3 私たちと地域社会 　　　「バリアフリー」の街をつくりたい！（pp.14-15）	（私の街の「バリア」をチェック）私たちが通っている学校のまわりで、高齢者や障害のある人にとって不便なところをチェックしてみた。「バリア」をなくすには、どうすればよいだろう？
帝国書院 　第2部　私たちのくらしと経済 　　4章　納税者として国の経済を考えよう 　　　4 社会資本の役割（pp.78-79）	（これからの社会資本のあり方）高齢者や障害のある人をふくめ、すべての人が自由に外出し、日常的な活動に参加するためにはバリアフリー化が必要。
帝国書院 　（第2部・4章） 　　　ともに生きる社会をめざして（p.80）	（福祉社会を実現するために）私たちがボランティアなどさまざまな活動に参加し、福祉社会をつくりあげていく意欲と行動が必要。
帝国書院 　第3部　私たちの民主政治 　　2章　人権について考えよう 　　　7 広がる人権の考え方（pp.108-109）	（社会とともに変化する人権）かつては、身体に障害のある人が自分を介助する介助犬と買い物をしようとしても、入店を拒否されることがあった。2002年から権利が保障された。
東京書籍 　第2章　人間の尊重と日本国憲法 　　3 人権と共生社会 　　　読み物資料（p.46）	（義足の三塁手と義肢装具士）2003年の全国高等学校野球選手権大会に出場した、義足の三塁手曽我選手と義肢装具士の出口さんの記事。

東京書籍 （第2章・3） 　2 ともに生きる②（p.49）	（障害者とともに）障害のある人たちの当然の権利として，社会の中で活躍できるように，教育を受ける機会や働く機会を十分に保障していくことが大切。
日本書籍新社 第1章 現代社会に生きるわたしたち 　章のとびら（pp.10-11）	（ボクにしかできないことがある）乙武さんがバリアフリーを目指す活動を始めたのも，この社会の中での「自分の役割」と考えている。自分の可能性をさがしてみよう。
日本書籍新社 第1章 現代社会に生きるわたしたち 　2 個人と社会生活 　　車いすとブラインド・ウォークを体験してみよう（pp.34-35）	（障害者の立場で考えてみよう）大切なことは，障害者が自由に行動できるように，障害となる壁をなくしていくとともに，わたしたちが心にある差別や偏見の壁を取り除いていくことだ。
日本書籍新社 第3章 人間尊重と現代の民主政治 　2 基本的人権の尊重 　　差別をなくしていく努力（pp.104-105）	（障害者差別）障害がある人々が人間らしい生活をいとなめる社会をつくるということも，人権を実現していく上で大きな課題の一つである。
日本文教出版 第3章 人間の尊重と日本国憲法 　3 共生の社会と人間尊重 　　身近な人権（p.61）	（視線の温度）松井進さんの「見えない目で生きるということ」の一部抜粋。そこから，家族，友人，先生などに，自分がどのような視線を向けているかを考える。
日本文教出版 （第3章・3） 　よりよい社会をめざして（p.62）	（身体障害者補助犬法）2003年より，公共施設，電車，バスなどの交通機関に加えて，ホテルやレストランなどの民間施設でも補助犬を伴った利用ができるようになった。
日本文教出版 第6章 国民生活と福祉 　1 福祉の充実 　　町の中の福祉（pp.120-121）	（福祉施設を訪ねよう）わたしのまちの福祉について調べてみよう。地方公共団体だけでなく，国も福祉を行っている。わが国の課題は何だろうか。
日本文教出版 （第6章） 　3 生活環境の向上と消費者の自立 　　バリアのない社会をめざして（pp.140-141）	（バリアフリー・ユニバーサルデザイン）障害のある人が社会に参加しやすくなるためには，どんなくふうがあるだろうか。そこには，すべての人がくらしやすい社会をつくるヒントが見つかるはずだ。
扶桑社 第2章 国民生活と経済 　第2節 国民生活と福祉 　　19 社会保障と福祉（pp.56-57）	（社会保障の種類）わが国の社会保障は近年充実してきた。欧米諸国と異なる面が多くあり，社会保険の給付額や公的扶助の水準だけを取り出して，欧米との格差を問題視することは正しいとは言えない。しかし，障害者福祉や老人福祉をより一層充実させていくことは大切なこと。

扶桑社 第3章 現代の民主政治とこれからの社会 　第1節 日本国憲法の基本的原則 　　32 私たちの社会に潜む差別（p.90）	（障害者）社会は健常者の生活を主体としてつくられている。今日では障害のある人の視点に立った施設や街づくりが求められている。

　障害者に関しては，全教科書で扱われている。基本的人権の項目だけでなく，経済，福祉，地域社会など，章を越えて幅広く扱われている。

　特徴的なのは，各社，ユニバーサルデザインやバリアフリーの説明に関して工夫をこらしているところだ。大阪書籍（pp.46-47）「バリアフリー社会をめざして」には，図書館や駅の点字の表示を実際に触って感じられるように作成されている。ホッチキスやカッターなどユニバーサルデザインの商品事例も写真に掲載されている。「自分の住んでいる町を調べて，バリアフリーマップを作ろう」など，「総合的な学習の時間」などを利用した調べ学習とつなげられるような課題も設定されている。

　一覧表には，「障害者」というカテゴリーのため入れていないが，さまざまな病気への差別に対する記述にも注意が必要である。

　大阪書籍（p.51）「ハンセン病」，教育出版（p.38）「人間として生きられる」，(p.80)「クラスで人権問題に取り組む」，清水書院（p.48）「ハンセン病元患者のたたかい」，東京書籍（p.43）「人権を生かす道」などハンセン病による偏見と差別から，著しく人権が侵害されていた事例が取り上げられている。帝国書院（p.103）「さまざまな偏見・差別」には，ハンセン病とともにHIV感染者の事例も，世論調査のグラフとともに掲載されている。日本文教出版（pp.46-47）「人権尊重と平等」にも，ハンセン病とエイズ感染者に対する差別について記述がある。扶桑社（p.91）「社会に残る差別」には，「ハンセン病の元患者，エイズ感染者への偏見も克服しなければならない」という記述があるが，他に詳細な説明はない。

　「ハンセン病」や「HIV感染者」については，小さなコラムとして取り上げられていることが多く，授業者によっては詳細に扱われない恐れがある点を注意しなければならない。

　以上のように，体験的な学習や調べ学習につなげやすい設定が各社で工夫されており，大変わかりやすい。しかし，扱われている障害者の写真が視覚障害

や車椅子の方々が多いのが気にかかる。発達障害や知的障害など、さまざまな障害のある人々との共生を考えられるような記述や写真の掲載が必要である。

⑥高齢者
〈高齢者をテーマにしたページ〉

出版社 主題を構成している章（ページ）	（タイトル） 主な内容の要約
大阪書籍 第3編　わたしたちの生活と経済 　第3章　財政と国民の福祉 　　2　福祉の充実と生活環境の整備 　　　福祉の充実と生きがい（pp.148-149）	（高齢社会を支えるもの）急速な少子高齢社会になっている。公的年金の負担と給付のバランスや年金基金の運用のしかたなど、工夫していかなければならない。 （福祉の充実をめざして）介護保険制度を導入した。社会保障制度が効率的に運営され、負担する人と給付を受ける人が納得できるように、制度を改革する必要がある。
教育出版 第3章　わたしたちの暮らしと経済 　2　福祉と環境を守る政府 　　⑤安心と生きがいのある暮らし 　　　（pp.118-119）	（社会保障のしくみ）病気やけが、高齢の問題は個人の努力だけでは解決することが難しいので、そうなっても健康で文化的な最低限度の生活を送れるように、社会全体で助け合うしくみが必要。 （費用負担のあり方）少子高齢社会で、すべての人が安心し生きがいをもって暮らせるよう、新しい社会のしくみづくりが急がれる。
教育出版 第3章　わたしたちの暮らしと経済 　2　福祉と環境を守る政府 　　年金について考える（pp.124-125）	（高齢者の生活を支える年金）高齢者の問題を家族の中で解決することは難しい。現代社会で、家族に代わって高齢者の問題を解決するしくみが社会保障制度。 （高齢社会での費用負担）少子高齢社会では、減る一方の働く人たちが、増える一方の高齢者の生活や健康を支えなければならない。
清水書院 第2編　私たちの生活と経済 　第3章　政府の役割と国民福祉 　　2　生活の向上と国民福祉 　　　社会保障制度（pp.132-135）	（日本の社会保障制度）高齢社会をむかえた今日では、年金や医療保険の支給額が増えるのにともない、税金を支払う国民の負担の増大が問題になっている。 （社会保障のしくみ）介護保険、高齢などで介護が必要になった人は利用者負担1割で介護を受けられるなど。
帝国書院 第1部　現代社会と私たちの生活 　1章　現代社会の歩みと私たちの生活 　　3　社会の変化と私たちの生活（p.13）	（少子高齢社会の到来）少子高齢の状態が続くと、医療費の増大や、社会保障のための若い世代の経済的な負担が大きくなるなどの問題が発生する。

帝国書院 第2部 私たちのくらしと経済 　4章 納税者として国の経済を考えよう 　　3 社会保障と私たちの生活（pp.76-77）	（社会保障にかかる費用と課題）少子高齢化が進む中で、保険料を支払う世代が減少する一方、年金や医療保険給付を受ける高齢者が増えている。
帝国書院 （第2部・4章） 　　ともに生きる社会をめざして（p.81）	（高齢者の力を生かして）多くの高齢者が何らかの社会的活動に参加している。
（第2部・4章） 　　5 納税者として国の財政を考えよう 　　　（pp.82-83）	（日本の将来と税制）少子高齢化が進む中で、医療費や年金は今後さらに増大する。その費用をどのように負担していけばよいか、大きな課題だ。
東京書籍 第4章 わたしたちの暮らしと経済 　3 国民生活と福祉 　　3 社会保障と国民の福祉（p.129）	（少子高齢社会）少子高齢化は、社会保障のあり方にも影響をおよぼしている。とりわけ深刻なのが公的年金。これからの社会保障のあり方を考えることは、社会のしくみをどう変えていくのかということでもある。
日本書籍新社 第2章 豊かな暮らしをきづく 　3 国民の暮らしと政府の役割 　　進む日本の少子・高齢化（pp.68-69）	（少子・高齢の時代）長生きは素晴らしいことだが、さまざまな問題も生じてきている。高齢者の生活保障をはじめ、予想される問題を適切に解決しなければ、長寿も心からは、喜べない。 （高齢者の生活と生きがい）わたしたちの老後の安定のためにも、高齢者がかかえる問題を解決していくことが求められる。
日本書籍新社 （第2章・3） 　　日本の社会保障制度（p.71）	（社会保障の現実）少子・高齢社会では、少ない働き手で多くの高齢者を支えなければならず、勤労世代の負担はますます重くなる。 （制度の充実を求めて）高齢社会を支えるための給付と負担のあり方や、社会保障の財源をどこに求めるかは、大きな課題。
日本文教出版 第2章 わたしたちの社会生活 　1 わたしたちと家族生活 　　家族のルール（p.29）	（高齢社会）世界でも他に例のないほど高齢化の進行がはやい。高齢者の支援は、家族だけではなく、社会全体で行うことが必要である。
日本文教出版 第6章 国民生活と福祉 　1 福祉の充実 　　社会保障の今後の課題（pp.124-125）	（少子高齢社会と社会保障費用）高齢者の割合が増えると、年金や医療費などに必要な費用は増えてくる。その財源をどのように負担するか。 （今後の社会福祉のあり方）高齢社会を豊かで活力のあるものとしていくために、社会のシステムを見直していくことが必要。

扶桑社 第1章 現代社会と私たちの生活 　　7 少子化問題（pp.20-21）	（少子高齢化社会の到来）少子高齢化がこのまま続くと，文化の香り高い落ち着きのある社会を築きやすくなるだろうといわれている反面，若者文化や社会の活力を衰退させることが心配されている。 （少子化対策）時間と体力に余裕のあるシニア世代が，子育て世代を支援することは，両親の子育ての負担を減らすとともに，シニア世代自身に生きがいをもたらすものとして期待。
扶桑社 第2章 国民生活と経済 　第2節 国民生活と福祉 　　19 社会保障と福祉（pp.56-57）	（社会保障の種類）わが国の社会保障は近年充実してきた。欧米諸国と異なる面が多くあり，社会保険の給付額や公的扶助の水準だけを取り出して，欧米との格差を問題視することは正しいとは言えない。しかし，障害者福祉や老人福祉をより一層充実させていくことは大切なこと。

　高齢者について扱われているページは，主に少子高齢化社会や社会保障，年金制度のあり方を学ぶ章にある。上記一覧表の他にも，扶桑社（p.91）「社会に残る差別」には，「高齢者に対する差別……も克服しなければならない」という一文が記されているが，それ以上の詳細な説明はない。

　各教科書では，「高齢者が，少子高齢化の中で年金や介護の問題で不安を抱いている」という点について書かれている。また，支援者と一緒にいる寝たきりや車椅子の方々と，元気でいきいきと活動する方々が，対照的に写真で掲載されている。

　そこには，「支援する側」と「支援される側」という関係が固定して描かれている。また，高齢者が「元気であること」「健康であること」を求め，そうでなければ迷惑というふうにもとれる。それは，日本書籍新社（pp.68-69）「少子・高齢の時代」に，「高齢者の生活保障をはじめ，予想される問題を適切に解決しなければ，長寿も心からは，喜べない」と記載されていることとつながる。

　高齢者の抱える問題については，高齢者を「支援の対象」と暗に捉えていることや，高齢者だけでなくすべての人に対して「元気」や「健康」を強制しすぎる社会のあり方について考えることが重要である。このように問題を本質的に捉えた上で，社会保障など新しい制度やしくみづくりを考えていくことが，学習を深めていく上で重要である。

（2）韓国の場合

本項については，①いじめ，②国内における地域や階級，③男女，④外国人（多文化共生），⑤障害者，⑥高齢者，について順に分類し，特徴について整理した[5]。また，各項目の一覧表は代表して高麗出版の内容を掲載し，考察については全教科書を対象にした。

①いじめの問題

いじめの問題を主なテーマとして取り上げているページはほとんどない。以下のように，補足的に取り上げているものは見当たるが，どれも十分とは言えない。

高麗出版（2年・p.179）探究活動「学校の中での法探し」のように，学校で暴力や恐喝をする学生に対して，その誤りを直すためにどのような規定が必要か考える活動はある。

教学社（チャギョンス他編，2年・p.146）には，「青少年期を通した私の発見」という章で，本文ではないが欄外に参照項目として，「青少年悩み相談サイト」が掲載されている。

クムソン出版社（3年・p.19）には，「学級運営，学生たちにまかせれば，いじめ（ワンタ）問題も自ら解決します」という資料が掲載されている。学級運営を学生の自治に任せる，グループ会議を開催する，学級裁判を行う，グループ相談を行う，など学生自治の文化を育むことがいじめ問題の解決につながるという内容である。

中央教育振興研究所（3年・p.19）にも，探求活動として，学生自治によるグループを単位とした学級活動が紹介されている。そこから，民主的な点を考え，自分たちの学級活動にいかす方法について討議するというものである。

トンファ社（3年・p.19）には，学生たちが学校で発生するさまざまな問題を民主的に解決し，楽しい学級を作っていくために制定した憲法が紹介されている。

いじめの問題について，お互いを尊重する体験的な活動を取り入れたり，子どもの権利に照らし合わせて権利の侵害という側面から考えるなど，包括的に取り組んでいく必要がある。

②国内における地域や階級

　「道徳」の教科書のように，学縁問題を主なテーマとして取り上げているページはない。しかし，国内特有の差別の問題として，地域によって支持する政党の違いなど地域間対立と関連したページはある。

　例えば，高麗出版（3年・p.20）には，探求活動「我が国の政党の問題点」として，2004年の国会議員選挙の結果をグラフにして，地域別に表している。そこから，政党の特定の人物の意志が政党運営に大きな影響をもつということを，問題点として挙げている。直接的に地域間の対立を考えさせるものではないが，支持政党と地域の関係から対立の構造を考えさせることはできる。

　図書出版ティディムトル（3年・p.35）には，「市民参与，どのようにすべきか？」というページに，自分が属する集団の利益を先に考える傾向を集団利己主義として，慰霊公園建設に反対する住民運動の例を挙げている。

　学縁問題と地域間対立の問題には，韓国国内において同属を強く意識するという共通の感覚がみえる。特に，学校社会では，学縁や地縁に絡んだ集団が利権を中心に離合集散を成しているという指摘があるほどである[6]。教員自身がその問題に自覚的になるとともに，子どもたちには自分たちの生活と国内特有の差別の問題を，関連させて考えさせることが重要である。

　また，国内における階級差別の例として，貧困問題を取り扱っているものもある。

　教学社（チャギョンス他編，2年・pp.154-156）には，「社会的不平等」として，高所得者層と貧困層の生活を比較し，社会的不平等をなくすために作られた法律や制度を調べたり，ボランティア団体を調べる活動がある。

　教学社（ファンジェギ他編，2年・pp.149-150）では，「社会的不平等現象には，どのようなものがあるのか？」という項目がある。朝鮮時代に生まれた身分制度を振り返り，現代における所得格差について考えるものである。貧困問題の解決方案を，「一人で解決できる」「自分が助けられる」「家族と一緒に解決する」「国家が解決する」の4段階に分けて具体的に考えさせる点も興味深い。

　クムソン出版社（2年・p.141）には，「私たちは野宿者をどのように見ているか」という活動が設定されている。IMFの経済危機をきっかけに増えた失業者や野宿者に対して，保護施設建設の反対運動が地域住民から起きている現実か

ら，自分たちが野宿者に対して抱いている偏見を考えるものである。

トンファ社（2年・p.165）「住所のないビニールハウス村「山の村」の話」として，ソウル市江南にあるビニールハウス村での，貧困層の人々の暮らしについて書かれている。そこから社会的不平等をどう解決できるか，議論するものである。

以上のように，所得による社会的な階層が二極化している現実を具体的に考えようするのは，社会における「包摂」と「排除」の視点からも評価できる点である。

③**男女**

〈男女をテーマに扱ったページ〉（出版社：すべて高麗出版）

主題を構成している章 タイトル（学年・ページ）	小テーマ（主な内容の要約）
Ⅵ 個人と社会の発展 　2 人間の社会生活 　　5 社会的不平等はどのような姿で現れるか？（2年・p.165）	探求活動：性別による不平等現象（性別により賃金・雇用格差が発生する理由について話してみよう。日常生活の中で起こる性不平等現象を調査してみよう。解決策について討論しよう。）
Ⅶ 社会生活と法規範 　3 共同体と市民の権利 　　2 大韓民国国民としてどんな権利があるのか？（2年・p.196）	探求活動：平等で人間らしく生きる権利（社員採用の広告を見て問題点を探そう。結婚して出産をしてから会社の退職圧力が強くなった話から問題点を探し，解決策を討論しよう。）
Ⅵ 人口成長と都市発達 　3 人口問題と都市問題（3年・p.158）	2. 我が国はどのような人口問題が現れるか？（出生率が下がり，一家族あたりの子女数が平均2人を超えない上に，男児を好む思想が依然として残っているために，小学校年齢層の男子数が女子数よりはるかに多い。） 探求活動：男女数の不均衡によって発生する問題（我が国の結婚年齢層の性比を表したグラフと農村の結婚適齢期人口と関連した新聞記事を読んで，男女数の不均衡によって現れる問題に関して探究してみよう。）

男女をテーマに扱ったページは，主に2年生の社会的不平等や3年生の人口問題との関連で述べられている。

高麗出版（3年・p.158）では，出生率の低下と男児を好む思想の強さを問題点として挙げている。

教学社（チャギョンス他編，2年・p.132）には，深化過程「我が国で男性と女性は本当に平等なのか？」で，男女差別禁止及び救済に関する法律を一部読み，職場での既婚女性に対する差別や男性家政婦に対する偏見の例から，現実で起こっている問題について解決方案を考えて書いてみようという課題がある。

教学社（ファンジェギ他編，2年・p.151）には，「男性がする仕事と女性がする仕事は決まっているのか？」という項目がある。男性の料理人，生け花をする男性，女性の整備士などの写真とともに，「今日では男女の職業を区分せずに自分の能力と適性にあった職業を選択する」と本文でも説明されている。

図書出版ティディムトル（2年・p.158）には，「平等な社会をつくるための努力」というページに，ある会社の募集広告に「女性の身長」「容姿端麗」などが書いてあるという事例から，女性に対する差別を考え，個人の適性や能力を表すことのできる新しい履歴書をつくるという活動がある。また，「青少年と政治過程」（3年・p.34）では，中学校の出席名簿が，男子が先，女子が後になっていたものを差別的だと指摘した中学生の話が掲載されている。「社会問題をどのように見るべきか？」（3年・p.123）では，女性の就業人口や国会議員の割合のグラフから，女性問題の解決にむけてどうすべきかを議論する課題がある。

トンファ社（3年・p.124）「世の中の半分は女性，しかし，現実は……」では，女性の権利に関する法律が制定されてきているものの，女性の昇進や賃金に関して男性には到底及ばない現状について書かれている。

中央教育振興研究所（2年・p.160）「男性になってみよう。女性になってみよう」では，家族の会話例を参照し，役割劇を演じる活動がある。男性と女性の役割を交代して，性別による差別を具体的に考えてみようという活動である。

しかし，以上の内容の中には，出生率の低下や優先的に男児を産まざるをえないという，女性をめぐる社会的背景の説明が十分ではない。男子，特に長男が大事に考えられてきた思想は，儒教的な考え方と家父長制の歴史にも支えられている。また，その中で男性が家事や育児に参加すること，看護師や保育士など女性が主に担ってきた職業に就く男性への偏見などについても，詳細には触れられていない。現在では，ジェンダーフリーの考え方が出てきたが，十分に社会に受け入れられているとは言えない。「男性らしさ」「女性らしさ」とは何なのか，男女という性別について，根源的に考える時間が必要である。

また，性に関わる問題についてはセクシャルハラスメントの事例が取り上げられている。

教学社（チャギョンス他編，2年・p.183）には，探究活動「法院がセクシャルハラスメントを認める」という活動がある。女性がセクシャルハラスメントの被害を受け，裁判を通してどのように闘ったかが書かれている。そこから，女性がこの訴訟を続けた理由を考えるというものである。

性に関わる事件は韓国でも後を絶たない。その低年齢化も指摘されている[7]。女性蔑視の思想，ジェンダー，性教育など，関連させて考える授業を構成していく必要がある。

④外国人（多文化共生）
〈外国の文化や人々をテーマに扱ったページ〉（出版社：すべて高麗出版）

主題を構成している章 タイトル（学年・ページ）	小テーマ（主な内容の要約）
Ⅵ 個人と社会の発展 3 人間の文化創造と文化発展 （2年・pp.168-174）	1. 文化は我々が生きていく姿だ。（文化は，一つの社会に存在する生活様式と行動方式に受け入れられる。）探求活動：日常文化の探査（我々の周辺の日常文化について調査してみよう。） 2. 文化はどんな特徴があるのか？（各社会の文化はそれぞれの価値があると認めることを文化的相対主義という。）事例を読む：豚肉を食べない人々（西アジアのユダヤ人とイスラム教徒たちは宗教的な理由のために，豚肉を食べない。その理由は何だろうか。） 3. 文化はどのように伝わり受け入れられるのか？（ある社会の文化が違う社会に伝わり，その社会の文化に定着する文化伝播などの過程を通して変動することもある。）探求活動：N世代の文化言語「Fusion」（我々の周辺にあるFusion文化にはどんなものがあるか。） 4. 民族文化の見直し（我々の文化の歪曲された姿を捨てて，本来の趣や味を求め継承・発展させることこそ，この時代を生きる我々の義務である。）事例を読む：我々の文化と西欧文化の差異（我々の伝統文化の公演と西欧の公演の違いが現れる理由を考えてみよう。） 5. 21世紀と我々の文化（民族文化の価値と重要性を探すと同時に，それを基本に外来文化の良い点を選別して活発に受容する。）事例を読む：捨てなければならない我々の文化（形式を好む文化，早急な文化。）我々の文化の発展方案（世界の中で輝く我々の文化の例を探そう。）

Ⅰ 民主政治と市民参与 　1 民主主義の発展と市民の役割 　　3 生活原理としての民主主義（3年・p.13）	補足資料：私と違うものを認める寛容精神（隣人を認め，外国人を認め，またあなたと違う生活方式，違う文化を認めよと要求する。教室の中で「寛容」が守れていない事例を探そう。）
Ⅴ 資源開発と工業発達 　2 資源の利用と資源問題（3年・pp.122-123）	1. 資源問題はなぜ発生するのか？（資源確保のための先進工業国の努力と資源保有国の資源民族主義はお互いに鋭く対立している。）資源民族主義（資源自体を国際政治の武器に利用するなど。）
Ⅵ 人口成長と都市発達 　1 人口成長と人口移動（3年・pp.143-144）	3. 人口移動はどうして起こるか？（人口移動は地域間経済力の差異に従って現れる経済的原因が最も最も大きな影響を与え，宗教的・政治的原因なども影響を及ぼす。我が民族の合法的な移民は1900年代初めハワイのさとうきび農場の契約労働者として移住したのが始まりだ。）事例を読む：じゃがいも凶作の年は移民を促進する。（じゃがいも凶作の年，100万名を超えるアイルランド人が飢え死にした。その年に多くの人々がアメリカに移民した。）事例を読む：中央アジアに強制移住させられた高麗人の話（強制移住は緻密な事前計画と鉄桶のような監視の下でなされた。）
Ⅶ 地球村社会と韓国 　1 地域間の交流と葛藤（3年・pp.166-172）	1. だんだん近くなる地球村（経済的側面では国境か無くなったと言えるくらい開放化・世界化が早くなっている。開放化による交流の増大により，国内にも異質で多様な文化が共存するようになる多元化現象も現れる。） 2. インターネットが情報化時代を開く。（情報通信技術の発達は国家間に存在していた経済的意味の国境を崩し，「国境のない世界」を到来させるだけでなく，「距離の消滅」をもたらし，「地球村」をつくり出した。） 3. 未来を占有しようとする国家間競争が激しい。（WTO体制の成立により，工業はもちろん農業，サービス分野まで，全部門で市場が開放され，国家間の競争が激しくなった。） 4. 地球から紛争がなくなる日は？（冷戦体制の崩壊で世界大戦の危険は減少したが，地域的・人種的差別と宗教対立および民族主義などで，地域葛藤が深まり，地域的国際紛争が増えている。） 探求活動：平和維持軍はどんなことをするか？（我が国が平和維持軍を派遣した地域を探し，平和維持軍がしていることを調査しよう。） 5. 国際協力と国際活動への参与が必要だ。（紛争に使われている人力と資源を国際理解と協力増進に活用し，全人類が違う民族，文化，宗教を認め受け入れる観点をもつよう努力しなければならない。）事例を読む：国際連合児童保護基金（UNICEF）世界の児童救護の象徴（貧困，飢餓などで苦しむ国の子どもたちを助けられる方案を考えよう。）手紙を読む：この手紙を受け取る友人に（紛争を経験している外国の友人に手紙を書こう。）

2 未来社会の展望と対応 （3年・p.177）	4. 望ましい未来市民の姿勢は？（市民各自が，全人間は尊厳性をもった平等な存在であり，人類全体が一つの共同体という事実を明確に認識しなければならない。民族文化の独創性を守りながら，違う社会の望ましい文化を受け入れる開かれた心こそ，国家間の文化的交流がさらに活発になる時代を生きる未来市民に必ず必要な姿勢だ。）
3 我が民族の発展課題 （3年・p.183）	南・北韓の共通点と差異点の比較（南韓と北韓の言語，意識，生活風習の中で，同質的なことと異質化されていることを比較し，異質化を克服できる方案を討議してみよう。）

　外国の文化や人々との交流については，他のさまざまな差別の項目に比べ，大変多くのページで扱われている。

　高麗出版（2年・pp.168-174）「人間の文化創造と文化発展」では，外国の文化だけではなく，「文化」という言葉自体から考えを深めていくように構成されている。そこから，イスラム圏の豚肉を食べない習慣について考えたり，韓国における「Fusion 文化」（外国と韓国との混成文化）について考える活動も含まれている。このように，さまざまな側面から韓国の文化や外国の文化を比較し，考えを深めるのは評価できる点である。

　しかし，「我々の民族文化を見直す」「我々の民族文化の価値と重要性を探す」「我々の民族文化の独創性」（高麗出版）など，韓国国内の文化を一様に「民族文化」とする一元的な見方が強い。また，「ハングルがもつ科学性と造形美は我が民族の優秀性をよく表している」（教学社，チャギョンス他編，2年・p.163）など，民族の優秀性を強調するものも見受けられる。

　以上のような視点は，ややもすれば韓国国内の文化の多様性や流動性を見落としてしまうことにつながる。地方ごとの言葉や方言の違い，食文化の多様性など，文化の流動性に着目させる視点が必要である。

　中には，クムソン出版社（2年・p.175）のように，「江陵端午祭」の詳細を調べながら，地方ごとの端午祭について調べる課題が設定されているものや，中央教育振興研究所（2年・p.165）のように，陶磁器の特色が国内の地域によって違うことを説明しているものもある。このように文化の普遍性や多様性について深められる課題は重要である。

　高麗出版（3年・pp.143-144）「人口成長と人口移動」では，韓国から海外に強制的，または自主的に移住した人々の事例が書かれている。中央アジアに強

制移住させられた高麗人の話も具体的に書かれている。歴史的な出来事を人々の移動という視点から捉えさせることは，大変重要である。しかし，そこから世界に存在する韓国系の移民たちの現在の姿とはつながりにくい。韓国系の移民に対する偏見は，まだ韓国国内に強いことから教科書にもこのような視点が求められる。また，この移動という視点から，国内の外国人労働者や多文化背景をもつ人々と共に暮らすことについては描かれていない。韓国系の移民と同様に，この点についての説明や考察も必要である。

中には，教学社（チャギョンス他編，2年・p.130）の探求活動「我々は奴隷でした」のように，外国人労働者が非人間的な扱いを受けた事例を読んで，外国人労働者に対して行われている間違いは何かを考える項目がある。

図書出版ティディムトル（3年・p.166）補足資料「夢を追う異邦人たち」では，安山市で働く外国人労働者に関する新聞記事が掲載されている。

中央教育振興研究社（3年・p.172）探究活動では，農村の青年と結婚したフィリピン出身の女性たちの集まりについて記事が掲載されている。そこから，農村の独身男性と外国人女性の結婚について，社会的な背景を調べようというものである。

しかし，以上のような記述は，付属的な資料に一部掲載されているだけである。また，多文化背景をもつ人々のアイデンティティのあり方が多様化している中で，在住外国人の捉え方が一面的である。

高麗出版（3年・p.183）「南・北韓[8]の共通点と差異点の比較」，クムソン出版社（3年・pp.192-199）「分断を越え統一へ」「国土統一の意味」「北韓の生活風習」，トンファ社（3年・pp.198-201）「国土分断と南北交流」「国土統一の必要性」などのテーマは，韓国の教科書に特徴的な点である。朝鮮半島が統一できる時を想定して，北朝鮮の文化や暮らしを知り，言葉の使い方の違いについて具体的に比較するなど，統一の際にこのような違いをどう乗り越えるか，子どもたち自身が幼い頃から考えられるように設定してある。

中央教育振興研究社（3年・p.198）「南北韓の人々がお互いに仲良く暮らせたらいいなあ」では，統一部や統一教育センターなどのホームページを利用して，共通点や差異点について調べる学習がある。

図書出版ティディムトル（3年・p.201）「一つの民族，異なる文化」では，経

済，社会，文化についてお互いの肯定的な面と否定的な面を比較し，今後統一した際に出てくる問題について考える課題もある。ナショナリズムを越えて単なる批判で終わらず，お互いをさまざまな視点から客観的に分析しようとする点において評価できる。

また，図書出版ティディムトル（2年・p.138）「現代市民が夢見る社会」では，探求活動として，世界のさまざまな人々が直面している国家や民族の分断などの問題と比較しながら，朝鮮半島の統一の課題を考えられるように設定してある。それぞれの地域で希望する社会を比較分析し，追求する理念を考えるなど，朝鮮半島の統一に向けて各国の事例を参照して考える活動が盛り込まれている。

⑤障害者
〈障害者をテーマに扱ったページ〉

主題を構成している章タイトル（学年・ページ）	小テーマ（主な内容の要約）
Ⅴ 現代社会と民主市民 　2 民主市民の資質と役割 　　4 市民が備えなければならない資質とは何か？ （2年・p.148）	探求活動：障害者施設反対デモに見た我が国の市民文化（障害者施設が近所にできるのを反対するのが正しいことか，意見を言おう。成熟した市民社会になろうとするには，どのように変化しなければならないか討論してみよう。）
Ⅶ 社会生活と法規範 　3 共同体と市民の権利 　　1 我々にはどんな権利があるのか？（2年・p.195）	事例を読む：障害者にも権利保障を！（国会議員選挙の投票所に行ったが，車椅子で階段を昇れなかった。またひどい侮辱をうけた。選挙管理委員会を障害者福祉法違反で告発した。この話ではどのような権利を侵害されたのか考えてみよう。）

障害者に関わるページは，大変少ない。高麗出版では，一覧表でわかるように，本文で掲載されているものはほとんどなく，具体的な内容については付属的なページに掲載されているだけである。また，他にも車椅子に乗った人を助ける写真なども掲載されているが，そこには，「社会的弱者を助けるのが人間として当然守らなければならない道徳規範である」（2年・p.179）と書かれている。チハク社（2年・p.162）にも車椅子に乗った人の写真が掲載されており，その説明に「社会的弱者に対する配慮が必要だ」と書かれている。

障害者との関わりを道徳規範とだけ記すことに終始せず，障害者の問題を自

分の問題として捉えながら，ともに生きていく上でどのような工夫が必要か，具体的に考えていくことが必要である。また，障害者の権利獲得に向けた市民運動の歴史，障害者の権利に関わる国際的な宣言を理解する内容も含んでいく必要がある。

中には，図書出版ティディムトル（2年・p.141）「社会制度と市民意識」のように，「障害人福祉法」の一説を読み，その後に車椅子に乗った障害者に対して起こった差別的な事件について理由や背景を考え，このような事例が起こらないようにどうすればよいかを考える活動もある。

トンファ社（3年・p.125）「我々の社会で障害者として暮らすことは……」では，公共施設などで障害者も利用できるように整備されていないところが多いことや，雇用が十分ではないことが書かれている。

中央教育振興研究所（3年・p.13）探求活動「人間尊重の実践」では，障害者専用駐車場や視覚障害者のための案内線の写真を見ながら，人間尊重を実践している事例を発表してみようという課題がある。

しかし，自分自身をふりかえり，実践につなげていくという観点から，まだ不十分な点は多い。

また，ハンセン病やエイズなどの病気，発達障害など比較的最近になって議論になっている問題についても，その現状や政策について知るページがない。チハク社（3年・p.116）に，小児癌を社会問題として認識しようというコラムがある程度である。このような病気の問題も含め，障害をテーマに幅広く学習していくことが求められる。

⑥高齢者
〈高齢者をテーマに扱ったページ〉

主題を構成している章 タイトル（学年・ページ）	小テーマ（主な内容の要約）
Ⅵ 個人と社会の発展 1 人間の社会的成長 （2年・p.159）	5. 世代の差をどのように克服するのか？（世代の差がだんだんひどくなってきている。お互いの文化を相手の立場で理解し受け入れようとする姿勢が何より重要だ。）探求活動：世代の差の克服（生活の中で現れる世代の差の事例を役割劇で表現してみよう。合理的な解決について話してみよう。）

Ⅱ 民主市民と経済生活 　2 経済体制の変遷過程 　　（3年・p.52）	未来にはどんな商品とサービスが必要か？（「老人の健康と余暇のための事業」に対する開発戦略を参考に未来の消費者に必要なサービスに対して具体的な開発戦略をたててみよう。）
Ⅵ 人口成長と都市発達 　3 人口問題と都市問題 　　（3年・pp.154-157）	1. 地域によって人口問題が異なって現れる（出生率が下がり，平均寿命が持続的に増加し，高齢人口が早く増加した。先進国では，出産奨励政策を広げ人口減少を防ぎ，一方で老人福祉に関する多様な政策を施行し，高齢化社会に適応している。）探求活動：先進国と開発途上国の人口問題（スウェーデンとインドの出生率と死亡率の変化を見て，人口問題について探求してみよう。） 2. 我が国にはどんな人口問題が表れるか？（適切な人口成長政策が必要であり，老人福祉のための制度的整備が急務である。）考えてみよう（新聞記事を読んで農村の人口の問題を考えよう。）

　高齢者をテーマに扱ったものとしては，高齢者と若者との相互理解や老人福祉などについて書かれている。

　高麗出版（2年・p.159）「世代の差をどのように克服するのか？」では，高齢者に限定したわけではないが，世代を超えてお互いの文化や立場の違いを理解することの重要性について書かれている。また，世代の差の事例を具体的に演劇にして演じてみようという活動も含まれている。このような学習を発展させるためには，実際に高齢者との出会いの場を設定し，直接文化や立場の違いを理解することが必要である。

　高麗出版（3年・pp.154-157）「人口問題と都市問題」には，高齢者が増加していく中で老人福祉の制度的整備が急務であることが書かれている。図書出版ティディムトル（3年・pp.178-179）「我が国の人口問題とその対策」「人口問題をどのように解決するのか？」でも，高齢化社会において社会福祉制度を強化している点などが説明されている。探求活動として人口政策について考える項目も設定されてはいるが，具体的にどのような政策が必要なのかを，福祉政策の先進国家の状況と比較するなど，記載されていない説明や活動も多い。

　中には，教学社（チャギョンス他編，2年・p.130）の探求活動「一人で暮らす老人が増えている」のように，低所得層の独居老人が増えている現状から，その原因と解決方法を討論する活動がある。

　トンファ社（3年・p.124）「増える老人人口，彼らの居場所は……」でも，一人暮らしの老人が貧困，孤独，疾病などで苦しんでいることについて書かれて

いる。

　図書出版ティディムトル（3年・p.115）「高齢化時代，どのように対応するのか！」では，日本のホームヘルパーの事例から，韓国の高齢化社会に対応した政策を考えるページがある。

　中央教育振興社（3年・p.109）探求活動「老人問題の発生」では，工業化，都市化の中で核家族の増加から，老人たちが伝統的な地位を失くし，生活を寂しくさせる原因となっていることについて書かれている。そこから，老人問題の原因を探り，どのような悩みがあるのかを具体的に調査してみようという課題である。

　チハク社（3年・pp.170-171）探究活動には，イギリスとインドの人口ピラミッドから，他の国の状況や政策について調べてみようという活動がある。

　しかし，以上のような記述は，付属的な資料に一部掲載されているだけである。学習を深める中で，各国の福祉政策の比較や老人福祉の現状を知り，具体的に老人福祉のあり方や政策を考えていくことが大切である。

4-3　両国の比較分析

　本節では，前節までに行ってきた日本と韓国の教科書の内容分析をもとに比較・整理し，その特徴について考察しながら，両国が共通に抱える課題についてまとめる。

①いのち・子どもの権利

　両国の教科書で扱われているいのちや，子どもの権利を含む基本的な権利や義務について，特徴をまとめると以下の通りである。

	日　本	韓　国
いのち	① 環境保護活動に関わるテーマが多数 ② 先端医療に関わる生命倫理を問うテーマがいくつかある ③ 自分の体について知ることに関してはほとんど扱われていない	① 自分が生きてきた歴史をふりかえる学習 ② 公害への理解と自然環境保護 ③ 自分の体について知ることに関してはほとんど扱われていない

基本的な権利	① 日本国憲法の条文を中心にした学習 ② 子どもの権利の記述は教科書ごとにばらつきがあるが、住民自治を考えるページに子どもたちが主体的に動く活動が多く掲載	① 民主市民を基本とした、社会規範や法秩序の学習 ② 子どもの権利の記述はないが、青少年の立場から民主的な制度や手続きについて学習するページはある

　いのちをテーマにした内容については、両国ともに、環境保護について述べたものを多く取り上げている。さまざまな環境保護活動の取り組みが紹介されており、活動内容も多い。しかし、生物多様性や自然環境の中で生かされている人間という視点よりも、人間自身が経済と環境の両立をどうコントロールしていくかという面が強い。自然の循環の中で、いのちのつながりを感じながら理解しないと、保護活動ありきで活動自体が目的になってしまいかねない。このような点に注意して組み立てた学習が、両国ともに求められる。

　先端医療に関わる生命倫理をテーマにしたものも、数は少ないが両国ともに取り上げている。しかし、このテーマについて簡単にディベートを実施することは、再考しなければならない。大谷（2004）は、生命倫理学議論の中で語られてこなかった問題として、「技術の成功率（の低さ）」「ジェンダー論の欠落」「捨象される個別性・具体性、語られない人々の揺らぎや迷い」などを挙げ、生命倫理教育が問題解決学習になじまないことを指摘している[9]。単純な二項対立のディベート、表面的な政策立案ではなく、いのちのつながりの中で生と死を根源的に問う視点が必要である。

　自分が受けついできたいのちというテーマでは、日本よりも韓国の教科書で具体的な取り組みとともに掲載されている。韓国の教科書で扱われているように、身近な人々の歴史を年表にまとめることは、生きた体験を同時に聞くことになり、自分が受けついできたいのちを実感する学習に発展させることができる。日本における戦争、平和主義、憲法9条、韓国における植民地支配、民主化運動などとともに、個人がどう関わってきたかを知ることで、平和のあり方とつなげて考えることができる。

　自分の体を正しく知るという内容は、日本では「保健体育科」、韓国では「家庭科」で主に扱われていることから、両国ともに「社会科（公民的分野）」ではあまり取り上げられていない。しかし、メディアリテラシーについての課題

が両国ともに掲載されていることから、いのちや性の観点からメディアの役割、思い込みや偏見について考えさせ、よりよいコミュニケーションのあり方について考えさせるといった学習を盛り込むことができるのではないだろうか。

基本的な権利や義務については、両国の歴史的背景の違いから学習のプロセスは大きく異なっている。日本では、日本国憲法の条文の内容から基本的な権利の学習をしていくが、韓国では植民地支配や軍事独裁政権と闘ってきた民主市民としてのあり方から基本的な権利や社会秩序を学んでいく。

子どもの権利の取り上げ方については、教科書ごとにばらつきのある日本と、ほとんど取り上げていない韓国とで、異なっている。各国の基本的な権利に関わる学習のプロセスを尊重しながら、子どもの権利を、子どもたち自らがもっている最も基本的な権利として認識し、自分たちの日常とつなげて考えられるようにすることが求められる。そこから、両国で記述のある、子どもたちが主体的に政治などに関わっていく活動へと、学習を発展させることができるだろう。

②さまざまな形態の差別

本項では、いじめ、同和など国内における差別、男女、外国人（多文化共生）、障害者、高齢者に分けて整理し、以下の表に特徴をまとめた。

	日　本	韓　国
いじめ	ほとんど扱われていない 扱われていたとしても、大変記述が少ない	ほとんど扱われていない 扱われていたとしても、補足的に取り上げる
同和など	同和問題が全社で扱われている	① 地域間対立、地縁の問題 ② 貧困による格差
男女	章をこえて、多く取り上げられる 家庭生活、職業、労働、夫婦別姓などテーマも多岐にわたる	社会的不平等や人口問題と関連して取り上げられる 出生率の低下、男児を好む思想、職場における差別など
外国人	① 国際社会や経済の中での日本の重要性 ② 在日コリアンをはじめとした、国内における多文化共生	①「文化」を根源的に考える ② 民族文化や伝統の優秀性 （多様性にふれているものもある） ③ 朝鮮半島の統一に向けた、北朝鮮社会の理解

障害者	① 章をこえて幅広く扱われている ② ユニバーサルデザインなど体験的に学習する工夫 ③ ハンセン病やHIV感染者なども本文やコラムに掲載	① ほとんど扱われていない ② 道徳規範としての説明 ③ 小児癌患者のコラムが一つだけ掲載
高齢者	少子高齢化社会，社会保障，年金制度を学ぶ章で扱われる	高齢者と若者との相互理解，老人福祉を学ぶ章で扱われる

　いじめの問題については，両国ともにほとんど扱われていない。これは，「道徳」で主に考えさせるテーマであることも考えられるが，子どもたちの日常の大半を占める学校での大変身近な問題であることから，子どもの権利や差別とも関連させて考えさせることが必要である。そこから，子どもたちがお互いを尊重するような体験的な活動，いじめに具体的に対処するスキル，傾聴，仲裁の仕方などを盛り込むこともできるだろう。両国ともに，重点的にいじめの問題を学習のテーマとして扱うことが求められる。

　国内における階級や地域による差別については，日本は同和問題，韓国は地縁による差別を取り上げている。どちらも国内における一差別と極小化せずに，海外におけるさまざまな階級差別，それに関わる市民運動などと比較し，グローバルな視点から社会的な「包摂」と「排除」を考える視点が求められる。

　また，韓国では社会的不平等として貧困の問題が取り上げられているが，日本では社会保障制度との関連以外ではほとんどふれられていない。日本でも深刻化する貧困の問題を取り上げ，韓国が抱える問題と共有できることは多くあると考える。

　男女をテーマにした内容は，両国ともに多数扱われている。韓国では，男児を好んで生む風潮について書かれている点，夫婦別姓が一般的なため特に書かれていない点などが，日本と異なっている程度である。両国ともに，男女の差別の背景となっている，家父長制や戸籍の問題などの歴史的な経緯についてあまりふれられていない。現在現れている問題を歴史的な経緯と関連させて考えさせる工夫が必要である。また，性に関わる問題についてあまり取り上げられていない。女性蔑視の思想，ジェンダー，性教育などを上手く関連づけて，授業を構成していくことが求められる。

外国人（多文化共生）については，外国の文化や外国との関係などを含め，両国ともに多くのページで扱われている。両国ともに，国際社会における自国の優秀性や活躍などを述べているところが多い。自民族中心主義におちいらず，韓国のように，「文化」そのものから思考を深め，国内の文化の多様性や複合性に目を向けることや，日本のように，在日コリアンをはじめとしたさまざまな人々が日本国内に住んでいることを理解する学習を十分に深める必要がある。

　韓国系の移民について，日本では在日コリアンが，韓国でも人口移動という視点から中国，ロシア，日本，ハワイなどに渡った移民が，それぞれ取り上げられている。しかし，現在多様なアイデンティティをもつ人々がいること，流動的になっていることなどが，十分にふれられていない。歴史的経緯とともに，現在の姿を理解させることが重要である。また，両国ともに，国内に住む外国人労働者や，さまざまな文化背景をもつ人々の生活について，十分な説明がない。人々の移動という視点から，日系や韓国系の人々の移動の歴史を捉え，そして現在の生活や文化のあり方を考えさせる中で，国内の多文化社会についても理解を促せるのではないだろうか。

　北朝鮮の取り上げ方については，両国で大きな差がある。日本では，安全保障という面が強く，核やミサイル，拉致問題に限定されている。韓国では，朝鮮半島が平和的に統一することを前提とした学習が進められている。北朝鮮の社会，文化，言語などを積極的に理解していく活動が盛り込まれている。日本でも，朝鮮半島が平和的に統一することを前提に，北朝鮮社会を多様な視点から理解し，国家政策として批判すべきところは，きちんと批判していくような学習が必要である。

　障害者に関しては，全教科書で幅広く扱われている日本と，ほとんど扱っていない韓国では，大きく異なる。韓国では道徳規範として「～すべき」という記述で，障害者との関わりが説明されているが，日本のように具体的にユニバーサルデザインやバリアフリーのあり方を体験して学ぶという活動を取り入れることが重要である。そうすることで，実践的に自分の現実の問題として，捉えさせることができる。

　両国で多少差はあるが，ハンセン病，AIDS感染者，発達障害など，肢体不自由者以外の障害や病気について，十分取り上げられていない。両国ともに，さ

まざまな障害や病気のある人々との共生を考えられるような学習が必要である。

　高齢者については，両国ともに人口問題や社会保障制度を扱う章の中で取り上げられている。高齢者を社会保障や老人福祉の対象，支援する対象と一面的に捉えず，そのように捉えている社会のあり方を根源的に見つめ，その上で他国のさまざまな社会保障や福祉制度と比較し，自分たちに合った福祉のあり方を具体的に考えていくことが必要である。また，その過程で，両国の教科書に掲載されているように，高齢者との直接のふれあいや交流を通して，他者の声に耳を傾ける姿勢を身につけさせることが大切である。その際，高齢者施設でのボランティアを強制する学習のあり方には，表面的な学習におちいってしまう可能性があり，注意を要する。

　註
　1　一社につき扱っている項目数が大変多いため，いのちと基本的な権利の一覧表には，大阪書籍の教科書内容を代表して載せてある。
　2　一社につき扱っている項目数が大変多いため，一覧表には代表して大阪書籍の教科書について整理した。
　3　平沢安政（2000）「人権問題のグローバリゼーション─人権教育への示唆」（日本教育社会学会（編集・発行）『教育社会学研究第66集』p.63）
　4　外国人に関わるテーマを扱っている項目が大変多いため，一覧表には代表して大阪書籍の教科書内容を掲載している。
　5　特に各問題をテーマとして取り上げているページに限定した。
　6　郭海龍（2006）『学校で平等を述べる』pp.36-44（サムソン経済研究所）［韓国語］この中で，学校社会では，大学が同じであるという学縁が特に強く，特定の大学出身者が同一の学校に多く教員として勤めている場合があることを指摘している。
　7　郭海龍　前掲書　pp.80-81
　8　韓国の「社会科」の教科書に書かれている「北韓」（北朝鮮），「南韓」（韓国）という表現については，そのまま表記している。
　9　大谷いづみ（2004）「生命「倫理」教育と／の公共性」（日本社会科教育学会（編集・発行）『社会科教育研究第92号』pp.67-78）

5. 日・韓が共有できる包括的な平和教育の主要テーマの総括
―中学校「道徳」・「社会科（公民的分野）」の教科書内容比較分析

本章では，第3章，第4章，それぞれで行ってきた，中学校「道徳」と「社会科（公民的分野）」の教科書や副読本内容の比較分析を，全体として総括する。総括した内容から，両国が共有できる主要なテーマを考察し，平和教育プログラムを構成していく上で必要な内容について整理していく。

5-1 いのち・子どもの権利

両国の中学校「道徳」と「社会科（公民的分野）」の教科書および副読本で扱われている，いのちや，子どもの権利を含む基本的な権利や義務について，特徴をまとめると以下の通りである。

		日　本	韓　国
いのち	道徳	① 出産や生命誕生の感動 ② 身近な人の死 ③ 自然の偉大さ	① 出産や生命誕生を通した父母への感謝 ② 動植物を含めた広範囲な自然に対する尊重
いのち	公民	① 環境保護活動に関わるテーマが多数 ② 先端医療に関わる生命倫理を問うテーマがいくつかある ③ 自分の体について知ることに関してはほとんど扱われていない	① 自分が生きてきた歴史をふりかえる学習 ② 公害への理解と自然環境保護 ③ 自分の体について知ることに関してはほとんど扱われていない
基本的な権利	道徳	①「集団」「社会連帯」「公徳心」「法やきまり」「礼儀」などのキーワードが多く出されている ② 基本的な権利に関する解説が大変少ない	①「市民倫理」と「遵法精神」のページが多数を占めるなど，「民主社会の発展には国民としての義務遂行が重要」という内容が強調 ② 基本的な権利に関するページはあるが，国民としての義務や責任に重点
基本的な権利	公民	① 日本国憲法の条文を中心にした学習 ② 子どもの権利の記述は教科書ごとにばらつきがあるが，住民自治を考えるページに子どもたちが主体として動く活動が多く掲載	① 民主市民を基本とした，社会規範や法秩序の学習 ② 子どもの権利の記述はないが，青少年の立場から民主的な制度や手続きについて学習するページはある

いのちのつながりについては，自然環境への理解や尊重，保護活動の仕方などが，両国ともに大きく取り上げられている。自然環境について抱えてきた課題で共有できるものも多い。例えば，日本における水俣病などの公害は，韓国のオンサン病の発症に至る経緯と似通っている部分がある。そこから起きた訴訟や住民運動のあり方を，ともに見つめ直すこともできるだろう。現在では，二酸化炭素削減，資源の節約など，両国で共通する活動も多い。平和教育プログラムの中では，協力して取り組みやすいテーマであろう。ただし，両国ともに，自然の循環の中で存在している人間という視点があまり含まれておらず，プログラムを作る際には自然と人間とのつながりを実感できる活動が必要である。

自分が受けついできたいのちについては，「道徳」で両国ともに出産や生命誕生の感動からいのちを大切にすること，両親に感謝する姿勢を育てることが取り上げられている。そこから，韓国の公民的分野で扱われているような，身近な人々の生きた体験を年表にまとめる活動を両国で共有していくことが考えられる。両国では，核家族化が進み身近な人の死に遭遇することが少なく，自分が今どうやって生きているのか実感する体験も少なくなってきているという課題がある。祖父母や地域の高齢者から，それぞれの生と死をめぐる体験を聞くことは，同時に両国における戦争や平和の問題に個人がどう関わってきたかを知り，生と死を根源的に見つめる機会となりうる。

自分の体について知ることに関しては，両国ともにほとんど扱われていない。自分の体について知ることが自己のいのちや権利を守る姿勢につながることから，両国ともに真剣に取り組む必要がある。自分の体や性に関わる正しい情報を知った上で，メディアによる性情報の氾濫，性的虐待，セクハラなどからどう自分のいのちや権利を守ればよいのか，他のいのちをテーマにした学習やジェンダーの学習とつなげて，プログラムを構成していく必要がある。

基本的な権利や義務については，子どもの権利条約に関する学習が十分でない点が，両国ともに共通している。日本国憲法の条文の内容から基本的な権利の学習をしていく日本，植民地支配や軍事独裁政権と闘ってきた民主市民としてのあり方から学んでいく韓国，それぞれの学習のプロセスを尊重しつつ，子どもの権利について積極的に取り上げていくことが求められる。その上で，両

国で記述のある，子どもたちが主体的に政治などに関わっていく活動を推進していくことが重要である。

5-2　さまざまな形態の差別

両国の中学校「道徳」と「社会科（公民的分野）」の教科書および副読本で扱われている，さまざまな形態の差別については，いじめ，同和など国内における地域や階級，男女，外国人（多文化共生），障害者，高齢者に分けて整理し，以下の表に特徴をまとめた。

		日　本	韓　国
いじめ	道徳	①「正義を重んじる」ことに焦点 ②各立場の心情を理解する課題が多い	①学級会議や模擬裁判の実施など民主的な解決方法を多数例示 ②いじめを受けている人たちが悩みを打ち明けているホームページの紹介
	公民	ほとんど扱われていない 扱われていたとしても，大変記述が少ない	ほとんど扱われていない 扱われていたとしても，補足的に取り上げる
同和など	道徳	同和問題についての内容が1項目のみ	学縁問題についての議論
	公民	同和問題が全社で扱われている	①地域間対立，地縁の問題 ②貧困による格差
男女	道徳	「正しい異性理解」「健全な異性観」「望ましい交際」など徳目的な項目が多い	男女間での礼節の実践
	公民	章を越えて，多く取り上げられる 家庭生活，職業，労働，夫婦別姓などテーマも多岐にわたる	社会的不平等や人口問題と関連して取り上げられる 出生率の低下，男児を好む思想，職場における差別など
外国人	道徳	①日本から発展途上国に対する支援活動についてが大多数 ②国内の外国にルーツをもつ人々についての内容はほとんどない	①韓国の伝統文化を世界に発信する ②外国人観光客へのマナー ③北朝鮮社会の理解
	公民	①国際社会や経済の中での日本の重要性 ②在日コリアンをはじめとした，国内における多文化共生	①「文化」を根源的に考える ②民族文化や伝統の優秀性 　（多様性にふれているものもある） ③朝鮮半島の統一に向けた，北朝鮮社会の理解

障害者	道徳	① 登場するのは車椅子の使用者や視覚障害者などの身体的障害がある人々 ② 障害者を支援の対象とする見方 ③ 体験活動とセット	① 登場するのは，大多数が車椅子の使用者 ② 体験活動とセット
	公民	① 章を越えて幅広く扱われている ② ユニバーサルデザインなど体験的に学習する工夫 ③ ハンセン病やHIV感染者なども本文やコラムに掲載	① ほとんど扱われていない ② 道徳規範としての説明 ③ 小児癌患者のコラムが一つだけ掲載
高齢者	道徳	福祉施設などでの体験活動と比べて，教材としてはほとんど扱われていない	①「目上の人」への尊敬と関連させて親戚，隣人など多くのページがさかれる ② 孝道と礼節の実践
	公民	少子高齢化社会，社会保障，年金制度を学ぶ章で扱われる	高齢者と若者との相互理解，老人福祉を学ぶ章で扱われる

　いじめに関しては，両国ともに十分に扱われていない。日本では解決の方法が心情主義に偏りすぎており，韓国では具体的な葛藤の解決に重きを置いているものの，いじめ被害者の相談や救済方法の提示は十分に行われていない。子どもたちがお互いを尊重するような体験的な活動，いじめに具体的に対処するスキル，傾聴，仲裁の仕方などを盛り込んだ非暴力的方法による和解の仕方，いじめの被害者の相談や救済を行っている人権機構の活用の仕方など，子どもの権利や差別とも関連させて考えさせることが必要である。

　同和など国内における地域や階級については，日本では同和問題が，韓国では学縁，地縁による差別と貧困問題が取り上げられている。どちらも国内における一差別と極小化せずに，グローバルな視点から社会的な「包摂」と「排除」を考える視点が求められる。両国が共有できる視点としては，例えば，両国における被差別民の解放運動を挙げることができる。20世紀はじめ日本における部落民の解放運動から水平社宣言に至る歴史，19世紀朝鮮の東学農民革命による被差別民「白丁（ペクチョン）」の解放に向けた運動の歴史[1]を，お互いに学び合う。そして，そこから発展した両国の市民運動のあり方や他国の階級差別の事例なども比較して考えることができるだろう。

　男女に関わる問題については，両国ともに「道徳」では徳目的な礼節の学習に留まっているが，公民的分野ではジェンダーの問題，就職差別など幅広く扱われている。しかし，その差別の背景となっている思想や制度の歴史的な側面

について，十分にふれられておらず，現在表面化している問題とつなげて考えさせる工夫が必要である。また，性に関わる問題についてもほとんど取り上げられていないので，いのちをテーマにした学習とも広く関連させて学習を組み立てていくことが求められる。

　外国人（多文化共生）に関しては，両国ともに多く取り上げているものの，国際社会における両国の優秀性や活躍などを主に述べており，自民族中心主義の側面が垣間見える。これに関しては，両国がお互いの学習の良い面を，学び合うことが必要である。例えば，韓国では，文化そのものから思考を深め，国内の文化の多様性に目を向けている。また，北朝鮮社会に対する学習も豊富である。一方，日本では，在日コリアンをはじめとしたさまざまな人々が日本国内に住んでいることを理解するようにしている。このような学習のあり方は，日本の文化の多様性を歴史的に振り返りながら文化を根源的に考えるとか，韓国に長く暮らす華僑の人々から，現在多くなっている多文化背景をもつ人々の理解につなげるといった学習の展開も可能にする。その中で，日系や韓国系の移民を人々の移動という視点から捉えることや，朝鮮半島の平和的な統一を前提に，北朝鮮社会を多面的に理解することが求められる。

　障害者については，多少差はあるものの，両国ともに主に身体障害者に対する理解が中心となっている。体験活動や支援施設でのボランティア学習に関連させているところも共通する。しかし，さまざまな障害や病気について理解するところまでには至っておらず，幅広く障害や病気を理解していく視点が必要である。また，障害者に対する「包摂」と「排除」の構造を乗り越えるためには，例えば，ユニバーサルデザインの考え方を積極的に取り入れることが考えられる。障害者を一方的に支援するのではなく，すべての人が暮らしやすい生活設計や町づくりをしていくという視点に重きを置いた活動が求められる。

　高齢者については，両国の「道徳」で極端な違いが出ているものの，公民的分野では，人口問題や社会保障制度を扱う章の中で共通して取り上げられている。しかし，そのような取り上げ方は，高齢者を社会保障や老人福祉の対象と一面的に捉えようとする社会のあり方につながらないだろうか。高齢者との直接のふれあいや交流を通して，そのような社会のあり方を根源的に見つめる時間が必要である。また，高齢者との交流の時間の中で，自分たちにあった福祉

のあり方を，他国と比較しながらともに考えていくという学習を，両国で協力して実施するということも考えられる。

註

1　武者小路公秀（2007）「「和」の再構築と人権の再帰的内発化—「選び」の倫理を補完する「合わせ」の倫理」（宮永國子（編）『グローバル化とパラドックス』pp.107-147（世界思想社））

6. 日・韓の中学校における包括的な平和教育の視点に基づいた「多文化共生教育」の実際

　本章では，前章までに整理した平和教育プログラムのテーマとして，日・韓の中学校が共有できるものの中から，「外国人（多文化共生）」を取り上げる。まず，「多文化共生」をめぐる言説を整理し，脱植民地化の視点からプログラムを構成していく必要があることを述べ，平和教育の観点から考察する。最後に，日本と韓国の「多文化共生」をテーマにした実際のプログラムを考察する。

6-1 「多文化共生」をめぐるさまざまな言説―多文化主義，植民地主義との関連

　多文化主義がさまざまなジレンマを抱えることは，これまで多くの研究者によって指摘されてきた。戴（1999）は，「多文化主義という考えは，差別や排除を切り崩すための有効な戦略ともなりえるし，支配的権力にとって都合のいい言説ともなりえる」と指摘する[1]。差別や排除を切り崩す戦略がどうして「支配的権力にとって都合のいい言説」に使われてしまうのか。モーリス゠スズキ（2002）は，政府が「多文化主義などの語彙を盗用している」として次のように述べる。「「多文化主義」「多様性」そして「和解」などといった語彙が，政治的右派によって盗用され，差別と不平等といういまなお継続する現実を隠蔽する快適なイメージを提供するものとして書き換えられ使用されている[2]」。

　それでは，以上のようなジレンマを越えるにはどうしたらよいのか。チャールズ・テイラーやウィル・キムリッカは，相互承認の理論やマイノリティの権利の理論などリベラリズムを基本概念としながら多文化主義について述べている[3]。しかし，そこには戴が批判するように，文化を境界が閉じられたものであるとみなす，「文化本質主義」の姿勢が見える。「文化本質主義」には，ハイブリッドな声をかき消し，本質的に捉えられたマイノリティの文化に対して支配

を固めていこうとする「権力的な立場」が垣間見える。このような立場を，マイノリティの権利獲得運動のように，逆にマイノリティ自身が戦略的に利用することもできる。しかし，その際には，文化をダイナミックで雑種性（ハイブリディティ）を内包するものとして再定義することが大切であり，ハイブリディティとディアスポラという概念は，新たな排除の構造に抵抗していくための戦略となる[4]。

　以上のように，「戦略的」に「文化本質主義」を唱えるという方法が，批判的多文化主義の立場からとられることは多い。しかし，それは本当に多文化主義の抱えるジレンマの根本的な解決につながるのか。伊藤（2006）は，「戦略的本質主義」の濫用に異議を唱える。「戦略的本質主義とは，本来的には望ましくないが，当面は必要な戦略として容認するという，いわば段階論的な発想と密接な関係がある。このような段階論的な発想のもとで，マジック・ワードとして機能する戦略的本質主義に対して，何の批判的検討も行われないことが問題である[5]」。

　多文化主義の抱えるジレンマを一時的な戦略ではなく，根本的な解決へと導くには，筆者は植民地主義からの考察が不可欠であると考える。

　西川（2000）は，キムリッカの国民形成の諸条件をもとに以下のように述べる。「これらの条件の多くはアメリカやカナダやオーストラリアあるいはイギリスといった英語圏の諸国では，すでに多文化主義の名において実現されているか，あるいは実現されようとしている。それは日本の現状から見ればはるかに先進的である。だがこの一見マイノリティの側に立った主張は，真にマイノリティの側からマイノリティのためになされているのだろうか。この提案は，最終的には多数文化に対するマイノリティの「保護」か，あるいは単一の社会構成的文化に代わる複数の社会構成的文化による国民統合（（新しいタイプ）の「包摂」），より具体的には「多民族連邦」の形成に帰結する。つまり国民国家の本質をなす多数派による国民統合の根本原因を問うことなく，国民国家の継続を前提としてマイノリティ問題を論じる以上，その対策は対症療法的でしかありえないだろう[6]」。

　つまり，国民国家の継続を前提とした理論は対症療法的であり，リベラリズムに欠落しているものとして「植民者と先住民の関係に関する根底的な考察」

の必要性を述べている．それは，多文化主義を掲げる国家が「多文化主義の建国神話」によって「植民地」や「植民地主義」を覆い隠していることを意味している．この点についても，西川（2006）は「侵略者に都合のよい欺瞞的なスローガン」として次のように批判する．「多文化主義は先住民を他の移民たちと同じ民族集団として扱おうとする．だが先住民から見れば，移民たちは彼らの土地を占拠している侵略者たちであり，「多文化共存による国民統合」は，侵略者に都合のよい欺瞞的なスローガンにすぎません．たしかにカナダの連邦政府は先住民に対して公式に謝罪し，オーストラリア政府は先住民に土地の一部を返還しました．だが，それでもなお，侵略者たちがいまなおわれわれの土地にとどまっているのはいかなる権利においてなのか，という先住民の問いに答えてはいない．多文化主義は支配的な移民の側の論理であって，先住民の側の論理ではありません[7]」．

以上のように，多文化主義は植民地主義と背中合わせの思想であり，このような両義性の中で新たな方向性や解決策を模索していくしかない．そして，以上のような問題意識はエドワード・W・サイード以降のポストコロニアル研究につながる．

「日本において植民地に対する関心が復活してくるのは，ようやく最近の十数年においてです．その一つの契機はアメリカにおけるポストコロニアル研究の流行です．だがアメリカのポストコロニアル研究によって日本の植民地研究が盛んになるとすれば，それは日本の一種の知的植民地状況を示すことにならないでしょうか[8]」．

西川（2006）の日本の植民地研究に対する痛烈な批判は，多文化教育についても同様のことが言える．植民地の解放以降も旧植民地に根強く残る植民地主義から1960年代には「新植民地主義」という用語が生まれ，現在は「領域的な支配を必要としない植民地なき植民地主義」であり，西川はこれを「〈新〉植民地主義」と説明する．このような中で，日本において「宗主国であって植民地であるという自己の内なる二重の植民地性を掘り起こすことから始まるだろう」という指摘[9]は，日本における多文化主義と植民地主義の関係性を考える上で大変重要な点である．

6-2 「多文化共生教育」プログラムの構成要素—脱植民地化の視点

　多文化主義と植民地主義が表裏一体となっている中で，多文化教育はどのように語られているのか。アメリカのリベラリズムを中心とした多文化教育の研究者，バンクス（1999）は，多文化教育を次のように説明する。「多文化教育は，西洋の伝統や理想の中から生まれただけでなく，その主要な目標は，選ばれた少数のエリートに建国の父たちが与えようとした民主主義の理想を，すべての者を対象に実現するような国民国家をつくり上げることなのである[10]」。

　これは，多文化教育の思想が前節で述べた新たなタイプの「包摂」であり，国民統合政策の一環としての教育であることを意味している。また，「西洋の伝統」から生まれた思想とは，植民地主義のイデオロギーである「文明化の使命」とつながる。つまり，多文化教育は多文化主義が抱える根本的な問題，すなわち植民地主義から脱却していない状態であると言える。日本における多文化教育研究[11] も，アメリカからのリベラリズム（または，ある程度植民地主義を容認した形の批判的多文化主義）を前提とした理論を土台として展開されているものが多く[12]，植民地主義から根本的に脱却するという問題が同様に挙げられる。

　韓国においてもその傾向は同様であり，バンクスの研究を参考にしているものがほとんどである。一方で，批判的多文化主義に触れた研究も，少数ではあるが存在している[13]。

　中には，森茂・中山（2008）による，日系移民をテーマにした学習の教材開発や実践研究のように，①グローバル教育と多文化教育をつなぐ，②多文化社会におけるシティズンシップを育てる，③国際理解教育における本質主義を乗り越える，といった点に着目し，より具体的な形で多文化教育における植民地主義に切り込んでいこうとする研究も出てきている[14]。しかし，それも岸田（2009）が指摘するように，「在外日系人学習と在日外国人についての学習，さらに後者の内部において別々に語られがちな「オールドカマー」と「ニューカマー」についての学習をどうつないでいくか」という課題が残されている[15]。

　以上のように，多文化教育を植民地主義から考察することは，植民地主義が支える国民国家の支配的イデオロギーからの脱却を試みることとつながる。その上で実践を重ねることが，多文化教育の抱えるジレンマから抜け出す道にな

ると考える。

　まず多文化教育における脱植民地化の方法を探っていくために，西川（2006）が提起した現在進行中の「〈新〉植民地主義」について整理する。西川によれば，「〈新〉植民地主義の定義は，グローバル化の認識に深く関わって」おり，根本的な変化として次の3点を挙げている[16]。

　A：植民地の領域と形態の問題
　領域的な支配（占領，入植）を必要としない。「植民地なき植民地主義」。ガルトゥングの「帝国主義の三つの歴史的段階」によると，過去の植民地主義の形態は「占領」，現在は「（国際）組織」，将来は「コミュニケーション」（IT）。主役はもはや国家でなく資本であり，その資本も変質しはじめている。
　B：労働力移動と経済格差の問題
　多数の移民や難民に表される収入や生活水準の格差。グローバル化のような相互依存の関係の中で搾取－被搾取関係。国内の格差にも同様の作用（1970年代の「国内植民地」の問題）。近代国民国家形成の一般的な現象。「先進列強による後発諸国の搾取の一形態」，「中核による周辺の搾取の一形態」。民族の独立（自決権）と人道主義（人権）の概念が，植民地主義のより本質的な部分を覆い隠している。
　C：グローバル・シティ（世界都市）の問題
　多数の多国籍企業が集まり，資本や権力が集中する都市。世界の資本に開かれながら，世界の移民労働者に開かれた都市。最大の格差が存在する場所。

　上記3点をもとに，多文化教育の脱植民地化に必要なポイントを以下の通り整理した。
　①グローバリゼーションにともなうさまざまな要素が絡み合った複合的な変化を考えながら，「植民地主義」の形態の歴史的な変化や資本との関係を考えさせる。
　②①のグローバリゼーションの歴史的な視点を大切にしながら，「国内植民地」の問題を取り上げ両者の関連性を理解させることで意識させる。
　③「支配的な文化の側から唱えられるヒューマニズムに基づく普遍主義」（馬

渕，2002）ではなく，サイードが述べたような「新しい普遍性」を「日本社会（あるいは韓国社会）の歴史的な現実に即して構築すること」（駒込，1996）[17]を目指す。

　④ 多数の移民や難民がもつハイブリディティや複合的アイデンティティから「国家」「文化」「民族」といった概念を自分自身に照らし合わせながら捉え直す。

　⑤ グローバル・シティにおける「搾取 - 被搾取」の関係性を移民や難民の視点から考えさせる。

　以上のような脱植民地化のポイントを，包括的な平和教育の観点との関連から考察すると以下の通りである。

　上記，①，②，④，⑤は，一面的に文化について学ぶといった学習ではなく，植民地主義のあり方を移民の生き方を通して学び，自分のアイデンティティを複合的，流動的な観点からふりかえるものである。それは，これまで発展してきた各領域（多文化，国際理解，異文化間，反戦平和，開発，批判的思考，コミュニケーションなど）を包括的に捉えて，各個人が主体的に学ぶことである。そのような学びをデザインしていくには，学校全体の横断的なカリキュラムや多岐にわたる手法が必要である。また，NGOも含めたさまざまな組織が学びの過程に参画し，お互いが意見を率直に出し合い批判もしていく中で，草の根から協力して学習をつくっていく。このような各組織の協働により，包括的に学習をデザインしていくことが，それぞれが暮らしている地域から，③のような「新しい普遍性」を地道に構築していくプロセスとなる。

　以上のような学習のポイントが，3章から5章で行った分析により，日・韓の教科書には十分に反映されていないことがわかった。

　両国の教科書に記載された「外国人（多文化共生）」については，自国民や自民族の優秀性を主に取り上げていた。日本では，在日コリアンをはじめとして，さまざまな文化を理解する学習があるものの，文化そのものを根源的に考え，自分のアイデンティティをふりかえる点が十分ではなかった。韓国では，文化そのものから国内の文化的多様性を考え，北朝鮮社会の理解にも目を向けているものの，韓国で暮らす多文化背景をもつ人々への理解については十分ではなかった。

本書では，以上のような教科書の内容がもつ課題を，包括的な平和教育の視点から学習を構成することで乗り越えていこうとするものである。

次節以降では，包括的な平和教育の視点を生かして，具体的にどのような取り組みが学校教育において可能であるのかを考察していく。

6-3 中学校段階における「多文化共生」をテーマにしたプログラムの変遷と現状

(1) 日本の場合

日本では，在日コリアンを中心とした差別撤廃や権利獲得運動の成果の一つとして，学校教育に「外国人教育」が設定されて久しい。日本における「外国人教育」は，現在の「多文化共生」をテーマにした学習の出発点となったとも言える。取り組みのあり方は，各地方自治体の教育委員会がまとめている「人権教育」や「外国人教育」の方針に詳細が掲載されている。

本節では，京都市公立中学校における「多文化共生」をテーマにした授業実践の拠り所となっている二つの基本方針（外国人教育と国際理解教育）とプログラムの現状[18]を検討することで，これまでの変遷を確認する。これは，次節で取り扱う実践事例が，京都市の公立中学校の「外国人教育」や「国際理解教育」との関連で行った授業という理由からである。

①外国人教育

京都市では，在日コリアンの児童・生徒に対する取り組みが1981年の「外国人教育の基本方針（試案）」を契機として本格的に始動した。1992年3月には，京都市教育委員会の「外国人教育基本方針」が策定された。1999年より「指導の重点」に外国人教育の項が設けられ，各校において取り組みが推進されてきている。「外国人教育基本方針」に掲げられた教育目標は以下の通りである[19]。

・すべての児童・生徒に，民族や国籍の違いを認め，相互の主体性を尊重し，共に生きる国際協調の精神を養う。
・日本人児童・生徒の民族的偏見を払拭する。
・在日韓国・朝鮮人児童・生徒の学力向上を図り，進路展望を高め，民族

的自覚の基礎を培う。（以下省略）

　以上のような目標は，「民族的自覚の育成」を基盤にして設定されている。在日韓国・朝鮮人としての民族的自覚の育成は，もちろん民族解放運動や人権獲得運動につながり，抑圧されてきた在日コリアンの人々に多くの勇気を与えてきた。しかし，日本人というマジョリティと在日韓国・朝鮮人というマイノリティの二項対立的な構図は，ナショナルアイデンティティを越える視点をもちあわせていない。それは，目標の詳細説明によく表れている。「在日韓国・朝鮮人の多数の子供たちが日本の公立学校に在籍している現実を踏まえるとき，日本の公立学校として，これらの子供たちに民族的自覚の基礎を培うことは，日本人児童・生徒に日本人としての自覚を育てることと同じく重要な教育課題である」。

　このように，「〜人・〜民族としての自覚」の裏には，ナショナルアイデンティティの強調が見え隠れする。その過度な強調の影響もあり，20世紀に起こってきた数多くの紛争や対立から目をそらすことはできない。グローバリゼーションが進む中で国民国家体制が問われている今，「共に生きる教育」に上記のような目標が最善と言えるかどうかについて再考の必要がある[20]。

　外国人教育の実践は，上記のような目標に沿って行われている[21]。在日コリアンの苦難の歴史を学ぶ，朝鮮半島の文化について体験しながら学ぶ，民族学校と交流する，ゲストスピーカーを招くなど，一見多様に見える実践例も二項対立的な「〜民族としての自覚」を高めるという視点に留まっている。

②**国際理解教育**

　京都市では，1997年に「京都市国際化推進大綱」が策定され，その中で国際理解教育の必要性についてもふれられている。詳細は以下の通りである[22]。

〈学校教育における国際理解教育の促進〉
・人間の尊厳の大切さを考える学習とともに，諸外国の文化や歴史を尊重し，他の民族や国の主体性と尊厳に対する認識を深め，国際協調の実践的態度を育てる活動を通して積極的に進めていきます。

・諸外国の文化や歴史を尊重する態度を育むにあたり，日本や京都，地域の歴史・伝統・文化を理解し尊重する態度の育成に努めます。
・小学校における「こども国際クラブ」や「英語フロンティアキッズ」に加え，中学校においても，留学生や海外在住経験者，外国籍市民の保護者などを地域の人材として活用していきます。（以下省略）

以上の点は，2002年に編纂され，2010年に改訂された「《学校における》人権教育をすすめるにあたって」の中にも確認でき，京都市が引き続き外国人教育と同様に国際理解教育にも力点を置いていることがわかる。しかし，ここでも外国人教育の目標で指摘したのと同様に，単純に「外国の文化」と「日本の伝統・文化」といったような二項対立の視点での理解に留まっている。この点について，馬渕（2002）は次のように説明する。「これらの言説の基礎には，本物あるいは真性のような日本人の存在が想定されている。と同時に，日本人以外の者は一般化された他者として括られ，日本人とは異なる人，異なる社会・文化・規範を持つ人として想定されるのである。このような見解を，本研究では，文化本質主義的見解として捉えてきた。文化本質主義的見解では，想定された自文化と異文化との間に，はっきりとした境界が存在する。自文化や異文化のもつ独自性は，固定的で変化しにくいものである。さらに，文化本質主義的見解は，自文化の内部での，または異文化の内部での差異性に関心が低いか，それを無視する傾向がある[23]」。

以上のように植民地主義，国民国家の言説に絡めとられた中で文化本質主義的見解を助長しているという問題はあるものの，2002年の「総合的な学習の時間」の柱の一つである国際理解教育に関して，京都市では2000年度から先進的に学校現場で取り組みが進められてきた。英会話を中心にした授業，外国人留学生との交流，国際協力ボランティア活動はその代表的なものである。特に英会話を中心にした活動に熱心に取り組んでいる。しかし，そこには先ほど述べたような文化本質主義的見解が見え隠れし，一言語内の複数性や多様性に目を向けることが難しい。また国際協力ボランティア活動についても，「豊かな国に住む自分は貧しい発展途上国の人々を助けることができる」という優越した前提に無意識に立っているという点に十分留意しているとは言えない。そこか

ら日本に住む自分たちが抱える二重の植民地性や搾取 – 被搾取の関係に気づくことは難しい。

(2) 韓国の場合

韓国では，2006年に「混血人および移住者社会統合支援方案」と「結婚移民者社会統合案」の二つの政策が採択されたのを皮切りに，学校教育における多文化教育の必要性が叫ばれるようになった。2007年度改訂教育課程では，全教科主題の一つとして多文化教育を導入するまでに至った。また，「他文化偏見克服」の単元を含むなど，「教育課程と教科書上の単一民族主義を再検討する」という方針を打ち出した[24]。2008年には「多文化家族支援法」が制定され，2010年には「多文化家族支援政策基本計画（2010～2012）」が確定した。その中で「多文化理解増進のための学校教育の強化」についても記載されている。2009年度改訂教育課程にも，多文化家庭子女への特別な配慮と支援についての項目が追加された[25]。

キムヒジョン（2007）は，韓国における多文化主義政策が，「官主導型」であるとし，次のような問題点を指摘している。「韓国政府の少数者統合政策にも，根深い血統主義の残像が残っている。韓国政府は，結婚移民者と混血人など，韓国人と血族関係にある外国人に対しては多文化政策という名の下，積極的な統合政策を展開しながら，華僑と移住労働者に対しては，差別または無関心の二重態度を見せている[26]。」

また，梁（2012）は，2006年度以降行われてきた多文化政策の課題として次のように述べる。「韓国の多文化政策が公共機関主導で行われたことで，分野ごとに政策過剰と欠乏の不均衡が生じ，多文化社会への大きな展望が立てられない状況である。中央政府，自治体，市民団体間の多文化ガバナンスが構築しておらず，多文化政策と支援事業をめぐる政府部署と市民社会内の葛藤が存在することで，多文化政策のガバナンスを阻害し，重複と非効率性を露呈している[27]。」

以上のような国家政策としての問題点がありながらも，先進的なNGOを中心としながら，地方自治体もそれに協力や支援をする形で，多様な文化背景をもつ人々と共に生きていこうとする活動が活発に行われている。

韓国の学校教育では，日本でよく使用されている「多文化共生」という言葉は使われず，「多文化教育」として紹介されている。本格的に多文化教育が始動してからまだ年数は浅いが，多様な実践の蓄積ができつつある。カリキュラムや授業案の開発とともに，多文化教育のあり方の模索が続いている。

　日本における「外国人教育」が在日コリアンの運動から始まったように，韓国においても古くから暮らしている華僑たちが声を上げ，多文化教育をもっと早くに官主導型でない形でスタートすることはできなかったのだろうか。日本において在日コリアンの権利獲得運動が発展した1970年代，80年代は，韓国では軍事独裁政権への抵抗や民主化運動が真っ盛りの頃であった。その時に，韓国の人々が華僑のことまで考える余裕はなく，華僑たちの権利獲得運動として発展することはなかった。また，昨今でも，国の多文化特区の指定を受け，仁川のチャイナタウン助成事業など，一見華僑たちを支援するような政策ができてきている。しかし，実際は商店の賃料が上昇し店舗に空きが出るなど，華僑が住みにくくなる事態が発生している[28]。このように韓国でチャイナタウンが発展しにくい背景には，華僑を孤立させるさまざまな要因が働いているのである。

　以上のように，韓国における多文化教育の歴史はまだ短いが，一方で国際理解教育は以前から実践されてきた。しかし，現在は多文化教育と国際理解教育という用語が混同して使われたり，国際理解教育から多文化教育に移行したと述べたりする者も現れている。多文化教育の指導書等には，両者の混同を避けるように，定義の違いから詳しく説明されている[29]。

　以上のような状況から，地域を限定せず，中学校におけるNGOなどと連携した多文化教育のプログラムとして実践紹介されていた事例をまとめると次の通りである[30]。

①多文化教育の研究指定をうけた中学校で行われている先進的な取り組み
　・学校の全教科において多様性教育を中心に据え，生徒たちが多文化を学べる機会を多く設定する。その中の一つとして，多文化フェスティバルを開催している。また，海外からの学生たちを受け入れ，一緒に授業を受けるなど皮膚で体感する多文化教育を実施している。NGOの訪問や出張授業も，その過程で随時行っている。

②NGO等，民間団体の出張授業や訪問などを部分的に取り入れた授業

・国家人権委員会，外国人労働者支援 NGO などが主催する外国人労働者の人権をテーマにした出張授業。

・韓国移住労働者センターなどが主催する，地域に暮らす外国人が学校を訪問して，自国の言語や文化を紹介する出張授業。

・国境のない村などが主催する，週末多文化代案学校の実施。青少年が安山移住民センターなどを訪ね，地域社会を探訪することで多文化を学んでいく。また長期休暇には，多文化キャンプもある。

・教育部とユネスコ韓国委員会が主催する多文化共同プログラム「外国人と一緒に行う文化教室（Cross-Cultural Awareness Program: CCAP）」を利用した授業。外国の歴史と伝統，風習，生活様式を理解させ，外国の伝統衣装，舞踊，音楽などを紹介する。後続プログラムとして，移住労働者密集地域やさまざまな宗教に関わる場所の訪問，移住労働者子女のキャンプなどがある。

③個人的な相互交流の機会を増やす活動

・多文化家庭と一般家庭の結縁活動を推進する，多文化家庭の学生支援に一般の学生たちが自発的に参与する機会を提供するなど，個人的な相互理解の機会を提供する。（光州広域市教育庁「虹の家族」プログラム）

以上のように，韓国の中学校で，NGO などと連携して行われてきた多文化教育の実践は，数こそ増えてきてはいるものの，内容が類似しているものが多い。また，研究指定校と一般の学校の間でのプログラム内容に極端な差が現れている。研究指定校を除くと，NGO や民間団体を単発的に学校に呼ぶような，一回限りのプログラムが目立つ。それは，やはり多文化教育の必要性が草の根からあがり，教育現場に根づいていったというよりも，国家政策の影響から実践が広がっている，「官主導型」であることが大きい。もちろん，韓国の受験制度の影響もあり，プログラムを十分に学校教育に位置づけにくいということもある。

また，多文化教育が本格的に学校に導入されて間もないこともあり，学校での実践は，小学校が圧倒的に多い[31]。初歩的な文化や言語の紹介がほとんどであり[32]，中学校も小学校のプログラムとさほど変わらないものが多い。アジアからの移住労働者や結婚で移民してきた女性たちの文化紹介ではなく，脱北者の理解を中心にしたプログラムを平和教育の一環として実践している事例もあ

る。しかし，授業の内容については，やはり単純に「外国の文化」を理解するといったものが大半を占めており，文化本質主義的見解の域を脱していないという点が課題としてあげられる。アイデンティティの複数性や流動性にせまる内容が見落とされている。

今後は，初歩的な多文化教育の内容を深化させ，中学校段階でも応用可能なプログラムを多くつくっていく必要がある。その際，現在単発的に連携しているNGOとの実践のあり方も見直していくことが求められる。

6-4　NGOと協働した「多文化共生」がテーマのプログラム実践事例の考察

(1) 日本の場合

本項では，2006年度に実施された京都市立朱雀中学校の「多文化共生教育プログラム」を取り上げ，6-2節で述べた多文化教育の脱植民地化に必要な5つのポイントから考察する。

この事例を取り上げるのは次のような理由からである。本実践が，教員やNGO，子どもたちの声からスタートしている草の根の実践であり，学校とNGOが長期的な連携のもと実践を続けていること，筆者が実践の立ち上げの時期から継続して関わっており，実践者の視点からもより深い考察が可能なことからである。

京都市立朱雀中学校（以下，朱雀中）と京都YWCA APT（アプト）共育プログラム（以下，APT）は，2003年度から両者が協働した「多文化共生教育」を実施している。筆者は2003年度まで4年間朱雀中の教員として勤務していたが，2004年度以降も引き続き両者のコーディネーターの役割を担っている。

本実践は，これまで朱雀中で実施されてきた「人権教育[33]」における「外国人教育」の課題を，新自由主義的な「多文化共生」に回収されないように脱植民地化の視点から構成したプログラムで乗り越えようとするものである。

2006年度は授業づくりに新たに大学生[34]が加わり，中学校・NGO・大学生・コーディネーターという多角的な協働関係をつくった最初の年である。二者間から多角的な関係に発展した多文化共生教育プログラム[35]が，脱植民地化の視点からどのような構成でつくられているのか考察を深めたい。

朱雀中は，校区に同和地区を含んでおり，同和・人権教育が教育活動の柱となっている学校である。2006年度の在籍生徒数は243名，学級数は1年3学級，2年3学級，3年3学級，育成2学級の合計11学級である。少人数学級編成により，どの学年も30名に満たない少人数の学級で学校生活を送っている[36]。

朱雀中では，上記のような背景から，同和問題をはじめとするあらゆる差別を許さない生徒の育成を目指した取り組みを進めてきた。毎学期に特設の同和問題学級指導を数時間設定して指導を行った。学習においては，「差別を許さない」「差別の解決に向けて自分ができることを」という意識を育てることを目指してきた。しかし，なかなか生徒の内面にまで迫る指導を達成することができないこともあった。

教員たちが生徒の心を揺さぶるような学習をなんとか展開できないかと創意工夫を重ね，2000年度に総合的な学習の時間が導入されるより十数年以上も前から，京都ライトハウス（視覚障害児・者のための総合福祉施設）の見学や，校区にある障害のある人が働く共同作業所見学，郁文中学校（現，洛友中学校）二部学級（夜間学校）見学等を実施してきた。体験的な学習を通して生徒たちが「見て・感じて・考える」フィールドワークを取り入れた学習の形態を進めてきた。

以上のような取り組みの中で，2年生における「多文化共生教育」は，「総合的な学習の時間」や「道徳」「学級活動」などとの統合的なカリキュラムの中で実施されている。「総合的な学習の時間」における国際理解教育という位置づけとともに，「道徳」「学級活動」における「外国人問題」や「識字」というテーマでの人権・同和問題学習との橋渡しとなっている[37]。2006年度に実施された人権・同和問題学習の年間計画は以下の通りである。

〈2006年度　朱雀中　人権・同和問題学習年間計画〉[38]

	月	学習テーマ	学習のねらい
1年	6	「お互いを認め合う生徒集団を目指して」 総合的な学習の時間との関連 「出会いから学ぶ，違いを知り，互いを認め合うことの大切さ」	学級や学年の友人関係・人間関係を見つめ直し，自分が相手から大切にされ，自分も相手を大切にし，自分自身をも大切にする態度を養うとともに，お互いを認め合う集団を目指す態度を身につけさせる。

6-4 NGOと協働した「多文化共生」がテーマのプログラム実践事例の考察

	11	「障害のある人とともに」 総合的な学習の時間との関連 「ともに生きる社会」	障害のある人の立場に立って、ハード面からともに生きる社会について考えさせるとともに、お互いを理解し認め合う態度や一人一人の命を尊重する態度が心のバリアフリーにつながることを理解させ、一人一人が大切にされる社会の実現に向けて大切なこと・必要なことを考える。
	2	「性教育；命」	命の誕生・胎児の成長の様子を通して、命の重さや命のつながりの大切さを理解させる。自分自身をすばらしい存在として大切にすると共に、他人の命も同様に大切にする態度を身につけさせる。
2年	7	「在日外国人とともに生きる社会」 （多文化共生教育） 総合的な学習の時間との関連 「国際理解教育」	フランスにおける移民の問題を通して在日外国人たちの文化を認め合うことの大切さを認識させる。国際化の進む日本社会の中で、在日外国人たちと共に支え合うことの必要性と、彼らのもつ問題は日本社会に住む自分たちの問題であることを認識させる。
	10	「識字を通して学ぶ」 （多文化共生教育） 総合的な学習の時間との関連 郁文中二部学級見学	差別や戦争・貧困などあらゆる暴力の中でまだ多くの非識字者が現存するが、一人一人学ぶことを通して人生を豊かにする権利があることを理解させる。なぜ二部学級に在日韓国人・朝鮮人が多いのか、その歴史的背景を知る。奪われた権利を取り戻すために学習に打ち込む姿から、自分達の学習に対する姿勢や態度を考えさせる。
	12	「同和問題とその解決に向けて①」	部落差別の歴史的背景やその根底にある人々の差別意識の不合理・不当性を理解させる中で、同和問題を正しく認識させる。あらゆる差別の解決に向けて自分ができることを考えさせる。
	2	「性教育；性に関する正しい情報を知り、行動するために」	性についての情報はあやまった価値観をもたせるものが多いことを理解させ、まどわされずに判断・行動できる態度を身につけさせる。正しい情報をもとに行動することが自分や相手を大切にすることにつながることや人間の性行動における「こころ」の重要性を理解させる。
3年	7	「同和問題とその解決に向けて②」 〜就職差別を通して考える〜 総合的な学習の時間との関連 （第2学年「『働く』ことの意義」 〈チャレンジ体験〉） 「アントレプレナーシップを取り入れた販売教育」（キャリア教育）	誰もが直面する就職について、本人の能力や適性ではない部分で判断されることの不合理さに気づかせる。同和問題を中心に、就職差別が少しずつ改善されてきた流れを理解させ、解放に向けて自分ができることを考えさせる。

11	「性教育；本当のことを知ろう」 〜エイズ・性感染症について〜	エイズ，性感染症について危険（含病気）から身を守るための危機管理意識を身につけさせる。集団の中で適切な人間関係を築き，自分・他人の身体（命）を守ることの大切さを理解し，将来の夢と希望を抱けるようにする。
3	「人権学習のまとめ」 〜人権獲得のあゆみ〜 総合的な学習の時間との関連 「学校・在校生に残すもの」	3年間取り組んできた人権・同和問題学習のまとめとして，キング牧師の生き方・考え方を通し，卒業後も差別に立ち向かうためにいかに行動するかを考えさせる。

　以上のように，朱雀中における「多文化共生教育」は，毎年第2学年で取り組む学習として学校全体で進められてきているものである[39]。

　2006年度の「フランスの移民」というテーマは，APTから原案の提示があった。前年度にフランスの移民の若者を中心に暴動が起こっており，国際関係学部にいた大学生たちもこの問題について授業でプレゼンテーションをしていたので，一緒に授業をつくっていくことになった。APTのメンバーとして活動していたフランス出身のノルウェンさんは，移民の友人たちとの体験があり，その経験を伝えることを通して子どもたちが身近に暮らす在日外国人について考え，自分のアイデンティティをふりかえるきっかけになればと，APTでは考えた。朱雀中では，以前から郁文中学校二部学級へのフィールドワークを学習の一環として位置づけており，そこで学んでいる多くの人が在日コリアン1世であることから，身近な在日コリアンの歴史的背景とつなげて学習することができると，コーディネーターである筆者は考えた。そして，筆者を中心に，以上のような提案を脱植民地化というポイントで，日本の在日外国人とフランスの移民の問題を関連させたプログラムとしてまとめていった。

　2006年度の朱雀中における「多文化共生教育」の授業概要は以下の通りである。

〈2006年度　朱雀中2年生　テーマ：フランスの移民から日本の多文化社会を考える〉
対象：朱雀中2年生　3クラス（87名）

総時間数：13時間（「道徳」・「学級活動」・「総合的な学習の時間」）＋α（フィールドワークなど放課後の時間）

（Ⅰ）事前学習（4月後半～5月中旬，5-6時間）

総合的な学習の時間を利用して，フランスについて調べたものを冊子にまとめ，各クラスで発表会を行い得た知識を共有する（フランスの歴史，人物，政治，産業，気候など。カナダのケベック州について調べる班もつくる）。

（Ⅱ）大学生（立命館大学国際関係学部自主ゼミ 10名）の授業（5月22日5限，1時間）

①クイズ：国旗，首都，美術品について紙芝居のように画用紙で問題を見せる。

②フランスには白い肌の人ばかりでないことを説明し，移民の割合や歴史について説明する。（配布資料　p.1）

③実演Ⅰ（移民の生活や話す言葉についてチュニジア出身の家族や友人を演じる。）（配布資料　p.2）

④実演Ⅱ（移民による暴動，就職差別，貧困について，スタンツやパワーポイントで説明する。）（配布資料　pp.3-4）

これからどうしていくべきかを最後に問いかけNGOの授業につなげる。（配布資料　p.4）

大学生が移民の歴史について説明する様子

〈生徒への配布資料〉

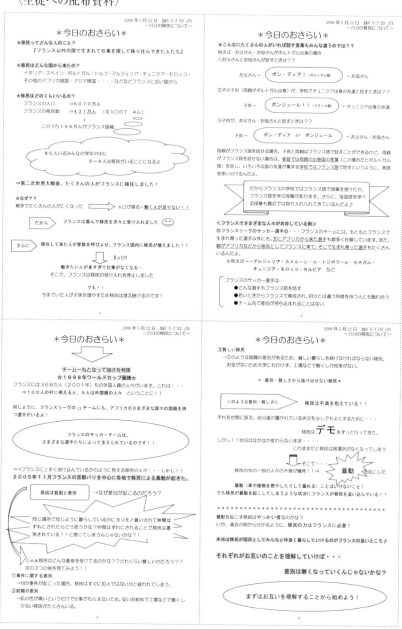

（Ⅲ）NGO（APT）の授業（外国人講師1名・APTメンバー4名）（5月26日5・6限，2時間）

①導入：フランス語でじゃんけん

②ノルウェンさん（フランス出身，2005年夏からAPTのメンバーとして活動）の自己紹介：

・フランスのパリ出身です。20歳の時にソーシャルワーカーの勉強をするために，フランスの北にあるノルマンディに行きました。勉強の途中でカナダのケベックで研修を受けました。そこで，今の夫に出会いました。彼はフランス人です。ケベックで大学院に進みました。そして2年間ソーシャルワーカーとして働きました。私たちはフランスに帰る前に，ヨーロッパやカナダとは全く違う文化の国で住みたいと思い日本を選びました。

③ノルウェンさんの個人的な体験：

〈フランスの移民〉

・フランスの学校には，東アフリカ，南アフリカ，ラテンアメリカ，東ヨーロッパ，アジアなど，いろいろな国の人がいます。だから，みんな顔つきなどが違います。私は子どもの時からこの違いは気になりませんでした。しかし，大きくなるにつれて少しずつ，国や文化による違いを感じるようになってきました。それは，人種差別の問題をテレビで見たり，学校で勉強をしたり，実際に差別をする人と出会ったりしたからです。

・フランスの人口の20パーセント以上は北アフリカからの移民です。彼らには男性と女性で異なる問題があります。私の移民の友人は，自分の国とフランスの間でカルチャーショックを受けました。例えば，アルジェリア人の友人は，夜に出かけることができませんでした。彼女の国では禁止されていました。彼女は最近フランス人の男性と結婚したいと思っていますが，彼女の家族が反対しています。

・移民にフランスの社会は厳しいです。彼らに対して人種差別があ

ノルウェンさんの授業の様子

ると思います．仕事を見つけることが難しい．違法滞在ではないかと，警察が移民を取り調べることがよくあります．フランス人は移民を犯罪者のように見ます．

・フランスでは移民を受け入れるために同化政策を選びました．フランス人のように生きることを強制しました．アイデンティティの一部を捨てなければならないことは彼らにとって辛いことです．

④ノルウェンさんがもってきたフランスでよく食べられているキャンディ（Carambar）を味わう．

（Ⅳ）各担任教諭の授業（担任3名，他授業サポート学年教員4名）（6月15日5限，1時間）

ねらい：

・フランスにおける移民の問題を通して在日外国人たちの文化を認め合うことの大切さを認識させる．

・国際化の進む日本社会の中で，在日外国人たちとともに社会を支え合うことの必要性と，彼らのもつ問題は日本に住む自分たちの問題であることを認識させる．

①導入：フランスの学習の感想を紹介しながら前回までの授業をふりかえる．

②日本の現状理解：

・グローバルな人の流れ「海外在留邦人数」「在日外国人数」を確認しながら，多民族化・多文化化する日本の現状を認識させ，さまざまな文化を理解することの大切さを説明する．（日本の文化の多様性にも気づかせる．）

・在日コリアンの問題について歴史的背景（戦争による強制連行や移住）を理解することの大切さを述べる．

③まとめ：二学期に在日コリアンが多く通う郁文中学校二部学級（現，洛友中学校）を見学し学習を深める事を予告する．

（Ⅴ）在日コリアン1世との交流とまとめの学習（2学期）

①郁文中学校二部学級（現，洛友中学校）を見学しながら，在日コリアン1世のハルモニやさまざまな文化背景をもつ方たちと交流する（授業時間内での学習のサポートなど．8-9月，事前説明（1時間）実施後，生徒を半数ずつに分けて放課後2回実施）．

②各担任教諭から,「識字」をテーマにしたまとめの授業を行う。特に,在日コリアンが多く通っている歴史的な背景について重点的に説明する（10月,2時間）。

以上のような多角的なネットワークにより「多文化共生教育」はつくりだされている。
　また,協働のサイクルも定着してきたことからスケジュールを早くから調整して授業原案を深めることができている。2006年度のプログラム以降,協働評価を実施するなど,年々プログラムの内容が充実している[40]。
　上記の実践を,6-2節で提示した①-⑤のポイントに沿って授業内容を考察する。考察するにあたって,筆者がコーディネーターとして関わりながら授業を参与観察し,授業指導案や授業後の生徒感想文（各授業後,全員分）を参照した。必要に応じて教員,大学生,NGOのメンバーが授業実施後に書いた感想文を参照した。

①グローバリゼーションにともなうさまざまな要素の絡み合った複合的な変化を考えながら,「植民地主義」の形態の歴史的な変化や資本との関係を考えさせる。
　大学生の授業では,フランスの移民たちの歴史的背景や現在移住する人々の流れを説明した。例えば,授業の導入の際,生徒たちに「フランス人のイメージ」を質問し,「白人,青い目,金髪」といった生徒たちの答えを聞いた後,サッカーワールドカップフランスチームの画像を見せた。フランスには生徒たちがイメージした白い肌や金髪の人ばかりでないことを説明し,円グラフをもちいてフランスでの現在の移民の割合を示した。その後,模造紙に書いたヨーロッパの地図に実際に移動した移民の人数を人型の紙で示しながら,アフリカ諸国における植民地統治やその後の移住労働,移住した家族の呼び寄せなどを説明した。子どもたちからは,「私は,最初は,フランス人はみんなはだの色が白くて目の色が青っぽくて髪の色が金色という固定されたイメージがあったが,移民する人がいるとか聞いて前のイメージの人たちだけでなく,黒い目の人や黒髪の人や肌の色が黒い人とか色々な人たちが協力しあって生きていることが

わかった」など，自分たちのもっていたフランスのイメージと違う移民の存在について関心をもったという感想が多く見られた。

　NGOの授業でもその点について同様に取り上げた。ノルウェンさんのカメルーン出身の友人と過ごした小学校時代の話やアルジェリア出身の友人が受けた就職差別の話など実体験に基づいた話を取り入れている。子どもたちからは，「フランスのいろんなことがわかった。特に移民の人の問題は深刻だと思った。仕事につくのが難しかったり，人種差別があったり，特にアフリカから来た人の差別はひどかったらしいということがわかった。フランスには長い間外国人の人々を歓迎していたらしく，多くの文化があるということがわかった。しかし，政治の関係などで今はそれほどで大歓迎していないらしい。さまざまなフランスのことがわかってとても貴重な経験をできたと思った」というように，移民の抱える問題を歴史的背景と関連させて述べた感想がいくつかあった。

　また，日本のグローバルな人々の移動現況や過去の朝鮮半島への植民地支配の歴史について各担任教諭から説明をしている。子どもたちの中には，「日本に来ている外国人の人たちが多いんやなあと思った。今まではそんなにいるとは思わへんかった。アメリカ・中国・韓国……とかいろいろな国から来てはるんやなあと思った。記憶にないだけで，外国人の人たちを変な目で見たことがあるかも知れない。でも，それはその人の国の文化だってことを聞いて，そんなことはしんとこうと思った」というように，日本でのさまざまな文化背景をもつ人々について述べているものもあった。

　以上のように，本実践ではグローバルな資本の移動などによって引き起こされる新たな移民の歴史も含めた現在の移民，在日外国人に対する偏見や差別の学習をし，「植民地主義」の形態の歴史的な変化や資本との関係を考えさせる工夫がされている。

　<u>②①のグローバリゼーションの時間的な視点を大切にしながら，「国内植民地」の問題を取り上げ両者の関連性を理解させることで意識させる。</u>
　フランスの移民の問題とつなげて，日本の在日外国人の問題に視点を移せるように各担任教諭がまとめの授業で説明している。子どもたちの中には，「文化に優劣はないということを知った。前まで，チマチョゴリとかダサいとか思

っていたけどそれはその国の文化だから馬鹿にするのはやめようと思った。これからも他の国の文化を学んで，その文化を理解していこうと思う」「文化の違いを考えて，何か服装とか，食べ物の食べ方とかも違うことを知ったし，それに今まではやっぱり外国人の人との違いに混乱してたけど今日で少しわかったから良かった。アメリカに行ってる人とか，日本に住んでる人もイッパイいるし，たくさん関わっていきたい！　身内にもフィリピン人いるし，話した事ないけどもし会ったら色々教えてほしい！！　と思った」など，まとめの授業の段階になって自分たちに身近な外国人の抱える問題にも目を向けられるようになった生徒もいる。

　単なる異文化理解で終わらせず，在日コリアンの歴史的背景の説明をすること，また2学期に直接在日コリアンの多く通う二部学級を見学し交流することで子どもたちの認識を深められるようにしている。しかし，二部学級に通う在日コリアン以外の人々の背景（貧困・戦争などによって学ぶ機会がなかった，同和地区出身，中国やフィリピンなど新たな移民など）について，じっくり考えさせる時間は確保できなかったため，さまざまな人権課題を「国内植民地」の問題として包括的に考えさせる授業にまでは至っていない。

　<u>③「支配的な文化の側から唱えられるヒューマニズムに基づく普遍主義」(馬渕，2002)ではなく，サイードが述べたような「新しい普遍性」を「日本社会(あるいは韓国社会)の歴史的な現実に即して構築すること」(駒込，1996)を目指す。</u>

　朱雀中の「人権教育」は，「人権」の大切さなどの一般的な説明や道徳的啓蒙に留まらず，日本における移民や在日外国人の歴史を多様な視点から捉えて構成されている。それは，今回の授業を学校だけではなくさまざまな団体と議論してつくりあげていっていることによるところが大きい。

　授業に関わった大学生たちは「普通に大学生生活を営んでいたのではすることのできない貴重な経験が出来てとても有意義だった。また同時にフランスについて調べることを通して移民問題について考えるようになったことが大きな収穫です」というように，全員がこの授業に関わることで自分の専門への学習の態度や大学生活の過ごし方，将来への考え方について，以前よりも積極的に

なった。

　NGO の授業で講師を務めたノルウェンさんは,「プレゼンテーションをしたことについて,日本人の生徒と会ったり,日本語で紹介したりしたことにとても満足しています。学校は快く手伝ってくれました。違った文化を周りの人々に教えることは重要です。他の文化について多くの人々は先入観をもっています。だからこの先入観を取り除くために他の文化を知ることは重要です」というように,今回 NGO のメンバーと協力して授業をつくっていったことが日本での暮らしに活力を与えるものになった。

　朱雀中の教員は,「協働授業は,多文化共生の人権学習を行うにあたって内容が深化し,厚みが増したと思う。そして全市的に見ても珍しい取り組みであり,閉鎖的な学校現場に新しくかつ熱い風を吹き込む貴重な場であると思っている」「生徒たちにたくさんの物事の見方・考え方があることを伝えるきっかけづくりとなっている。さらに様々な情報や多方面からの刺激を受けることで,漠然とした中でも文化の違いや背景・人と人とのつながりを知ることで世界観が拡がり自分自身を見つめ直す機会になっている」というように,協働授業が教員の取り組みへの刺激となり,取り組みを通して生徒たちの視野も広げられるようになった。

　子どもたちは,「立命館大学の学生さんの話でも,ノルウェンさんの話でも,やっぱり移民の問題が出てきていて,最初は言葉だけしかしらなかったのに,少し詳しいことまでわかりました。移民は人種（肌の色や目の色とかも）が違うだけで少し差別されていて,本当はフランスに必要な存在なのに,フランス人と少し差をつけられるなんて移民の人たちは悔しいだろうなあと思いました。でも,フランスは移民を受け入れようとしているのでそれは良かったなあと思います。立命館大学の学生さんは,ちょっとした劇とか会話の再現とかで説明して下さって,ノルウェンさんは日本語で一生懸命して下さったのでよくわかりました」というように,多くが授業に対して関心を示し,協働授業の回を重ねるごとに移民の抱える問題について理解が深まっていった。「移民」という言葉さえもあまりなじみのなかった子どもたちが一連の授業をきっかけに深く考えるようになった。また,子どもたちが,授業に関わった NGO や大学生,外国人講師に感謝を述べる感想が多く,教員や保護者以外の多くの人々が自分た

ちを支えているということが実感できるようになった。

　本実践の後に提出された教員，大学生，NGO の感想は全て，プログラムを肯定的に捉えていた。それぞれが，自分の進路，仕事，学習などで新たな一歩を踏み出そうとしていることが読み取れた。

　本実践では，子どもたちだけでなくこの授業に関わる全ての人々が協働実践を積み重ねる過程で，エンパワーされていく。さまざまな団体が協働し，お互いに率直に意見を言い合い批判もしていく中で，「人権教育」を「支配的な文化の側から」の視点におちいらせず，「新しい普遍性」を意識した実践を草の根から積み上げていくことができるのである。

　④多数の移民や難民がもつハイブリディティや複合的アイデンティティから「国家」「文化」「民族」といった概念を自分自身に照らし合わせながら捉え直す。
　大学生の授業では，フランスの移民たちの暮らしが多様な文化の中で育まれていることを説明した。例えば，チュニジア出身の父，母，子どもといった設定の劇を見せ，家族の中で使用する言語と子どもが外で話す時の言語の違いを示した。子どもたちは，「フランスに住んでいる人はみんなはだが白くて目も青いと思っていたけど，ちがっていろいろな人が住んでいることがわかった」というように，多くの感想文でフランスでの多様な文化の状況を認識できていた。

　NGO の授業では，ノルウェンさんがフランスに住むさまざまな移民の生活の様子を写真に写しながら，フランスでの移民の政策は基本的に「同化」であるという点について説明し，それはアイデンティティの一部をすてることになり移民にとって辛いことであると話した。子どもたちからは，「フランスには移民がいっぱいいて移民の人は自分の国の文化とか失うというのはとてもかなしくて，ひどいことだと思いました。あと，同じ所で同じように暮らしているのに「よそもの扱い」されるのはとてもつらいことだなあと思ったし，早くそういうこととかはやめてほしいなあと思いました」というように，フランスの移民の文化やアイデンティティについて述べている感想がいくつかあった。

　各担任教諭からのまとめの授業で，在日外国人のもつ多様な文化だけではなく，日本の食文化などを通して文化のハイブリディティについても考えられる

ような時間をもっている。これは,「民族」「文化」などを本質主義的に理解するのではなく,複合的なアイデンティティを念頭において授業を構成しているからである。

子どもたちは,「海外にいる日本人や日本にいる外国人の人たちがたくさんいて社会は「多民族化」や「多文化化」していると知って,私はお互い理解していくことが大切だと思います。仲良くしたり認めあうこともとても大切だと思うし,難しいことではないと思います。いろいろな違いがあるけど同じ地球に住んでいるので理解していくことがとっても大切だなと思いました」など,多文化化している日本の状況について述べているものが多くあった。

しかし,自分のアイデンティティと照らし合わせて考えさせる時間を十分にもたなかったため,子どもたちが「民族」「文化」などの概念自体を捉え直し,批判的思考を養うところまでには至っていない。

⑤グローバル・シティにおける「搾取 – 被搾取」の関係性を移民や難民の視点から考えさせる。

大学生の授業,NGO の授業ともにフランスのパリを取り上げ,2005 年に起こったパリでの暴動や移民が多く住むパリ郊外の様子などを通して,グローバル・シティにおける「搾取 – 被搾取」の関係性を説明している。例えば,大学生の授業では,仕事を探す白人ではない 2 人の会話を劇にした。募集広告に書いてある内容が移民を差別する内容であり,なかなか仕事につきにくい現状を示した。また,移民の親子の会話を劇にし,貧しい生活の様子を見せた。移民たちが就職差別と貧困の悪循環から追い詰められデモや暴動に至った背景を,実際のニュース映像を見せながら説明した。子どもたちは,「移民の人がたくさんいる事とか,移民の人が暴動をおこしたとか知らなかった。けっこう複雑な国なんだなあと思いました」「フランスっていうのは私の中で描いていたイメージとは大きく違い,差別がおこっていたり,少し悲しいとおもった所もあったけど,私が思っていたよりとても良い所もあったし,これからはフランスだけでなく他のさまざまな国を見てみたいと思います。自分の中で勝手なイメージをつくらないで,今日学習したようにその国について大きく関わっていきたい」など,移民たちの暴動のニュースを多面的に捉えようとする感想が多く

見られた．中には，差別に対する今後の自分の考え方などを述べているものもあった．

また，NGOの授業では，パリ郊外にある移民たちの住居の写真，移民たちへの差別や暴動をテーマにした映画の一場面などを見せた．ノルウェンさんが住んだことのあるカナダのケベック州に比べて日本は移民に対して取り締まりが厳しく移民をあまり受け入れなかったことを話した．子どもたちは，「僕は，思ったよりフランスには問題があるなと思いました．子どもの頃ははだの色の違いや文化の違いなど気にならないのは自分もわかります．大人になると周囲の人のアクを吸収してしまって，悪いときはその人も差別してしまうと思います．移民の人も悪い条件の家などに住まされている．フランスのTVなどでは，「移民」などの言葉を言うのは禁止されていることを聞き，少しずつ改善されている事がわかりました」というように，多くの子どもたちがフランスでの移民の抱える問題や政策について大学生の授業の時よりも理解が深まったことがわかる．

しかし，教員のまとめの授業でグローバル・シティにおける「搾取－被搾取」の関係性についての説明があまりなされていなかったため，フランスの問題とつなげて日本社会のグローバル・シティにおける課題を深く考えることが十分にできていない．例えば，日本社会におけるグローバル・シティ，東京や自分たちの暮らしている京都などを例に挙げてフランスのパリの抱える課題と比較しながら，中学生にじっくり考えさせ議論させる時間が必要であった．今後は，さらに中学生にもわかりやすいような説明の仕方や授業の手法を考えなければならない．

本項では，「多文化主義」の抱えるジレンマを一時的な戦略ではなく根本的に乗り越えられるように，脱植民地化という視点から構成した「多文化共生教育」実践について考察を深めた．多角的なネットワークのもと協働で現場から積み上げていく朱雀中での実践は，研究指定校になったから「しなければいけない」という意識で仕方なくやっているのではない．日頃からの教員の「人権教育」に対する積極的な取り組みや柔軟な受け入れ体制，NGOや大学生たちの「多文化共生」を目指した熱心な授業づくりがあったからこそできたものであり，1-2（3）項で述べた朱雀中の抱えていた②の課題「長期的な展望やグロー

バルな視点からの考察の欠如」は克服しつつある。しかし，2006年度の授業では「包括的に各人権課題をつなげて考えさせること」「自分のアイデンティティと照らし合わせて考えさせること」「グローバル・シティにおける「搾取－被搾取」の関係性を理解させること」が十分にできておらず，①の課題である「他者としての学習」の域から出ることはできなかった。今後は，脱植民地化の視点から構成したプログラムを中学生が理解しやすいように更に工夫し，各団体と調整しながら協働体制を充実させていくことが必要である。

以上のような授業内容は，包括的な平和教育との関連から見ても，以下のように整理できる。

①学校全体の横断的なカリキュラム

朱雀中の「多文化共生教育」の実践は，単発で行われているものではなく，人権教育という視点から，毎年2学年の「道徳」「学級活動」「総合的な学習の時間」を中心に学校全体で取り組まれている。今後は，他教科との関連を更に深め，横断的なカリキュラムをつくっていく必要がある。

②カリキュラムを支援する複数の組織

朱雀中とAPT（NGO）は，2003年度から協働授業をスタートさせている。2006年度からは大学生も加わり，コーディネーター（筆者）を介して，多角的な協働体制がつくられている。今後もプログラムに参加できる人々（地域住民など）との協働を進めていく予定である。また，協働の仕方や方法について，本実践以降は毎年評価項目をつくり，次年度の活動に生かしている。このような協働評価のシステムは，複数の組織が参画する際に大変重要な点である。

③平和教育の内容の多様性

「多文化共生教育」は，脱植民地化の視点からフランスの移民と在日外国人の抱える問題をつなげて考えられるように，フランス人の講師から移民の友人との体験や移民政策について直接話を聞いたり（多文化，国際理解など），在日コリアン1世たちと交流したり（外国人，反戦平和など），在日外国人の人権や識字問題について考える時間をもったり（外国人，異文化理解，開発，紛争解決など）している。今後は，脱植民地化の視点からの考察で述べたように，「包括的に各人権課題をつなげて考えさせること」「自分のアイデンティティと照らし合わせて考えさせること」「グローバル・シティにおける「搾取－被搾

取」の関係性を理解させること」について，内容を吟味し多様な領域をつなげていけるようなプログラム構成にする必要がある。

④多岐にわたる手法

フランス人の講師との交流，郁文中学校二部学級へのフィールドワーク，担任教諭からの授業でも，非識字体験，子どもたちの意見交換など，多岐にわたる手法を意識しながら，授業を構成している。今後は，単なる体験で終わらせず，さまざまな課題を自分の問題として捉えられるような手法を研究し，盛り込んでいくことが重要である。

(2) 韓国の場合

本項では，安山の「国境のない村」や「安山移住民センター」が，地域の小・中・高校などの学校で実施している「訪ねていく多文化教室」のプログラム実践事例を考察する。安山は，韓国国内で移住民たちが集団居住している最大地域である。「国境のない村」は，多様な文化背景をもつ人々と多文化共同体をつくるために持続的な活動を繰り広げてきた「安山移住民センター」の経験と力量を，より多様な専門家や活動家集団と共有するために，2006年7月に設立された。多文化教育においても，先進的な活動を積極的に行っている[41]。

本実践が，「官主導型」でスタートしたのではなく，草の根の市民運動から始まったという点や，地域の学校と連携したプログラムを継続して展開しているという点から，本書で取り上げることが適切であると考えた。ただし，実践者が報告書の中で述べているように，学校とのプログラムの中には，単発で終わるものや，土日のような授業外の時間で行うといったものが多く，学校との連携が難しいといった課題が多くある[42]。

本項で取り上げるのは，そのような中でも比較的長期にわたって連携した事例である。実践対象は高校1・2年生であるが，類似のプログラムが部分的に小・中学生向けにも実施されていることを想定し，単発ではないプログラム事例を取り上げることにした。

実践を考察するにあたって，「安山移住民センター」の事務局長であるリュソンファン氏の実践報告書[43]を主な分析対象とし，他にも安山の多文化教育に関わる書籍，HPなどを参照した。また，2009年10月に大阪で行われた日韓交

流シンポジウム「外国籍市民と共に暮らす地域を考える」で来日したオギョンソク氏（移住労働者とともに生きる安山地域実践連帯執行委員）からの報告[44]，2008年度に安山でフィールドワークを行った立命館大学植民地主義研究会の報告[45] なども随時参考にした。

　以下は，2006年度に実施された，「スリランカ」をテーマにしたプログラムの概要である。

　〈2006年度　訪ねていく多文化教室：スリランカ〉
・時期：2006年　夏～秋にかけて（土日を中心に）
・対象：タンウォン高等学校，ウォンゴク高等学校1・2年（選択制）
・時間数：（Ⅰ）（Ⅱ），全4回分の学習を，2回に分けて実施。（Ⅲ）以降は，希望者や受賞者など一部の学生が参加。
（Ⅰ）スリランカの概要（スリランカ出身の僧侶による理論教育（韓国語と英語））
（プログラムを総括するキリスト教の牧師が補足的に解説をする。）
・地理や宗教
　→インド南部に位置する仏教国。ヒンドゥー教，キリスト教など他の宗教も認めている。違う宗教の人々を，お互いに認め尊重しあう。
・歴史→スリランカがイギリスの植民地支配をうけていた。
・言語→同じ発音の単語がたくさんある。
・文化遺産，文化行事，祭りの映像を見せる。
　→宗教的な理由から，全ての遺物，建築，伝統衣装などは白を使う。
　→伝統衣装を着たダンスを紹介。
　→外出の際，両親の足に口付けをするという風習など。
・学生からの質疑応答。
（Ⅱ）スリランカの文化体験（スリランカ出身の移住民総勢15名が分担）
・特産品や図書の展示や，音楽を流し，間接的な経験ができるようにする。
・食べ物の味見をする。
・最大のスポーツ競技である「クリケット」の体験。
・伝統衣装の試着。

・結婚式の紹介。
・スリランカ出身の移住者たちと交流しながら，一緒にゲームをする。
（Ⅲ）スリランカの正月行事へ招待
・安山では，スリランカ独立協会主催で，毎年 4 月 15 日前後に正月行事を実施する。第 6 回スリランカ正月行事には，スリランカからの移住労働者 4 千名が参加し，移住労働者自らが企画する行事としては最大規模のものである。学生たちが，一緒に行事に参加することで，多くの移住労働者が韓国に暮らしている現実を体感できた。
（Ⅳ）事後学習（継続して移住民や多文化社会との関わりを持たせる。）
・多文化教育修了証の交付。（学生たちが受けた多文化教育の重要性を認識させる。）
・社会奉仕活動確認書の発布。（多文化に関わるボランティアへ参加する動機付け。）
・多文化教育体験手記の公募。優秀な学生を選定し，受賞作を決めた。
・優秀な学生を多文化家族送別行事に招待し，多文化賞を授与した。受賞した学生たちは，十数カ国の移住民とその家族約 300 名が集まったパーティで特別なゲストとして招待された。

上記の実践を，6-2 節で提示した脱植民地化の①-⑤のポイントに沿って授業内容を考察する。

①グローバリゼーションに伴うさまざまな要素の絡み合った複合的な変化を考えながら，「植民地主義」の形態の歴史的な変化や資本との関係を考えさせる。
　最初の理論教育で，スリランカ出身の僧侶から直接，イギリスの植民地支配を受けていた歴史について説明があった。質疑応答の際，学生たちから植民地支配に関して，「スリランカのイギリスに対する認識」を聞く場面もあった。
　この点について学生たちの中には，「内心もっていたスリランカに対する偏見は，スリランカがイギリスの支配を受けていたという言葉から痛みを感じ，少しずつ消えていった。我が国もやはり，日本の支配を受けていたことが，これまでも私たちに大きく否定的な影響を与えているためだ」「特に似ていたのは，

スリランカも植民地の時期があったという点だ。我が国は日本の植民地支配を受けていたことがあり，今でも日本という国が犯した悪質な行為に対して怒りをおぼえる。ある学生が，スリランカのイギリスに対する認識を尋ねたら，お坊様はイギリスに対する認識はあまり良くないとおっしゃって，表情が固くなった。なんだか私もその心がわかるような気がした」「私が最初の日に，スリランカという国に最も同質感を覚えたのは，ある学生の質問に対するお坊様の答えであった。スリランカは私たちのように植民地という辛い歴史をもった国であるが，スリランカ国民もそのために多くの苦痛を経験し，相手の国に対しても少なからず反感をもっているとおっしゃった。言葉少なに語った姿といっしょに，静かな雰囲気が記憶に残る。おそらく私たちとお坊様の心が，その時から一つになったのかもしれない」など，日本の植民地支配下にあった朝鮮半島の歴史と比べながら共感するところが多くあったことがわかる。

　2時間目の文化体験の時間，その後の正月行事やパーティでも，スリランカ出身の移住民が多く参加し，直接交流することで，韓国にも多くの移住労働者やその家族が住んでいることを実感できた。

　ただし，グローバルな資本の移動などによって引き起こされる新たな移民について，歴史を含めて学ぶ時間は設定されていない。実際に交流した人々が，どのような背景で韓国にやってきたのかは，直接交流した個々人の経験にまかされている。まとめの学習として，新たな移民についての歴史的背景を学ぶ時間を設定する必要があるであろう。

　報告書の中でも，今後は多文化教育の初級から高級課程を設定したい旨が書かれており，今後のプログラム編成を発展させていくことが求められる。

② <u>①のグローバリゼーションの時間的な視点を大切にしながら，「国内植民地」の問題を取り上げ両者の関連性を理解させることで意識させる。</u>

　プログラムの最初から最後まで，常にスリランカから来た移住民たちと交流したり，直接話したりする時間が多く設定されている。これは，自分たちの身近に多くの移住民が住んでいることを認識させるだけではなく，学生たちがこれまでもっていた偏見を払拭し，親近感を多く抱かせるようになった。例えば，以下のような感想から，この点について窺える。

「スリランカという国や文化を知り，今では以前のように見慣れないことも，偏見の目で見ることもなくなった。いや，むしろ近づいたような感じがした。少しおかしいけれど，いつかスリランカの人に会えば嬉しく思い，すぐに仲良くなれるような気がした」

「初めは，「私たちより劣る国」というわけのわからない優越感にひたっていたが，多文化授業を終え，少しずつスリランカに対する意識が，私たちと似ていたという親近感もあり，この国だけでなく他の国も含めて理解しなければならないと思った。そして，これまで先進国，後進国といった経済水準に縛られていたことから抜け出さなければという決心もした」

「私はもう外国人に会っても，横目でじろりと見ることはなくなり，むしろ私から先に声をかけたくなり，もっと知りたいと思うようになった」

以上のように，学生たちの身近な移住民に対する意識は大きく変わった。今後は，さまざまな背景をもった移住民たちの課題をつなげて考えられるように，グローバリゼーションの時間的な流れとともに学習できる時間を設定する必要がある。また，国内における他の人権課題や貧困の問題とも，つなげて考える視点も重要である。

③「支配的な文化の側から唱えられるヒューマニズムに基づく普遍主義」(馬渕，2002) ではなく，サイードが述べたような「新しい普遍性」を「日本社会(あるいは韓国社会)の歴史的な現実に即して構築すること」(駒込，1996) を目指す。

2006年度の実践では，NGO，移住民，学生，学校の協働体制で行われ，移住民が主体となってプログラムの準備や実施が進められた。この点からも，移住民たちの視点がプログラムに十分に反映されており，教師から学生への一方的な説明で終わる，学校の中だけで行われる学習とは大きく異なっている。

このプログラムに参加した移住民たちは，もはや異邦人ではないということを体感した。特に自分たちが，単純に労働力を提供するだけの使い捨ての存在ではない，尊厳性をもった人格体であり，文化的価値を認められる存在として，自分たちの価値を再発見した。

NGOをはじめ参加した全員が，多文化社会への道が，移住民支援団体だけの

役割ではなく，韓国社会で生きていくすべての人が，ともに悩み解決していかなければならない道だという事実に，共感するようになった。

　学校は，学生の募集を行なったり，土日に場所を提供するなど，消極的な関わりであった。しかし，実践後，多文化教育の必要性を認識した学校の教師を対象に，多文化教育が企画できるように促すきっかけとなった。

　子どもたちは，「今回の体験は，本当に意味のあるいい経験になった。とても素敵なスリランカの文化を体験しながら，新しい文化を知るというのがどれだけ不思議で，新鮮で，楽しいことかがわかった。世界は広くまだ知らない文化も数えられないくらい多い。生きているうちに，この多くの文化を全て知ることは難しいが，グローバル化しているのだから，この機会を通して少しずつ学んでいけたらいい。そんな意味でも，2学期にまた多文化教室が開かれるのなら，その時はもう少し積極的に学び，新しい経験を積みたい」など，さまざまな文化を移住民と交流しながら学んでいく喜びを感じ，これからも多様な文化について積極的に学んでいこうとしていることがわかる。

　以上のように，協働するすべての人が多様な文化が認められる社会に向けて，エンパワーされていることがわかる。本実践で十分ではなかった学校の関わりが，授業も含めて積極的，長期的に実施できるようになれば，さらに多くの学生に多文化の学びを提供することができる。韓国の状況に即した「新しい普遍性」の構築に向けて，草の根からの実践を確実に積み上げていくことが可能になるであろう。その努力が学校に求められている。

　<u>④多数の移民や難民がもつハイブリディティや複合的アイデンティティから「国家」「文化」「民族」といった概念を自分自身に照らし合わせながら捉え直す。</u>

　「訪ねていく多文化教室」を実施する前に，学生たちを対象に自分たちの文化について質問をしている。そうすることで，学生たちは韓国の文化をふりかえり，授業の間，話を聞きながら，韓国の文化と比較しながら学ぶことができる。これは，自国の文化に対する認知度と自尊心が高い学生ほど，多文化教育に対して積極的で興味をもつという，企画者の意図がある。

　学生たちの感想の中にも，韓国とスリランカを比較しながら考えている姿が読み取れる。

「同じ発音をする単語がいくつかあるという話を聞いて，スリランカがさらに身近に感じられた。(中略)スリランカは宗教的な理由で全ての遺物，建築，伝統衣装が白色だ。(これも「白の民族」と呼ばれる我が国と似ている。)」

「スリランカの服は，上着が我が国のチョゴリのように短く……」

　以上のような文化を比較して理解していく過程は大変重要である。しかし，そこから自分のアイデンティティを複合的に捉え，文化のハイブリディティについて考えるまでには至っていない。これは，学校の授業と連動していないということも原因の一つである。「社会科（公民的分野）」では，文化そのものを考え，文化の流動性などについての学習も設定されている。そのような時間と効果的に連携していくことで，「民族」「文化」などを本質主義的に理解するのではなく，批判的に自分と照らし合わせながら思考を深めていくことができるだろう。

⑤グローバル・シティにおける「搾取－被搾取」の関係性を移民や難民の視点から考えさせる。

　本実践では，特にグローバル・シティにおける「搾取－被搾取」の関係性を考えさせるような時間は設定されていない。あえて言えば，移住民との交流そのものが，現在置かれている移住者たちの状況を生で知る学習である。しかし，移住労働者たちが抱えるさまざまな問題に対して，議論し，思考を深める時間が必要であろう。この授業が，比較的初歩的な内容であるので仕方がないが，今後高級課程までプログラムを編成していく際には盛り込んでいくべき視点である。韓国には，多くの外国人街が安山以外にもできており，それぞれのコミュニティができた背景や歴史的経緯を，比較しながら学習していくということもできるだろう。

　本項では，前節と同様に，「多文化主義」の脱植民地化という視点から，韓国での先進的な「多文化教育」実践について考察を深めた。韓国での「多文化教育」は歴史が浅く，まだ発展途中である。しかし，本実践のような先進的な取り組みは，「多文化主義」のジレンマを根本的に乗り越えていくような可能性を秘めている。今後は，NGO，移住民，学生，学校などが対等な立場で多角的に

協力し，長期的なプログラムを発展させていくことが，大きな鍵となる。
　以上のような授業内容は，包括的な平和教育との関連から見ても，以下のように整理できる。
　①学校全体の横断的なカリキュラム
　本実践は，NGOの方から学校側に提案し実現したものである。学校の関わりは生徒への広報，場所の提供など消極的であり，土日などの休日に実践された。今後は，学校の積極的な関わりが必要であり，「創意的体験活動」を中心に学校全体の取り組みへと少しずつ発展させていくことが重要である。本実践をきっかけに，多文化教育の必要性を認識した教員が出てきたことが報告されており，今後の発展に期待できる。
　②カリキュラムを支援する複数の組織
　本実践は，学校教育のカリキュラム内で実践されているわけではないが，NGOと地域住民が協働して一からプログラムをつくりあげていった。地域住民が一講師という扱いではなく，自分たちのプログラムとして企画構成を担っている点は大変評価できる。このように複数の組織が主催するプログラムを，今後は学校教育のカリキュラム内に反映させていくことが求められる。
　③平和教育の内容の多様性
　本実践の内容は，スリランカ出身の移住民の歴史や文化背景の理解（多文化，国際理解，異文化理解など）が主なものとなっている。スリランカ出身の移住民との交流の時間が多く設定されており，スリランカと韓国の植民地支配の歴史，グローバル・シティの問題などは，交流の中で自然と実感できた生徒もいた。今後は，生徒全体の認識が深まるように，歴史の比較やグローバル・シティの問題について，まとめの授業として学校教育の中で行っていくことが大切である。
　④多岐にわたる手法
　移住民との交流は，講義，スポーツ，食事など，直接ふれあえる機会がたくさん設定されていた。今後は，学校のカリキュラムとも連動させ，単なる体験ではなく移住民の歴史などを自分のアイデンティティをふりかえりながら考えられるような授業と，その手法が必要である。

註

1 戴エイカ（1999）『多文化主義とディアスポラ—Voices from San Francisco』p.16（明石書店）

2 スズキ，T. M.（2002）『批判的想像力のために—グローバル化時代の日本』p.50（平凡社）

3 テイラー，C. 他（著）佐々木毅他（訳）（1996）『マルチカルチュラリズム』（岩波書店），キムリッカ，W.（著）角田猛之・石山文彦・山崎康仕（監訳）（1998）『多文化時代の市民権—マイノリティの権利と自由主義』（晃洋書房）

4 戴エイカ　前掲書　pp.67-79, p.138

5 伊藤真一（2006）「脱アイデンティティの政治」（上野千鶴子（編）『脱アイデンティティ』p.68（勁草書房））

6 西川長夫（2000）「多言語・多文化主義をアジアから問う」（西川長夫・姜尚中・西成彦（編）『20世紀をいかに越えるか—多言語・多文化主義を手がかりにして』pp.55-56, p.61（平凡社））

7 西川長夫（2006）『〈新〉植民地主義論—グローバル化時代の植民地主義を問う』pp.150-151（平凡社）

8 西川長夫（2006）　　前掲書　pp.47-52

9 西川長夫・大空博・姫岡とし子・夏剛（編）（2003）『グローバル化を読み解く88のキーワード』pp.248-251（平凡社）

10 バンクス，J. A.（著）平沢安政（訳）（1999）『入門多文化教育—新しい時代の学校づくり』p.13（明石書店）。バンクスは，その他の著作でも，例えば「アメリカ国内で急増する人種，民族，文化，言語の多様性のために，新時代の教師は，生徒が多元的，民主的な国民国家において，思慮深い市民になるように支援しなければならない」など，国民国家自体がもつ「包摂」と「排除」の問題にまでは踏み込んでいない（Banks, J. A. (2007) *Educating citizens in a multicultural society* (2nd ed., p.19). Teachers College, Columbia University.)。

11 日本の多文化教育研究に関しては，多文化主義の議論を整理しながら，アメリカ，カナダ，オーストラリア，日本など各地域の多文化教育の現状を考察した研究が多くある。例えば，駒井洋（監修），広田康生（編）（1996）『講座外国人定住問題第3巻　多文化主義と多文化教育』（明石書店）や中島智子（編）（1998）『多文化教育—多様性のための教育学』（明石書店）には，日本における多文化教育の現状について二言語教育，社会科教育，在日韓国・朝鮮人教育など多方面から考察されている。

12 植民地主義の視点から教育を考察したものは，教育思想史の研究が主である。例えば，教育思想史学会紀要第15号（2006）『近代教育フォーラム』（pp.89-163）には，デリダ，アガンベン，ネグリなどの議論から教育における植民地主義的な発想について切り込んでいる論文が掲載されている。しかし，多文化教育については，植民地主義や文化本質主義の問題にふれながらも，それをある程度容認した形の「批判的多文化主義」の立場から多文化教育を述べるに留まっている。例えば，小内透（2005）は限界をもった「多文化教育」の中から生まれる批判的多文化主義の可能性について述べており（『教育と不平等の社会理論—再生産論を越えて』pp.276-277（東信堂）），馬渕仁（2006）は批判的多文化

主義の立場からオーストラリアの事例を分析している（「多文化主義・多文化教育の再考—オーストラリアの事例を中心にして」異文化間教育学会（編）『異文化間教育第 23 号』pp.37-49（アカデミア出版会））。

13　ユネスコアジア・太平洋国際理解教育院（編）（2008）『多文化社会の理解　多文化教育の現実と展望』pp.137-138, pp.147-152, p.256（トンニョク）［韓国語］

14　森茂岳雄・中山京子（編著）（2008）『日系移民学習の理論と実践—グローバル教育と多文化教育をつなぐ』（明石書店）

15　岸田由美（2009）「書評　『日系移民学習の理論と実践—グローバル教育と多文化教育をつなぐ』」（異文化間教育学会（編）『異文化間教育第 29 号』pp.80-82（アカデミア出版会））

16　西川長夫（2006）　　前掲書　pp.50-56, pp.83-86

17　馬渕仁（2002）『異文化理解のディスコース—文化本質主義の落とし穴』pp.107-108（京都大学学術出版会），駒込武（1996）『植民地帝国日本の文化統合』pp.388-389，pp.453-454（岩波書店）

18　京都市内の公立中学校における「外国人教育」「国際理解教育」の事例は全て，京都市教育委員会学校指導課（編集・発行）（2005）『京都市立中学校総合的な学習の計画と取組（第 2 集）自ら課題を見つけ，自ら解決する力の育成』を中心に，各中学校から出されている研究報告書，学校 HP，新聞記事を参照した。

19　京都市人権教育検討委員会（2002）『《学校における》人権教育をすすめるにあたって』pp.20-22（京都市教育委員会指導部教育計画課）

20　2009 年 3 月には，「外国人教育の充実に向けた取組の推進について」という通知が，教育委員会から全市立学校に配布された。その中で，「アイデンティティの多様化が顕著になり，これまでの外国人教育で取り組まれてきた「民族の誇り」，「自ら本名を名乗る」などについても，多様な考え方が出てきており，児童生徒本人や保護者のニーズを十分把握した取組を推進する」「中国・フィリピンなどの外国人生徒及び外国にルーツをもつ児童生徒に関わる取組」を進めるといった，外国人教育の新たな視点が補足された。

21　2009 年 3 月に基本方針の補足が行われてから，教職員への十分な周知や，新しい視点を繁栄させた実践までには至っていない。

22　京都市（2000）『京都市国際化推進大綱（再版）』pp.55-56, pp.69-71（京都市総務局国際化推進室）。2008 年には，この大綱を改訂した『京都市国際化推進プラン—多文化が息づくまちを目指して—』が策定された。この中でも，推進する施策の一つに，「学校における国際理解教育・語学教育等の推進」がある。

23　馬渕仁　前掲書　pp.296-297

24　ヤンヨンジャ（2007）「韓国の多文化教育現況と課題」（オギョンソク他『韓国における多文化主義現実と争点』pp.198-199, p.209（ハヌルアカデミー））［韓国語］，アンギョンシク・キムドングゥン他（2008）『多文化教育の現況と課題』pp.68-69（ハクチサ）［韓国語］

25　大韓民国国務総理室 HP（http://www.pmo.go.kr/）を参照。

26　キムヒジョン（2007）「韓国の官主導型多文化主義　多文化主義理論と韓国的適用」pp.65-77（オギョンソク他　前掲書）［韓国語］

27　梁起豪（2012）「韓国における多文化政策と地域ガバナンス」（国際交流基金・欧州評議会主催『多文化共生都市国際シンポジウム』資料，韓国文化院）
28　アンギョンシク・キムドングゥン他　前掲書　p.123
29　ヤンヨンジャ　前掲書　p.224，ユネスコアジア・太平洋国際理解教育院（編）　前掲書　pp.128-130
30　韓国での「多文化教育」の事例は，2007年度以降に出版された「多文化教育」をテーマにした書籍を中心に，研究報告書，学校HP，新聞記事を参照した。また，この中でマイノリティの生徒に対して韓国社会に適応するように行われる「韓国語支援」などは除き，一般の生徒も含めた「多文化共生」というテーマにつながる内容を取り上げた。
31　韓国の小学校での多文化教育実践について分析した論文には，チェムンソン・キムスンジャ（2013）「慶南地域初等学校多文化教育プログラム分析―相互文化教育の観点から」（韓国多文化教育学会『多文化教育研究第6巻第4号』pp.53-78）［韓国語］等がある。
32　小学校の実践研究の中には，初歩的な文化や言語を理解する，体験するといった活動から発展させ，「反偏見」という観点から多文化教育プログラムの開発を試みた研究も出てきている（イギョンウン・キムジョンウォン（2012）「初等統合教科を活用した反偏見教育プログラムの開発と適用」（韓国多文化教育学会『多文化教育研究第5巻第2号』pp.53-71［韓国語］）。
33　京都市の公立中学校における「人権教育」は一般的に，「道徳」，「学級」などの時間を使って行われている。学校によって学習する人権課題は多少異なるが，3年間で「男女平等」「養護育成」「同和」「外国人」などをテーマとして学習するようになっている。
34　筆者が立命館大学国際関係学部のティーチングアシスタントとして担当したクラスの大学生が，自主ゼミナール「カルバリープロジェクト」を組織し，活動がスタートした。
35　毎年プログラム実施前年度の冬休み中には，NGOなどの他団体からプログラムの原案が出される。コーディネーターがそれを学校の状況にあう形で整理し，各団体と協議しながらプログラムの詳細を決めていく。「多文化共生教育」の目標や視点は，コーディネーターを介して全員が参加する評価会議（12月）で共有する。その他にも，新しく赴任した教員向けに，教職員会議や研修が行われる。
36　京都市立朱雀中学校（2007）『平成18・19年度文部科学省・京都市教育委員会指定人権教育研究中間報告会「人を大切にし，ともに輝く生徒の育成」～学び・語り・高めあう学校づくり～』p.2
37　京都市立朱雀中学校　前掲書　pp.39-40
38　京都市立朱雀中学校　前掲書　p.43
39　2012年度からは人権学習のカリキュラムを改訂し，多文化共生教育も3年間に分けて実施するようになった。
40　朱雀中における2000年以降の多文化共生教育の変遷については，次の論文を参照。孫美幸（2012）「学校で多文化共生教育協働プログラムを実施することの意義―協働体制づくりを通した教育成果の考察」（立命館大学国際平和ミュージアム紀要『立命館平和研究第13号』pp.17-28）
41　「国境のない村」HP（http://www.bvillage.org/xe/home）を参照。

42 アンギョンシク・キムドングヮン他　前掲書　pp.130-132

43 リュソンファン「現場での多文化教育事例」(オギョンソク他著　前掲書　pp.262-291)〔韓国語〕

44 オギョンソク(著)朴君愛(訳)(2009)「安山地域の移住者への支援活動：現状と課題」(アジア・太平洋人権情報センター(ヒューライツ大阪)(編集・発行)『外国籍市民と共に暮らす地域を考える　日韓交流シンポジウム』pp.4-13)

45 立命館大学植民地主義研究会は，アジアにおける多文化主義と移民労働の現状を現場から考察するために，韓国安山市(2008年11月)と神奈川県川崎市(2009年2月)のフィールド調査を行った(共同発表(2009)「多文化共生と移民労働—安山市と川崎市の現地調査より」(第5回国際コンファレンス「多文化主義と社会的正義」立命館大学)。

7. 日・韓の中学校における「多文化共生教育」プログラムモデルの検討

　本章では，前章で考察した日・韓の「多文化共生」をテーマにしたプログラムの実践事例を改善した，新しいプログラムモデルを提示する。まず，包括的な平和教育の視点に基づいた基本構造を提示する。次に，子どもたちの理解を深化させるための新たな視点（いのちの視点）を加味したプログラム概要を整理する。最後に，新しいモデルの構造を用いた「多文化共生教育」プログラム実践事例を考察する。

7-1 「多文化共生教育」プログラム改善モデル―包括的な平和教育の視点に基づいた基本構造の提示

　前章までの「多文化共生」をテーマにした実践の考察をもとに，プログラムの改善モデルを考える時，学習段階ごとに整理すると以下の通りである。

〈「多文化共生教育」授業内容の学習段階〉

段階 目標	学習活動	学習内容（注意点など） 〈包括的な平和教育の視点から関連する学習領域〉	脱植民地化の視点
初期 多文化を受け入れる素地づくり	体感する	さまざまな文化背景をもつ人々との交流を通して，身近に多様な文化が存在し，多文化社会が進展していることを実感する。（文化の流動性や複合性を意識させる。） 〈多文化・国際理解・外国人・異文化間など。〉	①・②・ ③・④
	理解する	・戦争や植民地支配など，移住してきた人々の歴史的な背景を知る。 〈反戦平和・批判的思考など。〉	

深化 自分と照らし合わせてゆっくり考える	ふりかえる	・自分の文化やアイデンティティをふりかえる。自分の生活やアイデンティティのあり方を見直す。 (初期段階の学びをまとめる活動を取り入れる。) (多文化背景をもつ個々の子どもの支援を継続する。) 〈多文化・個人の精神的な安定など。〉	③・④
発展 多様な視点から人々の移動を捉え,自分の活動につなげる	体感する 理解する	・グローバリゼーションが進む中での人々の移動について考える。 ・人々の移動の要因(植民地主義など)について理解し,現在も続く差別や経済的な格差について考える。 〈開発・紛争解決など。〉	①・②・③・④・⑤
	創造する 行動する	・多様な文化背景をもつ人々との共生をテーマにして,創作や交流活動を行う。 〈多文化・コミュニケーションなど。〉	

上記で示した「多文化共生教育」授業内容の学習段階を,前章で整理した平和教育を包括的に展開する四つの視点との関連から整理すると,以下の通りである。

上記で実施する授業は,教科や特別活動などの領域を越えた学習プログラムである(①学習全体の横断的なカリキュラム)。各学校の状況に応じて実施可能な時間を編成し,学校全体でプログラムを進めていくことを想定している。

学習内容については,平和教育の視点から,これまで別々に扱われてきた国際理解教育,外国人教育,異文化間教育,開発教育などの視点を統合して構成している(③平和教育の内容の多様性)。

また,授業を実施するにあたって,参加型学習,フィールドワークなどを含んだプログラムになっている(④多岐にわたる手法)。

多文化教育の脱植民地化の視点③で挙げた,各国の歴史的な現実に即した「新しい普遍性」の構築に向けては,常に多様な人々の意見をプログラムに反映できるようなネットワークを発展させていく。具体的には,全プログラムを通して,学校,地域,NGO,大学生などが対等な立場で協働していくことが,それにあたる(②カリキュラムを支援する複数の組織)。協働のモデルは,表7-1の通りである。

これまでは,学校が外部組織に依頼し,それに対して外部組織が応えるという二者間のつながりが主であった。そこには,多様な組織や個人間の交流はなく,プログラムの評価も生徒や教員の感想をやりとりする程度であった。新し

表7-1 協働のモデル

	既存の連携	多機関ネットワークによる協働
構造図	学校がNGO，地域，大学生などに依頼し，外部講師がそれにこたえる 学校（担当教師）←依頼にこたえる／依頼 外部委託→外部講師（NGO，地域，大学生）	学校，NGO，地域，大学生などが，コーディネーターを介して共に学び，支え合い，協働で作業する 学校・NGO・大学生・地域がコーディネーターを中心につながる
主体	学校	全ての個人・組織
プログラム対象	子どもたち	子どもたちへのプログラムを通してすべての個人・組織をエンパワーメント
プログラム構成の仕方	学校が主に原案を構成し，授業の一部を外部に依頼する	すべての個人・組織が原案から協力して作りあげる
関係性	学校（われわれ）－外部（他者） (外部講師同士の交流はなし)	すべての個人・組織 (ゆるやかなつながりの中でのわれわれ)
評価	学校内→外部には感想文などを渡す	コーディネーターを中心にした協働評価
コーディネーター	学校内の担当教師（または外部の担当者）	第三者（または各組織で分担）
コーディネーターの役割	学校のカリキュラムを外部に理解してもらう 外部にどういう役割を担ってほしいか説明する （教師の負担増になり，連携に限界がある） （担当教師の異動に左右される）	客観的なアドバイス・調整によりトラブルを上手く回避 長期的な協働が可能 （教師の負担減により，多機関で実施が可能である） （担当教師の異動に左右されない）

い協働のモデルでは，第三者であるコーディネーターが仲介役となり，各団体と個人がアイデアを出し合う。そして，お互いのプログラムに参加し，プログラムの評価を全員で行っていく。このように，長期的につながりながら，プログラムに参画するお互いをエンパワーし合う協働により，多様な視点を反映し

たプログラムを草の根から積み上げていくことができるのである。

　それでは，以上のような視点を生かした具体的なプログラム例について，以下述べていく。ここで提案するプログラムは，2008年度と2009年度に京都市立朱雀中学校で実践された「多文化共生教育」プログラムを，以上のような視点を生かして改善したものである。そのため，プログラム内に出てくるゲストスピーカーは在日外国人たちである。この点については，韓国での学習に対応できるような資料を指導案の最後に紹介し，その一部を実際に添付している。

〈包括的な平和教育の視点から構成した「多文化共生教育」プログラムの概要〉
・ねらい：さまざまな文化背景をもつ人たちが，日韓両国で生活していることを知るとともに，文化や生活習慣の違いを認め，理解する態度・共存していこうとする態度を身につけさせる。
・対　象：中学生
・時間数：1・2ともに，24時間＋α（「道徳」，「社会科」，「特別活動（日本）」，「総合的な学習の時間」（日本），「創意的体験活動」（韓国）など）

【1　中国から地域の多文化社会を考える】

学習段階	時数	授業	担当	内　容
初期 体感する①	①2時間 （添付資料①）	導入 興味付け	大学生， 地域住民， NGOなど	中国はどんな国か（地理，言葉，華僑，習慣）を，パワーポイントや演劇を交えて発表する。発表を見ながら，子どもたちはどんなことを調べたいかを考える。
	②5-6時間 （添付資料②）	調べ学習	教員（外部のサポート）	中国の食文化，地理，歴史，気候など，興味のあるグループに分かれる。本，インターネットを使って調べ，壁新聞にまとめる。各グループが発表し，内容を全員で共有する。
	③2時間 （授業例示） （添付資料③）	外国人講師から生きた体験を聞き交流する	地域住民， NGOなど	地域在住の中国人，多様な地域出身の数名から直接話しを聞き，交流することで，一つの国の中に多様な民族や文化があることを実感する。

初期理解する①	④1時間（授業例示）	まとめの学習	教員	「在住外国人」「多文化共生」をテーマにまとめの学習をする。（多民族国家である中国についてふりかえる。多文化化する社会，文化や習慣の理解，外国の人たちと共に生きる社会において大切なことは何かを考える。）
初期体感する①	⑤放課後や土日など（添付資料④）	移住民が多くいる施設など見学・交流	教員，地域住民，NGOなど	古くからの移住民と関連のある施設見学をしながら直接話し，交流の時間をもつ。
初期理解する②	⑥1時間（授業例示）	まとめの学習	教員	古くからの移住民を中心に，移住の歴史的背景（戦争や植民地との関係）について学習をする。 （例）日本　在日コリアンが被った差別における社会的背景など。 　　　韓国　華僑たちの移住の歴史，差別の背景など。
深化ふりかえる	⑦学級など5-6時間	文化祭など発表に向けた準備	教員（外部のサポート）	これまでの学習をまとめ，舞台や展示発表に向けて，練習や準備を行う。
	1日	文化祭などの発表会		舞台や展示発表を通して，これまでにしてきた多文化の学習を他学年，地域，保護者などと共有する。
	2時間	日韓の学習交流		日韓の中学生たちが，文化祭などの発表会でまとめた内容を，ビデオレターなどを通して，両国の状況を学び合う。学び合った感想を伝え合う。
	⑧2時間	全ての学習をふりかえる	教員，NGO，地域住民，コーディネーターなど	実施したすべてのプログラムをふりかえりながら，自分自身のアイデンティティや文化についてゆっくり考える時間をもつ。一人一人を大切に，自分を支えてくれる人々に感謝することを確認し，未来に向けて自分たちが日々心がけたいと思うことを考える。
	2時間	日韓の学習交流		これまでの学習をふりかえり，自分のアイデンティティや考えたことについて，日韓の中学生で意見交換をする。

【2 日系移民や韓国系移民から世界的な人々の移動について考える】

学習段階	時数	授業	担当	内容
発展 体感する	①2時間 (授業例示) (添付資料⑤)	導入 興味付け	大学生， 地域住民， NGOなど	日系移民や韓国系移民の歴史，文化などを，パワーポイントや演劇を交えて発表する。発表を見ながら，子どもたちはどんなことを調べたいかを考える。
	②5-6時間 (添付資料⑥)	調べ学習	教員（外部のサポート）	日系移民と韓国系移民について，それぞれが移住していった国の基本的な情報，移民との関係について調べる。本，インターネットを使って調べ，壁新聞にまとめる。各グループが発表し，内容を全員で共有する。
	③2時間 (授業例示) (添付資料⑦)	外国人講師から生きた体験を聞き交流する	地域住民， NGOなど	地域在住の日系移民（ブラジル，アメリカ，ペルーなど）や韓国系移民（ロシア高麗人，中国朝鮮族，在日コリアンなど），数名から直接話しを聞き，交流することで，人々が移動した背景や文化の多様性などについて考える。
	④放課後や 土日など (添付資料④)	移住民が多くいる施設などを見学・交流	教員，地域住民，NGOなど	新たな移住者（労働者やその家族）が多くいる施設やNGOなどの支援組織を見学しながら直接話し，交流の時間をもつ。
発展 理解する	⑤2時間 (授業例示)	まとめの学習	教員	日系移民と韓国系移民の歴史，新たに移住してきた労働者やその家族の移動の要因など，「多文化共生」をテーマにまとめの学習をする。
発展 創造する 行動する	⑥学級など 5-6時間	文化祭など発表に向けた準備	教員（外部のサポート）	これまでの学習をまとめ，舞台や展示発表に向けて，練習や準備を行う。
	1日	文化祭などの発表会		舞台や展示発表を通して，これまでにしてきた多文化の学習を他学年，地域，保護者などと共有する。
	2時間	日韓の学習交流		日韓の中学生たちが，文化祭などの発表会でまとめた内容を，ビデオレターなどを通して，両国の状況を学び合う。学び合った感想を伝え合う。
	⑦2時間	全ての学習をふりかえる	教員，NGO，地域住民，コーディネーターなど	実施した全てのプログラムをふりかえりながら，多様な人々がともに生きる社会に向けて行動できることを考える。

	2時間	日韓の学習交流		それぞれが立てた目標やプランについて，日韓の中学生同士が発表し意見交換をする。行動していく際に，両者で協力できることなど，具体的に考えていく。

　以上の学習は，学校の状況（学校行事や授業時間数など）により，実施可能な授業の時間，対象学年は変わってくる。またプログラムの一部を実施することや，プログラム順を入れ替えること，日韓の交流学習の時間を増やすこと，なども考えられる。

　以下では，そのような学校の状況に対応できるように，上記で示したプログラム概要の中からいくつかを抜粋し，各時間の詳細の流れや具体的な学習内容について例示する。その他，プログラムの参考になる資料を最後に添付する。

【1　中国から地域の多文化社会を考える　③外国人講師の授業】

学習段階	時数	授業	担当	内　容
初期 体感する①	③2時間	外国人講師から生きた体験を聞き交流する	地域住民，NGOなど	地域在住の中国人，多様な地域出身の数名から直接話しを聞き，交流することで，一つの国の中に多様な民族や文化があることを実感する。

（授業の展開）

時間	進行役と講師の動き	留意点
5分	1．NGOや外国人講師の紹介（進行役） 今日の授業の紹介 「今日は中国から来た3人の講師の先生からお話を聞きます。3人それぞれどんな違いがあるか，楽しみにしていて下さい。」	「地域に住むいろんな中国人と出会おう」
20分	2．1人目の講師（　　　）のお話と質問 ①名前を講師に黒板に書いてもらう。 読み方。名前の由来。 ②民族・民族衣装→カードをはる ③言語・その言語での「こんにちは」→発音 ④出身地・その環境→地図上でしめす。 ⑤お話	下線部は進行役が板書

20 分	3. 2人目の講師（　　　）のお話と質問 上記と同様	
10 分	休憩	
20 分	4. 3人目の講師（　　　）のお話と質問 6. まとめ 「3人のお話を聞いてどうでしたか。一つの国に多様な民族がくらしています。違うことのおもしろさを感じていただけたでしょうか。（切手シートの拡大版をはり）ここには 56 の民族が描かれています。」 「実は日本（韓国）にもたくさんの外国籍の人が住んでいて，これからその人たちの人権について学習します。今日のお話をこれからの学習につなげていって下さい。」	

（準備物）チョーク，磁石，中国の地図，切手シート拡大版 1 枚・民族衣装の切手 3 枚

（板書の例）

名前 (名前の意味も説明する。)	ふくしま しゅうわ 福島 習和	さい ぜんこん 崔 善今 ハングルでも書く。	なしゅん ぶほ モンゴル文字でも書く 縦書き
民族 (民族衣装)	漢民族 (民族衣装の絵)	朝鮮族 (民族衣装の絵)	モンゴル族 (民族衣装の絵)
言語 (こんにちは)	中国語［上海語］	中国語［広東語］ と朝鮮語	中国語 とモンゴル語
出身地 (地図でも指し示す)	上海 (都会。すごく変化している。)	吉林省延吉市 (北朝鮮とロシアと隣接している。)	内モンゴル自治区包頭市（中 1 まで草原。その後，モンゴル第 2 都市包頭市で生活。)

（外国人講師の話の概要例）

・福島さん（漢民族）

日本の NGO でのボランティア経験，保育園での多文化保育の講師の経験，中国残留孤児 2 世の家族との出会い。

・崔さん（朝鮮族）

中国での暮らし（朝鮮族の学校で勉強，中国語と朝鮮語で授業を受けた，中国と朝鮮の文化を身につける），日本での生活への思い（お茶を学んだ経験，日本での外国人との交流），中国系の人々（華僑や留学生）との出会い（中国に住んでいた時より多様な民族と出会う），在日コリアンと自分（在日コリアンは

1920，30年代に日本へ来た。祖父は同じ時代に中国に来た），現在の処遇の違い（日本に住み朝鮮・韓国籍（または日本籍）の在日コリアン・中国国籍をもつ朝鮮民族の自分）。

・ナシュンさん（モンゴル族）

日本に来たきっかけ（いとこが日本語を勉強していた影響をうけた），日本に来て困ったこと（言葉が通じない，物価が高い），日本語とモンゴル語（文法，語順，発音も似ているところが多い），内モンゴルと外モンゴル（外モンゴル（モンゴル共和国）は，昔中国から独立したいと思った人がつくった国で，中国に残りたいと思った人がモンゴル自治区に残った）。

【1 中国から地域の多文化社会を考える ④「在住外国人」「多文化共生」をテーマにしたまとめの学習】

学習段階	時数	授業	担当	内容
初期 理解する①	④1時間	まとめの 学習	教員	「在住外国人」「多文化共生」をテーマにまとめの学習をする。（多民族国家である中国についてふりかえる。多文化化する社会，文化や習慣の理解，外国の人たちと共に生きる社会において大切なことは何かを考える。）

（授業の展開）

展開 時間	学習事項	学習活動	留意点
導入 5分	前回までのふりかえり	中国の学習を通して生徒の感想などを紹介しつつ，日本や韓国に住む外国人の人たちと「共に生きる社会」について大切なことは何かを考える。	
展開 30分	〈多文化共生社会〉 ①日本・韓国から外国へ ②外国から日本・韓国へ	・日本・韓国から海外に住む人々の数を見せ，何の数字かを考えさせた後，答えを発表する。 ・日本・韓国に住む外国人の数を見せ，何の数字かを考えさせた後，答えを発表する。 日本に住む外国人の数「約208万人（2006年度）」韓国に住む外国人の数「約74万人（2005年度）」であり，年々増加していることを知る。	・自由に生徒に発表させる ・グラフの掲示。多文化化がますます進むことをおさえる。

	③多文化社会の現状	・資料より日本・韓国からさまざまな国へ住んだり，さまざまな国の人たちが日本・韓国に住んでいる現状を確認する。 ・国内の看板やパンフレットの多言語表記を掲示し，クイズ形式で考えさせる。	・資料の掲示。 ・統計資料：日本（法務省入国管理局HP），韓国（出入国管理局HP）を参照。
	〈中国と多文化社会〉 多民族国家としての中国	・外国人講師の話から学んだことをふりかえる。 （外国人講師の民族や文化などの違い，多様性について思い出す。）	
	〈文化や習慣の理解〉 ①文化や習慣の違い （あいさつ） ②違いの背景	・多様な文化・習慣について考える。 〈日本のあいさつは？〉 おじぎ～頭をさげる - なぜ頭をさげるのだろう？ 〈ヨーロッパのあいさつは？〉 握手 - なぜ手を握るのだろう？ ・おじぎ - 首を見せることは，自分の体の弱い部分を見せることになり，相手に敵意がないことを表現した。武士道の精神。 ・握手 - 手に武器をもってないことを相手に知ってもらう。周囲が異民族で囲まれているため身の安全を確保するために武器をもつ必要があった。 ・同じあいさつの習慣でも，地理的条件（日本は海に囲まれていて，西ヨーロッパの国々は隣り合わせ）によって違いが出てくる。 ・宗教や気候の違いからも文化の違いが生まれる。	・生徒が知っている文化・習慣の違いを発表させる。 ・礼儀正しいとされる座り方の事例を取り上げることも可能。（韓国は立てひざ（日本では行儀が悪いとされる），日本の正座は世界的に見れば少数派，朝鮮半島では囚人に強いる座り方。立てひざは中東では古代エジプトに起源があり，アラブ社会で一般的。） ・文化や習慣に優劣はないことをおさえる。
まとめ 15分	〈共に生きる社会〉	・文化や習慣の違いを理解し認め合うことによって，相手との距離が縮まる。違いを尊重する。 ・多様な文化・習慣を知ることは，自分自身の視野も広がることにつながる。 ・相手を大切にするとともに自分自身も大切にする。 ・学習をふりかえりながら，感想文を書く。	・人との関わりの中で生きていくことをおさえる。

【1 中国から地域の多文化社会を考える ⑥日本・韓国において古くから暮らす移住民の背景を理解する】

学習段階	時数	授業	担当	内容
初期理解する②	⑥1時間	まとめの学習	教員	古くからの移住民を中心に，移住の歴史的背景（戦争や植民地との関係）について学習をする。 （例）日本　在日コリアンが被った差別における社会的背景など。 　　　韓国　華僑の移住の歴史，差別の背景など。

(授業の展開)〈日本・在日コリアン〉

展開時間	学習事項	学習活動	留意点
導入10分	前回までのふりかえり	・移住民たちに関連する施設などを見学し，その際に生徒が書いた感想文を紹介しながら，感じたことを共有する。	・何人かに質問するなど，以前に体験したことを思い出させる。
展開30分	・在日コリアンの歴史的背景	・見学した施設には，韓国・朝鮮籍の人が多かったことを思い出させる。 ・韓国のイメージを出し合う。 　食べ物，サッカー，韓流スター，コリアタウン，旅行など。 ・なぜ韓国・朝鮮籍の人が多いかを考える。 　韓国併合（植民地化） 　土地調査事業（多くの農民が土地を奪われ生活手段を求め，日本へ） 　強制連行（日本人徴兵による人手不足を補うため，炭鉱や土木作業場で働かせた。80万人に及ぶとも言われている。） 　日本の敗戦（独立） 　朝鮮戦争による祖国の分断，経済的理由，生活基盤が日本にあったことにより全員が帰国できなかった。（日本が帰国の責任をとらず自費で帰らねばならなかった。その上，持ち帰るお金も制限された。）	・近い国で，つながりが深いことを確認する。 ・抵抗，独立運動も根強く行われた。 ・命を落とすほどの過酷な労働で賃金もほとんどなかった。 ・帰りたくても帰れなかった。
	・非識字の問題との関連性	・その時の子どもたちの置かれていた状況を考える。 　学校に行きたくても行けない状況。	・在日コリアンの教育を受ける権利が奪われた。

		差別，貧困，戦争などで学べなかった人達がたくさんいる。	（見学した施設が識字学級である場合は，学習に取り組む真摯な姿勢とあわせて考えさせる。）
	・在日コリアンの今	・在日コリアンの日本での暮らしは，4，5代になってきているが，祖国を大切に思いながら生活している人たちが多い。 ・現在にも残っている差別や偏見から，辛い思いをすることも多い。	・名前や国籍を隠して暮らしている人，選挙権や国籍条項の問題など，現在にまで残る差別の課題にもふれる。
まとめ 10分	・世界を移動する人々	・既に学習した海外移住者の数，国内に住む外国人の数について思い出し，各国との人的交流が進んでいる実態を思い出す。 ・身近な在日外国人とともに生きるために必要なことを考える。 　文化や習慣，歴史的な背景を理解し受け入れることや，それぞれの文化的多様性を尊重する。思いやりの気持ち。 ・授業の感想をまとめる。	・韓国・朝鮮籍の人の数は減っている。 その理由（帰化など）について確認する。

（授業の展開）〈韓国・在韓華僑〉

展開時間	学習事項	学習活動	留意点
導入 10分	・前回までのふりかえり	・移住民たちに関連する施設などを見学し，その際に生徒が書いた感想文を紹介しながら，感じたことを共有する。	・何人かに質問するなど，以前に体験したことを思い出させる。
展開 30分	・世界の華僑とチャイナタウン	・見学した施設の中から，在韓華僑に関わるものを思い出させる。 ・韓国の代表的なチャイナタウンについて思いつくことを自由に発表させる。 　世界中にあるチャイナタウンのうちの一つ。 　しかし，チャイナタウンとしてきちんと整備されだしたのはごく最近である。理由を考える。	・食べ物，衣服，雑貨など，生活に身近な文化であることを思い出させる。
	・在韓華僑の歴史的背景	・在韓華僑の歴史は，100年以上に及ぶことを確認する。（韓国の移住民の中で一番長い） 　19世紀後半（1882年6月），壬午軍乱で清国の軍隊が入った時，40数名の商人がマサン港に到着。その後，条約の締結など商業活動が活発化。多くの中国人が朝鮮半島へ移住。	・華僑への排斥の歴史であることをおさえる。 ・最初は華僑たちに清国の支援があった。

	・在韓華僑の今	ソウルや仁川のチャイナタウンを形成。 1894年日清戦争で清国が敗北し，商人たちの特権的な地位や支配力は急激に弱まり，商人たちの数が減る反面，自然災害と戦乱を避けて，労働者や農民として暮らす華僑が増加。 1920年代，日本の総督府が華僑への税金を大幅に値上げし，華僑の影響力を牽制。 1927年　韓国で華僑排斥運動（満州での韓国人退去命令），華僑の殺人事件。 解放後も華僑を牽制する政策。 1961年外国人の土地所有禁止。（1973年には中国系の食堂で米飯の販売禁止令。） 1998年外国人の国内不動産取得自由化。 ・現在も続くさまざまな差別や偏見の中でも，自分たちの文化を大切にしながら生活している。 2002年永住権制度開始。5年ごとに在留許可を得なければならない。（1995年までは2年ごと） 公務員，公共団体職員にはなれず，弁護士，公認会計士，医師など専門職種の国家認定資格取得も難しい。 華僑学校への政府の財政支援は全くない。 社会福祉（低所得，障害者，老人など）の支援なし。 外国人登録番号による不利益。	・政府は外資誘致が目的で華僑を配慮したわけではなかった。 ・制度上だけでなく，人々の不寛容な態度があることを確認する。
まとめ 10分	・世界を移動する人々	・既に学習した海外移住者の数，国内に住む外国人の数について思い出し，各国との人的交流が進んでいる実態を思い出す。 ・さまざまな移住者とともに生きるために必要なことを考える。 　文化や習慣，歴史的な背景を理解し受け入れることや，それぞれの文化的多様性を尊重する。思いやりの気持ち ・授業の感想をまとめる。	・華僑の数は減っている。その理由（移住や帰化）も確認する。

【2　日系移民や韓国系移民から世界的な人々の移動について考える
①プログラムの導入として，生徒の関心や興味を引き起こす授業】

学習段階	時数	授業	担当	内容
発展 体感する	①2時間	導入 興味付け	大学生，地域住民，NGOなど	日系移民や韓国系移民の歴史，文化などを，パワーポイントや演劇を交えて発表する。発表を見ながら，子どもたちはどんなことを調べたいかを考える。

(授業の展開)

展開 時間	生徒の学習活動	大学生，地域住民，NGO などの外部講師の動き	留意点 (資料，教材)
導入① 5分	・外部講師を知る。 ・授業の大まかな流れ，主旨を掴む。	・自己紹介（名前カードを下げて）。 ・授業の大まかな流れ，主旨を説明。	・導入が済み次第速やかに自分の持ち場へ (名前カード)
導入② 15分	・ハワイの一般的なイメージについて考える（班or個人）。 ・ポストイットに意見を書いて画用紙に貼り出していく。 ・意見を発表。	・司会役がハワイのイメージを尋ね，当てる。 ・出てきた意見を発表してもらう。	・ハワイの楽しいイメージが出てくることを期待 (画用紙，ポストイット)
劇展開 ① 10分	〈劇，移民のインタビュー〉 ・登場人物の家系図を見る。 ・身近な日系や韓国系移民の存在を知る。 ・ハワイに働きにいくことになった歴史的経緯を知る。	・家系図を用いて登場人物の説明をする。 ・娘とお父さんの会話，家系図を指しながらハワイに働きに行ったひいおばあさんや親戚の話をする。 ・移民へのインタビュー。ハワイでの仕事の募集広告を見ながら当時ハワイに移り住んだ経緯を説明する。	(家系図) ・身近な移民の存在 (背景の模造紙，人形) ・移民の経緯 (募集広告，移民の衣装，用語の画用紙)
劇展開 ② 10分	・ハワイでの仕事の内容や当時の苦労を知る。 ・さまざまな国からの移民の文化が混ざり合い，ハワイでは独自の文化が生まれていったことを知る。	・当時の写真を指し示しながら，移民がさとうきび畑で働いていたこと，仕事の苦労などを説明する。 ・ハナハナ，カウカウの説明。カウカウの時間がハワイのミックスプレートという食文化を生んだことを説明する。	・移民の職 ・苦労（気候，風土，仕事） (写真アルバムの背景，人形) ・楽しみ（食文化） (移民の衣装，用語の画用紙，ミックスプレートの画像，ハナハナに出る時の衣装の画像，プロジェクター)
劇展開 ③ 10分	・移民たちの戦争中の苦労や強制収容された歴史を知る。	・劇の中で，戦時中ハワイにいた日本人の逮捕や強制収容，韓国人の奴隷的な地位など歴史について説明する。	◆point◆ ・強制収容 ・移民の地位回復 (戦闘機の背景，人形)

劇展開④ 10分	・劇の内容をふりかえりながら、ハワイの日系や韓国系移民たちの歴史的経緯や当時の生活がどんなものであったか、理解を深める。	・パワーポイントを用いて、劇に出てきた移民の歴史や文化に関するポイントとなる項目をもう一度説明し、理解を促す。	(パワーポイント)
劇展開⑤ 5分	・ハワイ以外で移民の国について考える。 ・国名を発表する。	・司会が世界地図を示す。 ・ハワイ以外に移民の国を知っているか尋ねる。 ・世界地図に出てきた国名をマークしていく。	(パワーポイントで、世界地図、クイズ、写真)
クイズ 10分	・クイズに答える(挙手で)。	・ブラジル移民(ハワイ以外の移民)に関する基本情報を盛り込んだクイズを出題する。 ・回答後解説。	調べ学習がしやすいように基本情報を盛り込む。
まとめ 10分	・授業内容を振り返りながら、次の時間にすることを理解する。	・授業のまとめのプリントを配る。 ・まとめのプリントを見ながら、ワークシートや感想文を記入するように伝える。	・授業の内容をしっかりふりかえり、丁寧に記入するように促す。

(準備物) 名前カード、画用紙、ポストイット、人形劇の人形、背景、家系図、用語の画用紙、広告の模造紙、移民の衣装、パワーポイントによる画像 (世界地図、ミックスプレートなど)、パワーポイントによる振り返り、クイズ、まとめのプリント、ワークシート、感想文用紙

(クイズの事例~日系ブラジル人に関して)

Q1:なぜブラジルに移ったのでしょうか?

　　A ＊留学

　　B ＊仕事を探すため

　　C ＊肉体改造するため

A:答えはBです。(仕事はコーヒー農園や綿花づくりが多かった。)

Q2:かつてブラジルで移民として暮らしていた有名人は誰??

　　A ＊タモリ

　　B ＊アントニオ猪木

　　C ＊アントニオ小猪木

A：答えはBです。(アントニオ猪木はブラジルで1年半コーヒー豆収集をしていた。)

Q3：1908年，日本から初めてブラジルに移民が開始されました。その時使った船の名前は？
　A＊笠戸丸
　B＊薬師丸
　C＊にっぽん丸
A：答えはAです。(最後にブラジルへ移民船として渡ったのが，にっぽん丸。それ以降は飛行機で渡った。)

【2　日系移民や韓国系移民から世界的な人々の移動について考える
　③外国人講師の授業】

学習段階	時数	授業	担当	内容
発展 体感する	③2時間	外国人講師から生きた体験を聞き交流する	地域住民，NGOなど	地域在住の日系移民(ブラジル，アメリカ，ペルーなど)や韓国系移民(ロシア高麗人，中国朝鮮族，在日コリアンなど)，数名から直接話しを聞き，交流することで，人々が移動した背景や文化の多様性などについて考える。

(外国人講師の話の事例～日系ブラジル人(前半40分)と日系ハワイ人(後半40分))

前半：芦田ルイーザさん(日系ブラジル人)
・ポルトガル語であいさつ
　Bom dia (おはよう)・Boa tarde (こんにちは)・Boa noite (こんばんは)。
・ブラジルってどういう国？調べてわかったことは？
　コーヒー豆，サッカー，さとうきび(エタノールガス)。
・移民の歴史(ブラジルの地図，先住民やポルトガル人などのマグネット)
　ブラジルが一番多い(30万人)。2008年が移民100周年。
　先住民が暮らしていたところへ，ポルトガル人が移住。
　さとうきびやコーヒー農園の経営。
・家族の歴史(家族の当時の写真)

神戸港から笠戸丸に乗る。
　飛行機なら30時間（往復飛行機20万円）。ルイーザさん自身，18年で3回しか帰っていない。
　船の中では，食べ物があまりない。白ご飯だけの食事。
　サンパウロ州まで汽車で移動。
　約束されたこととは全く違った。家は牛小屋のようだった（奴隷が使っていた）。
　農園の仕事をした。
　祖父と祖母の日本のパスポート（80年前のもの）。熊本と香川出身。
・現在のブラジル（日本の影響）（サンパウロ市の写真）
　サンパウロの日本街（金のしゃちほこ，大阪橋，ちょうちんなどがある）。
　日本人のブラジルでの成功。
　ブラジルで日本の文化が人気（宇多田ヒカル，忍者など）。
　ブラジルに漫画の専門学校もある。
　しょうゆや酒など日本のものも売られている。
・ブラジル国内の多様性（スライドショー）
　アマゾン，リオ，サンパウロなど，広大な国なので地域によって全く違う文化。

後半：大島ローレンさん（日系ハワイ人）
〈家族の歴史〉（パワーポイント）
・なぜ鹿児島からハワイに移住したか。
　（家族の写真を見せながら，生徒はプリントに記入）
　　曽祖父の時に，戦争後勲章をもらえず，恥だと感じてハワイに移住。数年後日本に戻る。
　　祖父の兄弟はハワイに残っていた。
　　祖父は日本で結婚し，父が生まれた。その後，祖父の兄弟がハワイに来るよう呼び寄せたのでハワイに家族で移住した。
　　ハワイでは，祖父の兄弟と共に花や野菜を作った。
・英語

祖父母は，日常の生活に必要な英語しかできない。
父は，学校で英語を学び，家では日本語を話していた。
祖父母は充分に英語ができないので，ローレンさんは祖父母と充分に話すことができなかった。日本語を勉強し，日本語を話せるようになったので，祖父母は喜んでいる。
母側の祖父母は，農場を経営していた。日系の2世なので，ローレンさんとも充分に英語で話すことができた。

〈多文化社会ハワイ〉（パワーポイント）
日常生活はピジンを話す。（ピジンは混ぜ合わせた言葉，さとうきび畑で働いていた移民やポリネシア系の人たちが，お互いが通じる言葉を作った。）
ピジンの言葉をクイズ形式で紹介する。
　（1）Howzit?　　What's your name?　How are you?　How old are you?
　（2）bocha　　　take a bath　　eat　sleep
　（3）pau　　　　run　finished　eat
　（4）Ono　　　　Oh no!　happy　delicious
　（5）Hana hou　Flower　Encore　Thank you!
　（6）Mahalo!　　Good Morning!　Good Bye!　Thank you!
周りには，フィリピンや，中国，韓国の人たち，ポリネシアの人たちがいて，それぞれの文化をもっていた。
ローレンさん自身も，常に日本とハワイの両方の文化の中で暮らしている。
門松づくり，もちつき，初詣，還暦祝いなど日本の行事を大切にしている。

〈日本での経験〉
日本人のように見えるが日本人ではないこと，など。
ハーフではない。

〈まとめ〉
フラダンスの紹介：フラダンスには意味がある。
フラダンスの音楽の紹介，フラダンスの実演，楽器の演奏，歌の練習（プリ

ント)

「Aia La 'O Pele I Hawai' I」。

全員で踊ってみる。

　→　それぞれの文化の背景には意味がある。

今回紹介したフラダンスの歌は，女神の言葉というように，ハワイの文化に大切なもの。それぞれの文化のもつ意味を大切にしながら，ハワイという1つの文化が成り立っている。

多文化を尊重できる人になってほしい。

【2　日系移民や韓国系移民から世界的な人々の移動について考える　⑤日系移民と韓国系移民の歴史をふりかえり，多様な移住者について理解する】

学習段階	時数	授業	担当	内容
発展 理解する	③2時間	まとめの学習	教員	日系移民と韓国系移民の歴史，新たに移住してきた労働者やその家族の移動の要因など，「多文化共生」をテーマにまとめの学習をする。

(授業の展開①)

展開 時間	学習事項	学習活動	留意点
導入 10分	・前回までの学習をふりかえる	・日系移民や韓国系移民の方の話を聞いたり，関連する施設を見学した時に書いた，生徒の感想を紹介し，それぞれの思いを共有する。	・講師の方の話を簡単にふりかえる。
展開 35分	・日系移民，韓国系移民の歴史的背景	・「250万人」(日本)，「750万人」(韓国) 　この数字は何の数字かを考えさせる。 　日系移民(2005年 JICA 参照)と韓国系移民(2008年 APCEIU 参照)の数 ・日系移民・韓国系移民とは？ 　国外に移住し，当該国の国籍，または永住権を獲得した日本人や韓国人，およびその子孫のこと。 ・日系移民と韓国系移民の歴史的背景を，資料や物語から理解する。 　日本 → ハワイ(アメリカ)，中南米(ブラジル，ペルー，ボリビアなど)。 　韓国 → ロシアの高麗人，中国朝鮮族，在日コリアン，ハワイ(アメリカ)，中南米(メキシコ，ブラジルなど)，ドイツ，オーストラリア。	・生徒に自由に意見を出させる。 ・グループごとに違う資料を読み，後に発表し全員で共有する。

	・日系移民,韓国系移民の気持ちを考える。	・自分がもし,移住することになったら,どういうところで困るだろうか。また,どのようなことに幸せや喜びを感じるだろうか？ 　さまざまな国へ移住した人の経験談を確認する。	・ワークシートに記入。 ・移民たちの経験談を書いた資料を配布する。
まとめ 5分	・移動の要因をふりかえる。	・日系移民や韓国系移民が,移動した要因を配布した資料や物語の中から抜粋し,ふりかえる。	・生きていくために移動せざるをえなかった。それを推奨する政府の政策があったという点を確認する。

(授業の展開②)

展開 時間	学習事項	学習活動	留意点
導入 10分	・前回までの学習をふりかえる	・古くから移住してきた在日コリアン,在韓華僑の置かれている現状を思い出す。 ・日系移民や韓国系移民がぶつかっている問題と共通する点はないだろうか。 　移住せざるをえなかった。(強制的に) 　大変苦しい生活をしてきた。 　4, 5代になっても,さまざまな悩みを抱える。	・学習した当時の資料や生徒感想文を簡単にふりかえる。
展開 35分	・多様な文化背景をもつ人々の思い ・さまざまな思いを受けとめる	・その他にも,さまざまな背景や文化をもった人々が日本と韓国には暮らしていることを理解する。 　日本 → アイヌ民族,中国帰国者,移住労働者とその家族や子どもたち(2世,3世など),留学生など。 　韓国 → 脱北者(セトミン),混血児(コシアン,オンヌリアン),移住労働者とその家族や子どもたち,留学生など。 ・多様な文化背景をもつ人々,それぞれの立場に立ち,どんなことに悩んでいるかを想像する。(個人) ・グループで,その悩みを紙一枚につき一つずつ書き出していく。(ブレインストーミング) ・出てきたものを分類し,貼る。(タイトルをつけ,具体例を考える。) ・出てきた問題の解決方法を話し合い,最後に全員の前で発表する。	・グループに分かれて,多様な背景や文化をもった人々の手記や資料を読み合う。 ・それぞれ時代背景は異なっていても,古くからの移住民たちと同様に,差別や偏見があることをおさえる。 ・色紙と画用紙を配布する。
まとめ 5分	・多文化共生社会を築くために	・NGOなど多文化背景をもつ子どもたちの支援をしている人の思いを資料から受けとめる。 ・多様な文化や歴史的背景を認め,お互いが尊重しあえる社会に向けて,自分たちができることは何かを考え,感想文を書く。	・資料を読みながら,本日の学習をふりかえる。

7-2 「多文化共生教育」の深化段階を充実させるためのいのちの視点
―ホリスティックな構造へ

　筆者は包括的な平和教育の視点から「多文化共生教育」を捉えてきたが，そこにはまだ不十分な点があった。それは，「自己自身の全人的なつながり」を子どもたち一人一人が感じるという部分である。平和教育を進めていくには，人間個人のレベルで自分自身と平和に生きることが必須であり，子どもたちが十分に自己との対話を深めていくことが不可欠である。国連・ユネスコのホリスティック・アプローチにも，平和を創造していくためには，内（精神性）と外（社会システム）のどちらか一方だけではなく，両方からのアプローチが必要である点について述べている。地球規模の相互依存関係や生命連鎖を視野に入れ，加えて，個々人の内面的・精神的な次元にまで深めて，人々の心の絆を生みだし，平和の文化を創造していくのである[1]。特に，中学生のような思春期における平和教育では，こころとからだのさまざまな葛藤を乗り越え，自分の感情と上手につき合うといった視点が重要であることが指摘されている[2]。このように自己と向き合うことで，他者とのつながりをさらに実感できるような視点を加えていくことが，ホリスティックな展開であり，今後目指していく方向性であると考えている。本節では，人間個人のレベルで自分自身と平和に生きることから他者とのつながりをさらに実感できるような視点を，三つのいのちの視点として，1-2（2）項の平和教育プログラムの具体的な学習内容の中心学習項目として示した視点を改訂し下記のように整理した。

◆3つのいのちの視点（包括的な平和教育の視点から関連する学習領域）
　A：いのちのつながり（テーマ：自然環境，食，コミュニケーション）
　（例）自然・植物・生物とのふれあいや育成。生物多様性や食物連鎖の中で生きる。その土地の自然観や宇宙観を知る。
　B：自分が受けついできたいのち（テーマ：性，反戦平和，メディアリテラシー，コミュニケーション）
　（例）誕生エピソードを聞く。あかちゃんと触れあう。自分の祖先や家族が生きてきた時代を知る。先人たちが生や死とどう向き合ってきたかを聞く。
　C：自分の身体（テーマ：性，ストレスマネージメント，コミュニケーショ

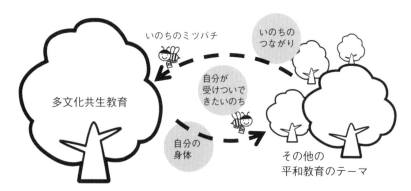

図7-1　包括的な平和教育の全体像

ン)

（例）生命の誕生，身体の発達，名称を正しく知る。心と身体のバランスのとり方を体感する。感情やストレスのコントロールの仕方を知る。

　また，上記の三つのいのちの視点と「多文化共生教育」の関わりをまとめ，包括的な平和教育の全体像を表したのが図7-1である。「多文化共生教育」という一本の木を豊かに育むためには (学習の深化)，花粉を運ぶミツバチの存在が重要である。そのミツバチが三つのいのちの視点であり，他の平和教育をテーマとした木々とを行き来することで，豊かな平和教育の森を全体として育んでいくことになる。この森全体が，包括的な平和教育の姿である。

　そして，いのちの視点を取り込んだ「多文化共生教育」の具体的な授業テーマについて下記の通り整理した。下記のような授業テーマを「多文化共生教育」プログラムに取り入れることで，個人の内面的な平和を醸成するとともに，地球規模で平和の文化を創造していく力を身につけることにつながっていく。

◆いのちの視点を取り込んだ「多文化共生教育」の具体的な授業テーマ（深化段階）

　A：いのちのつながり（関連する学習領域：自然環境，食，コミュニケーション）

（テーマ）世界各地域の自然観や宇宙観を知り（または体感し），生物多様性や食物連鎖の中で生きる自分自身を理解する。
（具体例）
◎日本の中に溶け込む異文化
→七福神（インド・中国・日本の文化的な混ざり合い）
　【参考文献：薮内佐斗司（2014）『NHK 趣味 Do 楽　薮内佐斗司流　ほとけの履歴書　仏像のなぞを解きほぐす』NHK 出版】
→南北逆に見た日本地図
　【参考文献：網野善彦（2006）『歴史を考えるヒント』新潮選書】
→日本の中の朝鮮文化（古代，古事記から眺める）
　【参考文献：上田正昭（2010）『新版　日本神話』角川文庫】
　【参考文献：上田正昭（2013）『森と神と日本人』藤原書店】
→日本語の中の外国語
イクラ・カチューシャ（ロシア語由来）など。
　【参考文献：中村徳次（監修）（2012）『ポケット版外来語新語辞典』成美堂出版】
◎世界各国で育まれてきた自然観や宇宙観（自然，宗教，文化，歴史の重なりあい）
→日本「草木国土悉皆成仏」
　【参考文献：梅原猛（2013a）『人類哲学序説』岩波書店】
　【参考文献：梅原猛（2013b）『人類哲学へ』NTT 出版】
→韓国「ハン思想」
　【参考資料：キムボンジン（2009）「グローバル公共哲学としてのハン思想」パクサンス・キムサンイル他（編著）『韓流と韓思想』図書出版モシヌンサラムドゥル（韓国語）】
　【参考資料：金泰昌（2012）「ハンとは何か：そのⅢ「ヤマト」（倭・大和・日本）と「ハン」（韓・桓・檀）との相克・相反・相斥から相和・相生・相福を目指して―「ハン・タサリ」人間と「ハン・タサリ」共働態と「ハン・タサリ」世界への共通認識を促す」，公共哲学共働研究所（編）『公共的良識人第 245 号』京都フォーラム事務局】

→ハワイ「伝統的な神々の神話〜女神ペレへの信仰」

(2014年3月　ハワイ島キラウェア国立公園，筆者撮影)

フラで使用したレイは自然に返す

(2014年3月　ハワイ島，筆者撮影)

古代からの聖地ヘイアウの存在

(2014年10月 カウアイ島,筆者撮影)

フラの歌詞 「HE AKUA MALIHINI PELE O KA LUA」
He akua malihini Pele o ka lua
Mai Tahiti
Mai Borabora
Ma ka wa'a Honua-i-akea
Hoe ana 'o Pele
I Hawai'i
A'e a'e ka wa'a kau i ka nalu
No'eau Kamohoali'i
Ka ho'o kele
Eia'o Nihoa, Lehua me Ni'ihau
'A'ole na'e Kaua'i
He 'aina noho e

(筆者による日本語訳:ペレはタヒチ,ボラボラ島からきた。Honua-i-akeaという名のカヌーに乗ってハワイにやってきた。ペレの兄弟であるKamohoali'iは熟練のカヌーの漕ぎ手で,一緒に波を乗り越えてきた。Nihoa島,Lehua島,Ni'ihau島,そしてカウアイ島も安住の場所ではなく,また旅に出た。)(Hewett(1995)の作品を,2014年10月22日カウアイ島にて,クムフラ Ms. Fern 氏より指導を受けた。上記ハワイ語表記に関してはカハコーと言われる長音符の符号は省略している。)

◎ビッグ・ヒストリーの流れの中の人間（地球の歴史と現在の自分）

【参考資料：David Christian（2011）「ビッグ・ヒストリー」TED　HP：http://www.ted.com/talks/david_christian_big_history?language=ja】

【参考資料：日本地質学会(監修)(2014)『地球全史スーパー年表』岩波書店】

◎世界各地域の自然環境を守る取り組み（共生の本質的な理解，各地域の個別性と普遍性）

→日本「3.11津波後の自然・気仙沼」「森里海の連環・有明海」

【参考文献：座小田豊・田中克・川崎一朗（2014）『防災と復興の知　3・11以降を生きる』東京大学出版会】

【参考文献：NPO法人SPERA 森里海・時代を拓く（編）(2014)『森里海連環による有明海再生への道　心の森を育む』花乱社】

→韓国「ファン・テグォン氏　生命平和運動・生命平和村」

【参考資料：DVD「ファン・テグォンの Life is Peace with 辻信一」(2013) 企画・製作：ナマケモノ倶楽部】

→ハワイ「GMO（遺伝子組み換え）反対，地域の農作物を大切にする。ハワイ島アイランド・ナチュラルズ」（2014年10月，筆者撮影）

ハワイ「独自の生態系，自生の植物を大切に守る。カウアイ島 Limahuli Garden」（2014年10月，筆者撮影）

◎自然の恵みを大切にして生きる人びとの暮らし
→ハワイ島プナ地区に暮らす人々
　さまざまなコミュニティやエコビレッジが点在するとてもユニークな地域。新しい生き方を求め，自然と調和したくらし方を学ぶために，世界中から人々が集まる。
　【参考文献：ヤナ（著）ケイコ・フォレスト（訳）（2012）『ヤナの森の生活　ハワイ島の大地に生きる』WAVE出版】

『はだしのハワイ　大自然に学ぶナチュラルライフ』（エディシォンドゥパリ2012）の著者未央さんの主催するリトリートプログラム（2014年10月24日～29日，シルバーマン恵子氏と藤田絵美氏主宰「Hale Ho'oponopono Olakino」にて，筆者撮影）

（Raw Food（ローフード）を創作する，未央さんのロークッキーづくりレクチャー）

(地域でとれた新鮮な野菜が並ぶ，ヒロ・ファーマーズマーケット)

(溶岩の熱を利用した天然のサウナ，スチームベント)

(溶岩熱で温められた天然温泉，ウォームポンド)

(毎朝昇る太陽への感謝，クムカヒ岬)

未央さんの夢

「アイランド・ナチュラルズでの経験をいかして，自分のカフェやお店を開きたい。自分の家でいくつかコンテナを再利用したキャビンをつくり，自分の庭で野菜を育て，ソーラーパワーや雨水を利用して，ゲストに食べ物も出して，子連れの人が来やすいようなサステナブルな施設をつくるのが夢」(2014年10月29日ハワイ島ヒロ，アイランド・ナチュラルズ前にて筆者によるインタビュー。)

B：自分が受けついできたいのち（関連する学習領域：性，反戦平和，メディアリテラシー，コミュニケーション）

（テーマ）先人たちが戦争等を経て生や死とどう向き合ってきたかを，さまざまな人々のライフヒストリーを重ね合わせながら聞き，自分の祖先や家族とのつながり，自分自身が生まれてきたことを実感する。

（具体例）

◎文化のまざり合いの中で生きる，自分の習慣

→日本各地料理の共通点と相違点（お雑煮，味噌汁，たまごやきなど）

→外国にルーツのある人々の名前への思いを聞く（在日コリアンの本名と日本名など）

→行事や習慣の共通点と相違点（在日コリアンの祭祀〈チェサ〉と正月の過ごし方など）

◎言語の違いと文化の流れ

→漢字の意味や読み方，日本・中国・朝鮮半島を比べてみる。

→ことわざや慣用句，各国の言語の言い方を比べてみる。

【参考文献：朴美子（2011）『中・日・韓比較対照 成語・ことわざ辞典』ふくろう出版】

◎昔話からみえる共通の思い，人類の知恵

【参考文献：ジョン・J・ミュース（著）三木卓（訳）(2005)『しあわせの石のスープ』フレーベル館】

【参考文献：辻信一（監修）(2006)『スローライフから学ぶ地球をまもる絵事典―できることからはじめてみよう』PHP研究所】

◎世界の中の文化のつながり
→日本と朝鮮半島，古墳や土器等の出土品から見える交流史
【参考資料：NHK クローズアップ現代「明らかになる古代の「日韓交流史」」2013 年 12 月 2 日放送（HP：http://www.nhk.or.jp/gendai/kiroku/detail_3440.html】
→沖縄における中国や日本本島の文化的影響

（2013 年 11 月　那覇市　福州園，筆者撮影）

（2013 年 11 月　那覇市　沖縄県立博物館，筆者撮影）

→ハワイにおける日系移民の文化的影響

　【参考文献：山本真鳥・山田亨（編著）（2013）『エリア・スタディーズ114　ハワイを知るための60章』明石書店】

◎ライフヒストリーの重なりあい（自分，家族，友人，他者の間で）

　【参考資料：解放出版社（編集・発行）『部落解放2014年7月増刊号（696号）第40回部落解放文学賞』】

　【参考資料：京都市立洛友中学校夜間学級文集『夜空』】

◎生と死の体験（出産・誕生，戦争・平和，自然災害，病気・事故等）

→子どもの成長（胎児〜現在の身長の変化）

→出産，流産，死産の経験

→震災や災害の経験

→戦時中の移動の経験

◎平和を求めた人々の歩み（歴史，人権，自分とのつながり）

→ネルソン・マンデラの影響

　【参考資料：Boyd Varty（2013）「ネルソン・マンデラから学んだこと」TED　HP：http://www.ted.com/talks/boyd_varty_what_i_learned_from_nelson_mandela】

→ティック・ナット・ハンの活動

　【参考文献：ティック・ナット・ハン（2011a）『微笑みを生きる—〈気づき〉の瞑想と実践』春秋社】

　【参考文献：ティック・ナット・ハン，リリアン・チュン著（2011b）『味わう生き方』木楽舎】

→ヘイトスピーチとレイシズムを乗り越える「のりこえねっと」の活動

　【参考資料：のりこえねっとHP：http://www.norikoenet.org/】

C：自分の身体（関連する学習領域：性，ストレスマネージメント，コミュニケーション）

（テーマ）世界各地域で発展してきた心・身体のバランスのとり方や感情・ストレスのコントロールの仕方を体感する。世界の人々が積み重ねてきたそのような知恵を体得し，自分自身の中に平和や安心を生みだせるようにする。

（具体例）

◎息を整える。

→日本語や漢字，その他の言語の語源から考える（日本語「息」と「生き」の語源。ハワイ語 Hawaii と Haole（白人）の中の「Ha（息）」。インドサンスクリット語「息を制するものは意を制する」など）。

→深呼吸のさまざまな方法（Kids Yoga：Butterfly Breath（腕をあごの下で組んで蝶々のように上下に動かし，呼吸する），Candle Breath（指を組んで1本だけろうそくに見立てて，それをゆっくり吹き消す），Flower Breath（花を摘んでゆっくり香りをかぐ，花を置く）。その他にも，インド式（鼻の左右を交代に自分のできる長さでカウントして吸ったりはいたりする）やチャクラワーク（体の中心部にある生命エネルギーの中枢7～8ヶ所を意識して呼吸する）など，さまざまな地域で発展してきた方法を取り入れる）。

【参考文献：Thich Nhat Hanh（2012）*A handful of quiet: Happiness in four pebbles*. Parallax Press.】

◎触れる，体をほぐす，緊張をほぐす，心身を整える（世界で発達してきたホリスティックセラピー，日本との比較をしながら）。

→日本の暦や季節の養生の仕方を知る。

【参考文献：若杉友子（2014a）『若杉ばあちゃんの一汁一菜子育て法』WAVE 出版】

【参考文献：若杉友子（2014b）『若杉ばあちゃんの食養語録』五月書房】

→ハワイ島におけるヒーリングセラピーの一つ，ロミロミの指導者であるクム・ロクサーヌ氏の主催するハワイアンカルチャープログラム（2014年3月15日～30日，シルバーマン恵子氏と藤田絵美氏主宰「Hale Ho'oponopono Olakino」にて，筆者撮影）。

（伝統的なナチュラルハーブを学ぶ）

7-2 「多文化共生教育」の深化段階を充実させるためのいのちの視点　211

（ハワイアンヒーリングマッサージ「ロミロミ」の手法を学ぶ）

→アメリカ発祥 Body-Mind Centering の指導者ヴィッキー・トップ氏の主催する BMC プログラム（2014年11月28日～12月2日沖縄県石垣島「Le Lotus Bleu」にて，筆者撮影）。

（人間の発達を体験的に学ぶ）

（自然の中で，人間の進化の歴史を体感する）

→日・中・韓で発達してきた東洋医学。
韓医学の普及活動
【参考資料：東医宝鑑アカデミー，李尚宰博士による普及プロジェクト HP：https://www.facebook.com/dbac1075】

7-3　いのちの視点を取り込んだ「多文化共生教育」プログラム実践事例の考察

　本節では，在日外国人との多文化共生をテーマとした授業に，いのちの視点を取り込んだことによって，その授業を受けた子どもたちの意識がどのように変容したかを検証することが目的である。

　教育における文化の多様性といのちの視点との関係性については，吉田（1999）の先行研究が代表的であり，次のように述べている。「諸文化を貫いている普遍性を，文化の外側ではなく各文化の内の根底ではたらく原理ないし動因力のようなものとして，探り当てていくこと。その根源力そのものは人類に普遍的なものであり，文化の多様性は，それを表現する形式の，現時点での違いであり，個性である」。吉田は，文化を「〈いのち〉の力の表現した形式」とし，「さまざまな文化の根底において共通する〈いのち〉を捉えたとき，他の文化にも通底していく学びが生まれる」と，文化の多様性といのちの視点を結ぶホリスティックな学びについて説明した[3]。学校教育における実践についても，山之内義一郎氏の民話の伝承を通した授業を，「文化の〈いのち〉に出会う総合学習」として紹介している[4]。

　しかし，在日コリアンをはじめとした多くの在住外国人をテーマにした授業を，いのちの視点と関連づけて展開していく研究は，これまで十分にされてこなかった。本稿は，筆者がこれまで考察を重ねてきた，包括的な平和教育の一領域としての多文化共生教育[5]から，いのちの視点とをつなげ，ホリスティックに展開していくための基底となるものである。

(1)　多文化共生教育にいのちの視点を取り込むことの必要性
　　―包括的な平和教育を基盤にしたホリスティックな学びへ

　筆者は，2000 年に京都市の公立中学校で初めての外国籍教員として採用され

て以来，さまざまな中学校，高校，大学等で在日外国人や多文化共生をテーマにした授業をする機会に恵まれた。講演に行った先々で，授業後の学生たちの感想文を受け取ってきた。その中には，「孫先生は韓国籍の方なのに，とても日本の文化や風習をご存知で，話し方もなまりもなく，ネイティブの先生となんら変わりはありませんでした」など，日本で生まれ育った背景がなかなか伝わらず，在日コリアンが日本語の上手い留学生のように誤解されたものが毎回あった。また，これまで受けてきた日本と朝鮮半島の歴史の授業について，「授業でも韓国併合の事とかもならったけど，自分には関係の無いことだと思って，聞き流していました」など，在日コリアンに関わる歴史的背景について無関心であったと書かれた感想文を，どの学校に行っても必ず発見した。

　どうすれば，在日コリアンの歴史的背景や現状を理解し，他者の痛みや思いを自分の課題として感じることができるのだろうか，それはずっと筆者がぶつかってきた壁であった。筆者が授業を重ねるにつれ，その壁に風穴を開けられるようにするには，いのちの視点を意識的に盛り込むことが必要ではないかと考えるようになった。そうすることで，自分の生き方を見つめ，また他者の生き方や考え方に共感したり，反証したりしながら，自己と深く対話することにつながるのではないかと考えた。

　筆者の上記のような考えを支える一つの見解を，川本（2008）が，吉野弘の「生命は」（詩集『北入曾』（青土社 1977 年））という詩を引用して次のように述べている。「「生命は／その中に欠如を抱き／それを他者から満たしてもらうのだ」と言い切った詩人の直感を，さまざまな現場で蓄積されてきた洞察と照らし合わせながら，共生のほうへと歩み出ること」が重要だという点である[6]。

　他者を哀れに思い同情する，自分には関係ないと無関心のままでいる，他者と自己をつなぐいのちの視点は，そのような立ち位置に揺さぶりをかける。しかし，いのちという視点は，直接的に自分自身の生のあり方を問うこととなり，それは時に苦痛をともなったり，感情に巻き込まれ過ぎたりする場合も出てくるだろう。

　この点についても，川本はリチャード・ローティの「感傷性の教育」を挙げ，次のように説明する。「自分たちのエネルギーを情操の操作，感傷性の教育に集中することで，自分たちとは違った人たちとお互いによく知り合い，他者を

ただの人間もどきに見限ってしまう傾向に歯止めをかける」。つまり，直接的に自分の生き方を問ういのちの視点は，この感傷性の教育の考え方に通じるところがある。しかし，「感傷性は両刃の刃であり，差別を正当化するために悪用される」と注意を促している。「人権の合理性（普遍的な理性使用の能力）の限界をわきまえつつも，それが自己理解を深め感傷性の暴走をチェックしてくれるよう，うまく操ること」が必要であり，「合理性と感傷性の「反照的均衡」の追究」を提示する[7]。筆者も，いのちの視点を取り込むことについて，このバランス感覚を大事にしたいと考えている。

それでは，いのちの視点とは，具体的に何を指すのだろうか。包括的な平和教育の一領域としての多文化共生教育と，いのちの視点との関係は前節の図7-1に表した通りである。これまで筆者が整理してきた包括的な平和教育の一領域としての多文化共生教育の木をより豊かに茂らせるには，その他の木々（包括的な平和教育のさまざまなテーマ）とをつなぎ，共にその成長を促すミツバチの役割があり，それを三つのいのちの視点にたとえた。三つの視点の詳細は以下の通りである。

（Ⅰ）いのちのつながり（テーマ：自然環境，食，コミュニケーション）

学習内容の事例：・自然，植物，生物とのふれあいや育成。・農作物の収穫，調理，食べる。・生物多様性と食物連鎖の中で生きていることを実感する。・自然や環境をテーマにした芸術や創作活動。・地域環境への働きかけ。・世界の環境政策や保護活動を知る。

（Ⅱ）自分が受けついできたいのち（テーマ：性，反戦平和，コミュニケーション）

学習内容の事例：・保護者から誕生エピソードを聞く。・あかちゃんとふれあう。・自分の家族が生きてきた時代を知る。・先人たちが生や死とどう向き合ってきたか，話を聞く。

（Ⅲ）自分の身体（テーマ：性，メディアリテラシー）

学習内容の事例：生命の誕生，身体の発達，名称を正しく知る。・性情報の氾濫への対応。・思春期の身体の発達。・AIDSや性病に対する正しい知識を得る。

以上の3点を意識的に多文化共生教育に盛り込むことで，木々は豊かに生い茂り，その下にいる子どもたち一人一人が自己とゆっくり向きあう。そして，

その過程で個人の意識が深まり，それが「よりホリスティックなアイデンティティ[8]」へとつながっていく。以上のような学習の全体像が，ホリスティックな学びの基底となるものである。

(2) いのちの視点を取り込んだ多文化共生の授業の概要

本項では，京都市立朱雀中学校（以下，朱雀中）の2年生を対象に，2012年1月10日，コーディネーターである筆者が実施した多文化共生の授業（下記表の⑤）を取り上げる。本実践は，2011年度に実施された多文化共生教育の一環として実施されたものである[9]。実施されたプログラムの内容は，以下の通りであった。

【2011年度　朱雀中多文化共生教育プログラム実施概要】
〈ねらい〉さまざまな文化背景をもつ人たちが日本で生活していることを知るとともに，文化や生活習慣の違いを認め，理解する態度・共存していこうとする態度を身につけさせる。
〈テーマ〉ニューカマーの人々から，日本の多文化社会を考える
〈対　象〉中学校2年生（78名・3クラス）
〈時間数〉全10時間（2011年11月～2012年1月）
　　　　＊2010年度，1年次に多文化交流学習を2時間実施。

月	時数	授業	担当	内容
①11月	1時間	導入 1年次の学習を思い出す	大学生ボランティア	大学生によるプレゼンテーション（フィリピン，ブラジル，フィンランドへのバーチャルツアー）を見て，1年次の交流学習を思い出す。

②11月	2時間	外国人講師から、生きた体験を聞き交流する	NGO（京都YWCA APT）	ニーナさん（フィンランド），アキラさん（ブラジル），愛葉さん（フィリピン）から、日本で暮らす上でのさまざまな経験について直接話しを聞き、交流の時間をもつ。
③12月	2時間	人権学習	学年教員	「多文化共生～外国人とともに生きる」をテーマにまとめの学習をする。在日外国人の現状を知り、文化や習慣が違う人々と共に生きるにはどのような社会をつくっていくべきかを考えさせる。
④12月	1時間	人権学習	学年教員	「識字～学ぶことは生きること」をテーマに学習をする。洛友中学校のビデオや概要を見ながら、学ぶことが人間らしく生きることにつながることを考えさせる。
⑤1月	2時間（事前アンケート1時間）	これまでの学習をふりかえる	コーディネーター（筆者）	これまでのプログラムをふりかえりながら、自分自身のアイデンティティや文化についてゆっくり考える時間をもつ。一人一人を大切に、自分を支えてくれる人々に感謝することを確認し、未来に向けて自分たちが日々心がけたいと思うことを考える。
⑥1月	1時間	これまでのふりかえりと未来への決意	学年教員	これまでの学習を、ビデオを見ながらふりかえる。一人ひとりが「未来へのメッセージ」を書くことで、未来に向けた行動目標を明確にする。

（上記の表は、2011年度朱雀中2年生人権学習指導案を参考に、筆者が作成。）

筆者が担当した授業は，2011年度の多文化共生教育をふりかえりながら，在日コリアンをはじめとしたオールドカマーの視点から日本の多文化共生社会について考える。そして，子どもたちが，自分たちのアイデンティティや文化についてゆっくりふりかえることができるようにと，設定された時間であった。

　なお，この授業を実施する1ヶ月前（12月）に事前アンケートを，この授業の直後に事後アンケートを実施した。アンケートの質問は次の通りである。

〈事前アンケート〉（2011年12月実施）
　①「在日コリアン」について，あなたはどう思いますか？　一つ選んで○をつけ，その理由を書いてください。
　〈1〉良い印象がある　〈2〉少し良い印象がある　〈3〉あまり良い印象がない
　〈4〉悪い印象がある　〈5〉なんとも思わない　〈6〉在日コリアンのことが何のことかわからない。
　②あなた自身を〈食べ物〉にたとえると，何になりますか？その理由も教えてください。
　③中学校生活をふりかえりながら，「ありがとう」の感謝の気持ちを伝えたい人の名前と，その人への「ありがとうのメッセージ」を書いてください。
　④中学校生活をおくりながら，不安に思っていることや悩んでいることはありますか？
　⑤あなたの夢は何ですか？　今現在，それを叶えられるようにがんばっていることはありますか？

〈事後アンケート〉（授業直後に実施）
　①孫美幸さんのお話の中で，一番印象に残ったのは何でしょうか？　その理由も教えてください。
　②（事前アンケート①と同じ設問のため省略）

　事前アンケートについては，当日の授業の項目と同じになるように構成されており，アンケートを記入しながら，授業を受ける前に，自分自身との対話のきっかけを作れるように工夫した。授業内容は，筆者や家族のライフヒストリ

一[10]と合わせて,「自分が受けついできたいのち」というテーマを中心に授業を構成し, 一部「いのちのつながり」と「自分の身体」という視点も加え, 全体をまとめるようにした。

当日の授業内容の概略と, 関連するいのちの視点は以下の通りである。

日時：2012年1月10日（火）5・6限
場所：朱雀中3階　多目的室
授業テーマ：「平和な社会を創るために　いのちのバトンを未来へ」
〈5限〉(13：30～14：20, 50分間)
（Ⅰ）導入, 自己紹介と授業を行うにあたってのメッセージ
（Ⅱ）あなたはどんな人ですか？～食べ物にたとえるなら（自分が受けついできたいのち）
・事前アンケートの紹介
・日本人？　韓国人？～文化のまざりあいの中で

私は自分を食べ物にたとえると,「韓国のり」だと思う。日本の味付けのりも韓国のりも見た目はよく似てるけど, 韓国のりはお塩とごま油で香ばしくて, ちょっと韓国風味。日本と朝鮮半島の文化のまざりあいの中で育った私らしいと思う。

・2つの名前～〈みゆき〉と〈みへん〉

ずっと日本名で育ってきた。韓国語の本名は, 大学で朝鮮半島の言葉や文化を学んだことをきっかけに使い出した。どうして名前が2つあるのか。それは, 今から100年前に起きた戦争と関わりがある。戦争から100年以上たっても, 日本式の名前はついてまわる。それは, 戦争の名残がずっと続いているという証拠。

・戦争と平和の歴史に向き合うこと～いのちがけで伝えてくれた

両親は韓国籍だが, 父は2世で, 母は1世である。父方は, ひいおじいさんが, 朝鮮半島が戦争で混乱していた時に, 新しい生活と仕事を求めて, 日本に渡ってきたのが, 現在私がここにいる始まり。ひいおばあさんと幼い頃のおじいさんは, 朝鮮半島に残っていたが, しばらくたって, 日本にいるひいおじいさんを追って, 日本にやってきた。

・言葉の不思議〜共通の思いとステキなちがい

　在日コリアンで良かったなと思うことは，何百年もかけて伝わってきた日本と朝鮮半島の両方の文化を実感できるということ。日本に暮らしながら文化の多様な流れを感じられることはとても多い。（七福神の絵をみて，どこの国から伝わったものか，クイズで考えながら，自由に答えを出し合う。）

〈6限〉（14：30〜15：00，30分間）

（Ⅰ）活動，韓国語を話してみよう。

（Ⅱ）生き方いろいろ〜「ありがとう」って伝えたい人（自分が受けついできたいのち・自分の身体）

・事前アンケートの紹介

・いのちのつながりの中で〜家族から学んだこと

　今日紹介したいのは母である。二つ母がすごいなと思うところがある。一つは，私を出産した時の話。母は日本語が全くわからず，医師が全く何を言っているかわからない状態で私を産んだ。もう一つは，母が夜間中学校で学んだこと。母には学校に行った経験がほとんどない。小さい頃から家計を支えるために働きにでた。だから，母は本当に学校に行きたいとずっと思っていた。夜間中学校に通い出して，家事やパートをしながら本当に忙しい日々をすごした。

・いのちのバトンをつなぐ

　ひいおばあちゃん，おじいちゃん，母からいのちのバトンが自分まで届いたんだという思いが強くなったのは，あかちゃんを出産してから。（みんなであかちゃんの写真を見ながら，あかちゃんの身長を考えて順番に発表する。）

（Ⅲ）夢に歩き出す前に残念な現実〜不安なこと，悩んでいること（自分が受けついできたいのち）

・自分だけの力ではどうにもならないこと

　「国籍」の問題。「日本国籍」でないと，応募できない奨学金や職業が多くあることに少しずつ気づくようになった。同じスタートラインにも立てないというのは悔しいと思ったことがある。でも，戦争，差別，貧困の中で生きぬいてきた，ひいおばあさん，おじいさんや母の苦労と比べたら，本当に私の悩みなんて小さいと思えた。

（Ⅳ）みんなの夢が叶えられるように～あなたの夢は何ですか？（いのちのつながり，自分が受けついできたいのち）
・あなたたちは未来です。～信じたいお話
　私も含めて，今の人の生き方が確実に次の世代に影響する。1歳の娘がみんなくらいの年になる頃，みんなは30歳くらい。その時に，胸をはって自分はこう生きてきたと言えるように，いい生き方をしてほしい。
・社会の矛盾に立ち向かう。～私の好きな言葉
（福岡伸一氏の「いのちのつながり」に関する文章等を引用して全員で読む[11]）。

(3) 生徒の意識の変容
　　―在日コリアンの印象を問うアンケート結果の分析を通して
　本項では，授業前と授業後に同様の内容で実施した，在日コリアンの印象について問う質問の回答結果を分析する。いのちの視点を盛り込んだ多文化共生をテーマにした授業を通して，課題であった在日コリアンに対する無関心や偏見は取り除けたのか，検証する[12]。
　事前，事後のアンケート結果は以下の通りである。

〈在日コリアンの印象について〉
（番号のつけ忘れ，未記入など（8人）を除いた，残り70人が分析対象）

		事前（総計70人）	事後（総計70人）
①	良い印象	4人（6％）	19人（27％）
②	少し良い印象	6人（9％）	19人（27％）
③	あまり良い印象がない	4人（6％）	3人（4％）
④	悪い印象	1人（1％）	0人（0％）
⑤	なんとも思わない	38人（54％）	29人（41％）
⑥	わからない	17人（24％）	0人（0％）

　上記のように，「在日コリアンが何のことか全くわからない」「悪い印象」と答えた生徒が，事後アンケートではそれぞれ0％になったのは，まず大きな成果と言える。生徒たちは，授業を通して，在日コリアンに対する基本的な情報

を得て，極端な偏見はなくなったと判断できる．
　また，事前から事後への生徒たちの印象の変化について整理すると，以下の5つのグループに分けることができた．

・グループ1……「良い印象」のまま　7人（10％）
　（例）2→2　日本とすごく親しみがあるから．KARAとか少女時代とか人気のあるグループもあって，日本と感じが似ている．→日本のせいで名前が変わったりしたのに私達に大切なことを教えてくれた．

・グループ2……「なんとも思わない」「知らない」から「良い印象」へ　28人（40％）
　（例）5→1　在日コリアンは聞いたことがあるけどよく分からないから．→今回のお話を聞いて，在日コリアンの方がいるおかげで交流がとても深まるなーと実感しました．
　　　6→1　在日コリアンが何の事かわからないから．→韓国のいろんなことを教えてもらうことができるし，日本の事も伝えることができるから．

・グループ3……「悪い印象」から「良い印象」へ　2人（3％）
　（例）3→2　朝鮮という国に対してあまり良い印象がない→在日コリアンということで，仕事のできるはばが少なかったりと大変だと思う．そういうリスクをなくしていった方がいいと思う．

・グループ4……「在日コリアンが特別だと思わない」または「関心がない」のまま　29人（41％）
　（例）5→5　在日コリアンの人だからといって特に感じることはありません．日本の人でも仲良くなる人もいれば，そうではない人もいるのでそれと同じ感じです．→同じ人間だし，友達になれば国なんて関係ないから．
　　　3→5　日本人とみわけがつかない．→日本人とあまりかわらないから．

・グループ5……「わからなくなった」「印象が悪くなった」　4人（6％）
　（例）2→5　歌手グループで有名な人が多いから→あんまり身近で聞か

なくて悪いか良いか分からないから。

　上記5つのグループの回答の理由，授業を通して印象に残ったこと，その後のまとめの授業で書いた，「未来へのメッセージ」を手がかりに，それぞれのグループの生徒たちの意識の変化について考察する。
　グループ1の生徒たちについては，その中に自分，家族，親戚，友人，知人に在日コリアンがいるという生徒が含まれていた。また，在日コリアンは身近にはいないが，K-POPなどのアイドルに興味があるという生徒もおり，元々親近感が高かったことが窺える。元々身近に在日コリアンが多い，韓国にいい印象があった生徒たちであったが，表面的な良い印象ではなく，在日コリアンが抱える課題を通して，自分はどう考え，行動すればいいか，どういう社会を創っていきたいか，自己と向き合い，考えた軌跡が，以下のような「未来へのメッセージ」から読み取れた。
　　・子供じゃ何もできない……とか思ってたけど，それってただ自分を楽にするための言いわけだと思う。これは今まで自分が考えて気づいた結果。今までの自分がどうであれ，自分の気づいた結果に納得できる社会になればいいと思うな。
　グループ2の生徒たちについては，事前アンケートで，「在日コリアン」という言葉自体がわからない，または言葉は知っていても直接関わりがないので関心がないと記入していた。無関心である生徒たちが大部分であった。(1名，在日コリアンの生徒が自分にとっては自然な状況すぎて，あまり関心がないと記入していた。) 全く在日コリアンに関心がなかった生徒たちが，授業を通して関心をもつようになり，そのきっかけとなった話の内容として多かったのは，文化の多様性，ありがとうと伝えたい人，日本と韓国の歴史的背景の3点であった。
　文化の多様性を選んだ生徒たちがあげた主な理由は，以下の通りである。
　　・韓国語で「こんにちは」や「ありがとう」は知っていましたが，「会えてうれしいです」や「自分の名前」は言うことはできなかったし，家の人や友達にも教えてあげたいです。
　　・七福神は中国と日本とインドの神が集まっていることを知り，違う文化

の神なのにみんながけんかせずニコニコしていることを知った。やはり文化のちがいはあるけれど，気持ちや思いは全世界共通ということを思った。

初めて知った韓国語の言い方やハングルの書き方，さまざまな国にルーツをもつ七福神の話に興味をもち，「韓国語をもっと勉強してみたい」「それぞれの文化を大切にしたい」等の思いにつながっていった。

次に，ありがとうと伝えたい人を選んだ生徒たちがあげた主な理由は，以下の通りである。

・まず違う国で子供を産んだことを聞いてびっくりしました。私はもう不安でたまらなくて怖くて，違う国で産もうとは思いません。それと子供が大きくなった後，自分で勉強を学びたいと思って中学校に行くこともすごいと思いました。やっぱり日本が昔に韓国と戦争した事が一番のはじまりやと思いました。戦争をしたことによって，在日コリアンの人が生まれ，違う文化に自分がついていかないという，大変苦労することがおこりました。

筆者が中学生の頃の母との思い出，また母が学校に行った経験などは，生徒たちの現在の生活や自分の家族との関係などをふりかえるきっかけとなった。そして，「未来へのメッセージ」には，家族，友人，後輩など，他者との関係をどう築いていけばいいか，考えた文章が書かれていた。

最後に，日本と韓国の歴史的背景を選んだ生徒たちが挙げた主な理由は，以下の通りである。

・戦争のときはとても大変だったことがよく分かりました。自分たちにも関係はあることだし，おばあちゃんたちもその時のことをよく知っていると思うので聞いておきたいです。職場体験の時，お年寄りの方と話をした時も，戦争の話を聞きました。

・西院駅の鉄道建設にたくさんの韓国の方々がたずさわっていたと知って，たまに利用している駅なので，へえ，そうやったんやと思いました。昔韓国からやってきた人々の子孫が日本で商売しているのはすごいなぁと思ったし，だから日本には在日コリアンの方が多いのかと思い，新しい発見もあって楽しかったです。

歴史的背景を選んだ生徒たちの文章から読み取れるのは，「自分に身近なこ

とであった」「自分の住んでいる地域が朝鮮半島と関わりがあった」ことへの気づきである。その気づきが、「自分とは全く関係のない人」から「関わりの深い人への興味、関心」へとつながっていくことがわかった。

　グループ3の生徒たちについては、事前アンケートで、朝鮮や韓国に対して悪い印象をもっていた。そのうち1人の生徒は、インターネットの書き込みからそのように感じていたと書いている。さまざまなメディアからの情報、周囲の大人たちの影響など、要因は特定できない。しかし、このグループ3の生徒たちも、「韓国人と日本人はたくさん関わりがあることがわかったから。人は生きてるときに、色んな人と関わりがあるとわかった。」と書いているように、在日コリアンである筆者から直接話を聞いたこと、そして、日本と朝鮮半島とは多くの歴史的なつながりがある事実を知ったことが、このような意識の変化につながったことがわかった。

　グループ4の生徒たちについては、回答の仕方は同じ項目でも、内容にばらつきがあり、理由が未記入のもの、分類できないもの（2人）を除くと、大きく3種類に分けられた。

　一番多かったのは、授業後のアンケートで「在日コリアンが特別な存在とは思わない」（15名）という生徒たちである。回答には、「同じ人間やから」「友達になったら国なんて関係ないから」など、他の日本人と変わらないという感覚で書いていた生徒たちである。授業で印象に残った内容を見ると、以下のようなものがあった。

　・孫先生の命のバトンの話や京都の建築物の朝鮮半島の人々との関わりに関心をもてたから。

　・自分にも不安なことや悩んでいることがありますが、孫さんの話をきいて自分の不安に思っていたこと、悩んでいたことは自分の中ではとても大きいと思っていましたが、2011年におこった東日本大震災の被災者の不安なことや悩んでいることに比べれば、とても小さいものだということがわかり、楽になったので一番印象に残りました。

　上記のように印象に残った点は各自バラバラだが、在日コリアンについて表面的に「日本人と同じ」というように簡単に考えて回答したわけではなく、それぞれが、自分のこと、いのちのこと、文化のこと、いろいろと考えた末に、以

上のような回答に至ったことが読み取れた。

　二番目に多かったのは、「在日コリアンの人と直接会ったことがないからわからない」「韓国語が難しかった」など、筆者の話を聞いても日常で在日コリアンの人と話したことがないので実感がわかないという生徒たち（8名）であった。筆者との出会いが初めて見る在日コリアンだったという生徒たちは、日常的に話したり、接したりする経験がないと、なかなか理解することができない。しかし、このような出会いの機会を今後も増やすこと、また講師との交流を継続することで、少しずつ理解を深めていけるのではないかと思う。また、生徒の中にいる、日本名を使用している在日コリアンや多文化背景をもつ生徒たちへの理解にも、つながっていくものだと思う。

　三番目の生徒たち（4人）は、在日コリアンについての記述はほとんどされていなかった。事後アンケートにも回答した理由に、「別に」「特になにも」「聞いてなかった」と記されていた。年度末に行った教員との授業のふりかえりの際、この回答を書いた生徒たちが非常に家庭環境に恵まれていない、学びへの意欲が大変低く、家庭でのサポートがあまりないなどの指摘があった。しかし、そんな中にもなんとか誰かに助けを求めようとするサインも読み取れた。例えば、自分の夢や目標に「幸せに生きたい」と書いていたり、「孫さんはなぜ日本に来たの？」と欄外に走り書きもしてあった。そのような小さなサインを教員と確認することで、辛い思いをしている生徒に寄り添い、少しずつでも他者への思いにつながっていく糸口につなげられるのではないかと思う。

　グループ5の生徒たちは、元々もっていた印象よりも悪くなった、またはわからなくなったと記入していた。元々もっていた間違った印象が強い（K-POPのアイドルグループが在日コリアンと思っていた）、領土問題等の政府の対応の仕方に良い印象がない、など筆者の短時間の関わりでは、なかなか理解が得られなかった。しかし、授業内容で一番印象に残ったことや未来へのメッセージを見てみると、少しずつ在日コリアンや多様な文化背景をもつ人々を理解していこうとしている、思考の過程にいることが窺える。

　・僕はいろいろな人と正しく接していけるようになりたいです。これからの人生で外国の人に出会うことは何度もあると思います。国それぞれの文化がちがっていても、それが普通のことだということを心に入れて対応し

ていけるようになりたいです。
　全体を通して，生徒たちが選んだ項目の割合で見ると，在日コリアンの印象が良くなったと答えた生徒は，全体の53％で半数程度であった。しかし，子どもたちの書いた文章を詳細に読み解いていくと，異なる様相が見えてきた。例えば，グループ4「在日コリアンが特別だと思わない」と書いた生徒たちは，日本と朝鮮半島の歴史のこと，文化の多様性のことなど，さまざまな視点から自分の思いとつき合わせて考え，その結果として「特別だとは思わない」と書いていることが窺えた。それは，「在日コリアンも日本人も関係ない」という表層的な回答とは大きく異なった。また，「関心がないまま」の生徒たちも，自身が抱えているさまざまな辛さや不安を垣間見せる部分があり，周囲の大人たちが彼らへのサポートを確認する重要な機会となった。

(4) 本実践の成果と課題
　本項では，本実践の成果として（Ⅰ）「人間であることの弱さと苦労への共感」，（Ⅱ）「いのちという語りにつながれた記憶の継承」，（Ⅲ）「アイデンティティの複数性に導かれた普遍性の深化」という点を挙げて考察し，今後の課題について整理する。

(Ⅰ)「人間であることの弱さと苦労への共感」
　本実践では，筆者が提示した3つのいのちの視点のうち，特に「自分が受けついできたいのち」という点を軸に，筆者や家族のライフヒストリーを重ね，授業の内容を構成した。前節で確認した，グループ2「なんとも思わない，知らないから良い印象」に変わった生徒たちのアンケート結果が示すように，筆者が語った「日本と朝鮮半島の文化の混じり合いや多様性」，「曾祖母や母など家族への感謝」，「曾祖母と祖父が朝鮮半島から日本に渡ってきた歴史」など，「自分が受けついできたいのち」に関する主要な項目が，生徒たちの印象に深く残り，在日コリアンの印象が良くなることにつながったことがわかった。
　筆者が，差別の体験を語るだけでなく，意識的に「自分が受けついできたいのち」をテーマに話したことは，迷いや悩みを抱えながら生きてきたこと，人間であることの弱さを伝えることとなり，それが生徒たち自身のもつ悩みや苦しさにふれ，共感へとつながった。それは，以下のような感想から読み取るこ

とができる。

　「孫さんのひいばあちゃんがおじいちゃんといっしょに日本へきて，なにもわからないまま，日本で暮らしていたなんてすごいと思った。もし，自分だったら，その場で不安のまま過ごしていたと思う。孫さんもおっしゃっていたように，ひいおばあちゃんたちにもしなにかあったりしたら，孫さんもいなかったと思うし，いのちの「つながり」ってすごいと思った。もし今がつらくて苦しい思いをしていても，今を明るく元気に過ごしていたら，未来にはきっとたくさんいいことがあると願って，私は笑顔あふれた明るい今，そして毎日を過ごします。」

　「在日コリアンとしての思い」を超えて，いのちの視点に重点を置きながら，悩みや苦労を伝えたことは，生徒たちが自分の生活やアイデンティティ，家族や友人との関係を，自分の経験に重ねて考えやすくした。それは，結果として7-3（2）項で述べた，いのちの視点が「感傷性の教育」の役割を担い，「在日コリアンの人権」という「合理性」への理解にもつながったと言えるのではないだろうか。

　そして，それは筆者が語った内容が，「いのちの視点」を媒介にして，生徒たちの内なる声へと紡がれていったことを意味する。生徒たちは，「自分は？」「家族は？」「自分の生活は？」と，自己の中でさまざまな視点で反芻していった。自己の中でそのような思考を繰り返しているうちに，他者の声から自身の内なる声へと変わった時，初めて他者と共に在ることの可能性を表出させる。本実践では，その可能性の萌芽を見ることができた。「未来へのメッセージ」に書かれた生徒たちの決意，今後平和な未来に向けてどう生きていきたいかを書いた文章は，自発的に変容していく途上にある自己を表現しているものである。年度末に行った教員とのふりかえりの会議の際，教員からも「グループ学習など，他者を助けない態度をとっていることが頻繁に見られたが，このメッセージの作成を通して初めて他者への目線が少し芽生えたように思う」との指摘があった。

　課題としては，そのようなメッセージを書いていた生徒たちが，まだ日常生活の中で，自分の考えをはっきり言い，クラスで弱い立場にある生徒たちの傍らに立ち，行動に移していくような態度が十分に見受けられないという点を挙

げられる。他者の声が自身の内なる声へと変容しても，長期間築いてきた人間関係，生徒集団の傾向などを容易に乗り越えられるものではない。その点については，本実践で十分に取り上げられなかったあと二つのいのちの視点（「いのちのつながり」「自分の身体」）と有機的につなげたプログラムとして発展させることが一つの鍵となるのではないかと考えている。もちろん生徒一人一人の個別のサポートと並行させることは言うまでもない。いのちの三つの視点を授業に十分に取り込むことで，在日コリアンや多文化背景をもつ人の偏見を取り除き，自身の課題としてさらに受け止めやすくなるのか，また日常生活で他者と助け合う行動や態度につながっていくのか，今後検証が必要である。

（Ⅱ）「いのちという語りにつながれた記憶の継承」

筆者の授業後，在日コリアンの父をもつ一人の生徒が以下のような感想を書いていた。

> 「私の父も在日コリアンで小さい頃は，差別とかのせいで嫌な思いをたくさんしてきたという事を何回も聞かされました。最近では差別によるイジメなども減ってきてK-POPなど逆に良い印象のものとなりましたが，美幸先生の子ども二人が私達と同じ年になる頃には，どのような環境となっているのか誰にもわかりません。ですが，その先のことを創りあげていくのは，私達の世代です。今より，もっと良い環境へとなるように頑張っていきたいと思いました。」

在日コリアンであれば，家族や親戚の語りの中で，継承されていく差別の経験の記憶であるが，日本で生まれ，日本国籍をもち，「日本人」として育っていく中では，その記憶の語りを直接受け取ることはない。学校の授業という限られた空間の中で，目の前に立つ見知らぬ他者に対して，同様の語りを期待することは難しい。しかし，本実践後の感想に見られたように，生徒たちは筆者の語ったことへ共感したり，自分の家族やアイデンティティと照らし合わせて自己の中で対話したりできるようになったことが，明らかになった。それは，筆者が「自分が受けついできたいのち」を意識的に盛り込んで語ったことが，生徒たちの親しい家族や地域の人たちの間での語りに，擬似的に近づけたからだと言えないだろうか。つまり，「他者をただの人間もどきに見限ってしまう」ことにブレーキをかけるという「感傷性の教育」の役割が，記憶の継承という場

面でも立ち現れる。

　三砂（2008）は，沖縄における集団自決の記憶の継承に関して，次のような見解を述べている。

　　（2007年の）沖縄の集団自決の集会のことを，テレビでしか見ていませんが，そこで一番印象的だったのは，読谷高校の男の子がでてきて大勢の人の前で「自分のおじいおばあがいったことを嘘だというのか」といったことでした。これなんだな，沖縄の人の感覚は，と思いました。つまり彼にとって，自分のおじいおばあの記憶，あるいは先の人の記憶というのは，自分の記憶なんです。記憶というものが，はっきり世代を超えて共有されている。（中略）私は，沖縄の人たちが家族の中でもっているであろう語り口というものに非常に惹かれていきました。おそらく自分の先に逝った人たちの経験というものが，自分の経験であるかのように受けとめられる，家族の中の関係性というものが，沖縄の中にあって，それが集団の記憶として強化されていく。それは家庭内の，あるいは地域の中での違う世代のあいだでの，語り口というもののおかげであったのではないでしょうか[13]。

　沖縄でおじいおばあが語ってきた集団自決の記憶は，一緒に暮らしている子ども，その孫までもが自分の記憶として共有している。2007年の沖縄の県民総決起集会での世代を超えた人々の怒りは，自分たちが日常的におじいおばあから聞いてきた「真実」を否定されておこったものであった。沖縄では，人々は特に意識しなくとも日々，家庭内や地域の中で「記憶を語る」という「感傷性の教育」が行われていた。

　筆者が，朝鮮半島から渡ってきた家族の歴史，文化の混ざり合いの中で育ってきたことなど，いのちのつながりを軸にして生徒たちにライフヒストリーを語ったことは，沖縄で日常的に行われていたおじいおばあとその子孫たちとの語りを通した関係性に近いものを，擬似的に教室内でつくることにつながったと言えないだろうか。筆者の語ったことへ共感した多くの生徒たちは，いのちの視点を媒介にして，一気にお互いの距離が近づくことを感じ，自己の中で対話を深め，その片鱗を感想文という形で表すことができた。

　今後の課題としては，あくまでこのいのちという語りを通した関係性が擬似的で，しかも短時間であり，教室という限られた空間内であったということを，

どう捉え直しプログラムを編成していくかということである。年間のプログラムとして，いのちという語りに着目して他の外国人講師たちと授業内容を考える，教室外での語りの時間を共有できるようにするなど，限定した擬似的な関係性から少しずつ学校に，地域に根をおろしていくようなしくみづくりが必要である。

(Ⅲ)「アイデンティティの複数性に導かれた普遍性の深化」

グループ４の生徒たちの授業後のアンケートの回答で一番多かったのは，「在日コリアンが特別な存在とは思わない」(15名) というものであった。この生徒たちの授業前のアンケートの回答には，「まず在日コリアンとかを意識して見ようと思った事がないので，なんとも思わない」「在日コリアンの人だからといって特に感じることはありません。日本の人で仲良くなる人もいればそうではない人もいるのでそれと同じかんかくです」「別に悪いこともしてないし，普通に生活していても在日コリアンだと意識しないから。日本人と区別できない」など，日本人とは区別できない，何も異なる点はなく，意識したこともないという，在日コリアンが無色透明の存在として語られていた。無色透明のアイデンティティは，容易に「日本人」として包摂されていき，そこには何の問題もないようにされてしまう。それは，選択の余地も自由もない，単一基準の「日本人」や「日本社会」を強固にしていき，それ以外は排除していくという差別の構造を常に温存する。「日本人と変わりない」という言葉は，表面的には「みな同じ」という普遍性を共有し，差別していることとは程遠いように感じる。しかし，上記のように，差別構造を常に強化していくことと，表裏一体であることに注意しなければならない。

Sen (2011) は，「単一基準のアイデンティティによって人間を矮小化する」危険性について，次のように述べる。

> 人間のアイデンティティを「単眼的」に矮小化することは甚大な影響を及ぼす。人びとを柔軟性のない一意的なカテゴリーに分類する目的のために引き合いにだされる幻想は，集団間の抗争をあおるためにも悪用されうる。(中略)イスラムの排他性を標榜する理論は，ムスリムがもっているその他すべてのアイデンティティの重要性を軽視しており，そのため暴力的に解釈された聖戦を支持する概念的根拠を提供するものとして利用される

だろう。この手段を通じて暴力をあおる例は，イスラム系テロリズムという誤解されやすい名称の活動の近年における動向に，数多く見受けられる。ムスリムがもつ多様なアイデンティティ，たとえば学者や科学者，数学者，哲学者，歴史家，建築家，画家，音楽家，作家としてのアイデンティティが築いてきた豊かさは，ムスリムの過去の功績に数多く貢献してきた。ところが，好戦的な宗教のアイデンティティがかたくなに主張され，そのような豊かさも圧倒されてしまうのである[14]。

「イスラム系テロリズム」という単一基準のアイデンティティに固執することは，ムスリムのもつ複数のアイデンティティを無視し，差別と排除の構造を強固にしていく。単一基準の普遍性によって固定された差別構造を乗り越えるには，各々がアイデンティティの複数性を意識することが有効であると，筆者は考える。それには，自己と他者のアイデンティティを複眼的に見ることが必要であり，その段階へと導くのが本実践におけるいのちの視点を通した「感傷性の教育」の役割である。いのちという視点は，単一基準の「日本人」や「在日コリアン」というアイデンティティを，複数で開かれたものへと導く役割をもつ。筆者が語った自分が受けついできたいのちのストーリーは，家族との歴史，文化や言語の考え方など，個人にさまざまな属性があることを伝える。「在日コリアンである人」を越えて，人として生きている多くの側面を映し出す。それが，アイデンティティの複数性であり，複数のアイデンティティが生徒一人一人のもっている属性や考え方に触れた時，そこで初めてお互いが交差し，深くつながることができる。

授業後のアンケートに書かれた生徒たちの言葉は，「在日コリアンが特別な存在とは思わない」という，一見授業前のアンケートと何ら変わりがないように思う。しかし，そこに書かれている言葉の一つひとつが，自己の中で複数のアイデンティティを模索し，その中で筆者との新たなつながりを感じていることがわかる。

・「孫先生の命のバトンの話や京都の建築物の朝鮮半島の人々との関わりに関心をもてたから」
・「親が字を読めるようになって，料理屋さんをやってる話。普通は字が読めるけど，在日コリアンの人やし，でもそっから学校に行って，字書

くこともできるし，会話できることもできるようになった。マジでスゴイ！！！と思った。」
・「母親に感謝する話。自分も反抗期でちょっといらっとするけど，なんだかんだで感謝している。手伝いもしなければならないと思った。」

　以上のように，自己の生活や文化，家族との関係などを生徒たちが頭の中で反芻し，「日本人」と「在日コリアン」の間の問題という単一基準での捉え方ではなくなっていることがわかる。生徒それぞれが，筆者の語ったいのちのストーリーと自己の体験を往還し，複数の「自己」と筆者の言葉とがつながっていく。この体験こそが，多様なアイデンティティを認め合うことにつながるきっかけであり，生徒たちはそのスタート地点に立ったと言える。

　課題としては，各々がまだ十分に深化した普遍性に達する途上であり，それはややもすれば表層的な普遍性に反転する危険性を常に包含していることである。「同じ人間だし，友達になれば国なんて関係ないから」「同じ人間で，同じ星に住んでいるなら，国籍が違ってもかまわない」という回答は，本授業のいのちの視点を通して感じた新たな普遍性の芽生えではある。しかし，それは，自己の中で十分に深める時間と周囲の大人たちの学びへの手助けがなければ，「日本人も在日コリアンも変わらない」という単一基準の表層的な普遍性に容易に反転しやすい。本授業で芽生えた，開かれた多様なアイデンティティの芽を，じっくり育てていくような手立てが求められる。

註

　1　吉田敦彦（2009）『世界のホリスティック教育―もうひとつの持続可能な未来へ』pp.110-123（日本評論社）
　2　金香百合（2004）「0歳からの平和教育」（日本ホリスティック教育協会　金田卓也・金香百合・平野慶次（編）『ピースフルな子どもたち―戦争・暴力・いじめを越えて』pp.118-129（せせらぎ出版））
　3　吉田敦彦（1999）『ホリスティック教育論―日本の動向と思想の地平』pp.92-116（日本評論社）
　4　吉田敦彦（1999）前掲書　pp.64-91
　5　孫美幸（2012）「ロシア・ウクライナから日本の多文化共生社会を考える授業―包括的な平和教育からホリスティックな展開をめざして」（『ホリスティック教育研究第15号』pp.17-27），他。
　6　川本隆史（2008）『双書　哲学塾　共生から』pp.99-101（岩波書店）

7　川本隆史（2008）前掲書　pp.120-124
8　吉田敦彦　前掲書　pp.301-309
9　朱雀中におけるこれまでの多文化共生教育の変遷や意義については，以下を参照のこと。孫美幸（2012）「学校で多文化共生教育協働プログラムを実施することの意義―協働体制づくりを通した教育成果の考察」（立命館大学国際平和ミュージアム紀要『立命館平和研究第13号』pp.17-28）
10　Miller, J.は，「教師自身が自分の人生について話すことで，生徒や学生たちとより深くつながることができる」と，ライフヒストリーを教室で語ることの有用性について述べている。(Miller, J.（著）中川吉晴・吉田敦彦（監訳）(2010)『魂にみちた教育―子どもと教師のスピリチュアリティを育む』pp.108-109（晃洋書房））
11　福岡伸一（2010）『エッジエフェクト―界面作用』（朝日出版社）
12　本実践は，筆者が2004年から朱雀中の多文化共生教育のコーディネーターとして内在的に関わってきたプログラムの一環として行われているものである。研究方法としては，佐藤郡衛が述べる「現場生成型研究」にあてはまる。佐藤の説明によれば，「現場生成型研究」とは，「現場に内在的に参画し問題解決に向けた「願い」「思い」を持ち，解決可能な課題を見いだし共有すること，そして，課題を解決するための努力をすること，最後に「変える」ためのアクションをおこすこと」である（佐藤郡衛（2012）「臨床という視点からの異文化間教育研究の再考―「現場生成型」研究を通して」（異文化間教育学会『異文化間教育第35号』pp.14-31））。
13　赤坂憲雄・玉野井麻利子・三砂ちづる（2008）『歴史と記憶―場所・身体・時間』pp.94-99（藤原書店）
14　Sen, A.（著）大門毅（監訳）東郷えりか（訳）(2011)『アイデンティティという暴力―運命は幻想である』pp.246-248（勁草書房）

8.「多文化共生教育」への教員の理解を促す人権研修
―自分史交流を通した対話

　本章では，前章で提示した「多文化共生教育」プログラムモデルを各学校に実際に根づかせていくための工夫の一つとして，人権学習をテーマにした教員研修を取り上げる。教員同士の「多文化共生教育」に関する対話を促進し，実際にプログラムを実施しやすくする学校の土壌を生成する一つの方法として提示する。まず，教員研修の中で人権に関わる自分史交流を取り入れること，ホリスティックな観点が必要であることを述べる。次に，人権に関わる自分史交流を取り入れた教員研修の概要を概観する。そして，教員のふりかえり用紙の分析を通して，教員が学んだ内容を考察する。最後に，ホリスティックな教員研修に向けて示唆できることを整理する。

　ホリスティック教育における自分史の活用については，Miller（2010）が「内的世界のためのカリキュラム」の一つとして紹介する先行研究がある。自分史は「魂を育む作業」であり，「教師と生徒とのあいだに，目に見えない絆を結んでくれる」と記している[1]。また，初任者教育や現職教師の教育において，教師の自伝や個人誌を活用することは，さまざまな利点があることも先行研究において述べられてきた[2]。そして，自分史という言葉以外にも，「経験の語り合い」「ナラティヴ」などをキーワードにした，教員の自主研修における実践研究などの蓄積がある[3]。

　しかし，志のある教員が自己研鑽のために自由に参加する校内外での自主研修ではなく，学校内で定期的に行われ，全員参加することが基本となっている教員研修において，特に人権に特化した自分史交流の活動を取り入れることについて考察する研究は十分にされてこなかった。本稿は，筆者がこれまで検討してきた，多文化共生教育といのちの視点を結ぶホリスティックな学び[4]を，教員の意識や学校に根づかせていくための試みの一つとして位置づけられるも

のである。

8-1 人権に関わる自分史交流を，校内の教員研修に取り込むことの必要性—ホリスティックな教員研修を実施するために

　筆者が多文化共生教育のコーディネーターとして関わっている京都市立朱雀中学校（以下，朱雀中）では，2011年度に学校の中核を担う教員たちが会議を重ね，これまでの人権学習プログラムの蓄積を整理し直し，3年間にわたる，総合的な学習の時間，道徳，特別活動の統合カリキュラムを作成した[5]。そして，2012年度から，人権学習の新カリキュラムとして本格的にスタートしている。この新カリキュラムの特徴は，3年間にわたって，それぞれの人権課題をスパイラルに積み重ねて学べるようになったことである。以前は，1年生で「障害のある人たちとともに」，2年生で「多文化共生」や「在日外国人」，3年生で「同和問題」と分けていたのを，新カリキュラムでは各学年でそれぞれ少しずつ積み重ねて学べるようにしたのが大きな変更点である。こうすることで，子どもたちがそれぞれの人権課題について，時間をかけてゆっくりと深め，各課題のつながりや自己とを往還しながら学んでいけるのではないかという，教員の強い思いがあった。

　しかし，長年勤めていた教員の異動，20代の若い教員の増加等により，これまでの経緯を深く理解し，新カリキュラムを教員全員に浸透させることが難しくなってきた。また，長年筆者がコーディネーターとして関わってきた多文化共生教育の協働体制自体も，新カリキュラム移行にともない見直すべきという声があがった。

　そこで，長年人権教育や教務主任として仕事をしてきた教員と筆者が話し合い，8月後半に教員研修をもち，人権学習のこれまでの経緯を深く理解し，今後の人権学習や多文化共生教育のあり方について考えを共有する時間をもつことに決めた。その際，この研修を実施するのに，どうしても外せないポイントが担当の教員にも筆者にも1点あった。それは，「人権に関わる根源的な体験」を教員同士で共有することが絶対に必要だということである。それは，これまでの経験から直感的に両者で共通して思ったことであった。「引き継ぎをしっかりする」「カリキュラムを整理する」「役割分担をきちんと行う」ことをどれ

だけ校内で行っても，教員の協力体制を上手く築くことに難しさを感じていた。それは，どうしても「義務感」や「仕事として仕方なくやる」という気持ち，また「この学校に来たからしょうがない」というあきらめや，「余計な仕事」という負担感などがなかなか払拭できないことが大きく影響しているように思った。

　また反対に，筆者がこれまでコーディネーターや人権学習の講師としてさまざまな学校の教員と関わってきた中で，長年信頼関係を築きながら人権や多文化に関わる取り組みを続けられている教員のことを考えた時，筆者と「人権に関わる根源的な体験」を共有している人が多いことに気づいた。ある教員は自分が幼い頃からいじめの対象となったこと，また別の教員は幼い頃に同和地区の近くを親と一緒に通った時の会話や感触を，また別の教員は自分のルーツのある沖縄のこと，自分も在日コリアンであることなど，さまざまな根源的な体験を共有していた。そうすることで，筆者が何か新しい取り組みを学校と協力してやりたいと話した時に，さまざまな難しい状況がある中でも「ぜひやっていこう」という前向きな気持ちや信頼感が生まれていた。このような経験共有の場を校内でつくっていくことが，人権学習の新カリキュラムをスタートさせる上で，非常に重要ではないかと思うようになった。

　筆者の上記のような経験や考えを支える一つの見解を，環境活動家のLight (2010) が，「シェアリング・サークル」として紹介している。シェアリング・サークルは，「いろいろな先住民の文化の中にあったものにならっています。文字通り，「分かちあいの輪」の中に座って，いろいろな経験や思いを分かちあう。(中略) 参加者は自身の内に同じいのちとしてこみ上げてくる感情がある。でも，その感情は，ふだんの日常の暮らしの中では，抑えこまれている」と述べる[6]。Lightは，続けて，「シェアリング・サークル」は「ディープ・フィーリング」や「ディープ・トラスト」とも言い，「自分はひとりではないということ，自分の奥深くから湧き出る感情」をきちんと受け止め，分かち合うことの重要性について言及している。そして，何より「一人ひとりが新しい自分を発見」すること，そのためには「ひとりきりでもディープな自分と向きあう場をもつこと」を提案する[7]。筆者も，教員研修の時間の中で，自分とゆっくり向き合い，他者との分かち合いで人権に関する根源的な体験を共有すること。そして，自分の中に湧き上がってくる感情とそれを共有した他者とのつながりを

大切にし，新しい自分を発見していく過程をつくっていければと考えている。

　それでは，上記のような「人権に関する根源的な体験を共有すること」，その過程で自己とゆっくり向き合う時間をもつ教員研修は，ホリスティック教育の中でどのように位置づけられるのだろうか。中川（2003）は，「ホリスティックな教師教育」について，以下のように述べている。

　「ホリスティックな観点から見た教師教育」は，「教師のあり方と自己変容を重視するものであり，そのために教師の内面にかかわる観想的アプローチをとる」と定義する[8]。ここでいう「観想的アプローチ」とは，「教師をより全体的なものとしてとらえ，その存在の深層（実践知のさらに根底にあるもの）にふれようとする」ものであり，教師教育研究で注目されてきた「反省的アプローチ（教師がその人生を語り，自己理解を深め，自己成長をとげることに着目）」よりも，さらにもう一歩ふみ込んだものであると説明している。具体的には，「瞑想」や「イメージワーク」を取り入れる点に特徴があり，新しい知識や技能の習得に終わらせず，教師の自己探求に結びつけようとするものである[9]。中川は続けて，日本で教師自身が危機的な状況にある時，このような「教師の自己変容のためのプログラム」が必要な点を挙げている[10]。

　筆者が，本稿で取り上げる教員研修の実践は，上記のような「観想的アプローチ」をとる場面があり，「ホリスティックな教師教育」につながるものであると言える。「人権に関わる根源的な体験」を自己の中でふりかえり，他者と共有することは，教師の自己探求に深く結びつくものである。また，単に人生をふりかえるだけでなく，「人権に関わる根源的な体験」に着目することは，教師という一人の存在の深層にもふれようとする試みであると考える。日本でも「観想的アプローチ」をもちいた実践が積み重ねられてきているものの，本稿のような一公立中学校の定期研修で，所属する教員が全員参加するという形での試みはまだ初期段階である。日本で教師自身がさまざまな困難な状況に置かれている現在，「ホリスティックな教師教育」は益々求められてくるであろう。そのような状況を鑑みる時，本稿で考察した内容は，今後日本におけるホリスティックな教員研修を，実践的に広く定着させていく上での示唆となるであろう。

　上記に述べた「シェアリング・サークル」や「観想的アプローチ」を，人権に関わる自分史交流の活動として教員研修に取り込む際の具体的なポイントは，

以下のように整理できる。
　①非日常的な空間を演出
　　日常とは異なる場所，時間，人の中で，自分の本心に向き合い，語りやすくする。
　②心と身体の緊張を解く
　　穏やかな気持ちとリラックスした雰囲気の中で，お互いに語り，聴きやすくする。
　③自己の中での語りの深化
　　自分が経験してきたことをゆっくりとふりかえる時間をもつ。
　④自己と他者とをつなぐ語りと聴くこと
　　相互に語り合い，聴き合うことを通して，日常では気づかなかった新たな視点を得る。
　以上の4点を，人権をテーマにした教員研修に，具体的にどのように取り入れたのかを，次節で見ていく。

8-2　人権に関わる自分史交流を取り入れた教員研修の概要

　本節では，朱雀中の教員を対象に，2012年8月22日，筆者が講師として担当した教員研修を取り上げる。校内における定期的な教員研修は，職員会議等と一緒に年に数回実施される。その中でも夏休みに行う研修は，一番ゆっくりと時間がとれ，教員自身もその他の業務と重なっておらず比較的ゆったりとした気持ちで行えるものである。実施した研修の内容と，「シェアリング・サークル」や「観想的アプローチ」を人権に関わる自分史交流の活動として取り入れたポイントは，以下の通りであった。

　日時：2012年8月22日（水）午後13時30分〜17時
　場所：朱雀中2階　ランチルーム
　研修テーマ：「○○をつないでいく人権学習〜多文化共生教育の実践から」
　〈事前にレジュメを配布し，以下の点について伝えておいてもらう。〉
　・最初は，自分の好きな席に自由に座っておく。
　・好きな飲み物やお菓子を自由にもってくる。（食べながら，飲みながらで

OK）

　・タイトルの『○○』に入る言葉を考えておく。（『○○と○○』というふうにつなげても OK）

〈前半〉（13：30 ～ 14：45，1 時間 15 分）
非日常的な空間を演出・心と身体の緊張を解く
（Ⅰ）導入，自己紹介と授業を行うにあたってのメッセージ
　・研修の目的，概要，時間配分
前半は，これまでの人権学習における多文化共生教育のあり方をふりかえる。後半は，これからの人権学習のあり方を考える。
　・注意事項
①グループワークでは，司会者とメモ・発表係を順番に決める。
②傾聴の姿勢で話をすすめる。（心をひらく，話したくないことは話さない。）
　・アイスブレーキング
全員輪になって体調確認（今日の元気度を自分の手で表す。）
　呼吸を整える。自分が居心地のいい場所を思い浮かべながら瞑想の時間をもつ。
　下の名前順に並び変える。4 ～ 5 人のグループをつくる。席に着いたら，ほめ言葉で他己紹介を行う。

非日常的な空間を演出・心と身体の緊張を解く・自己と他者とをつなぐ語りと聴くこと
（Ⅱ）グループワーク 1 ブレインストーミング
　・タイトルの『○○』の中に入る言葉をできるだけたくさん書きだす。全員でシェアする。
（Ⅲ）講義 1　まとめと解説
　・朱雀中での多文化共生教育の特徴と意義，理論的背景と課題，学会等での議論から。（成熟社会にふさわしい子どもの多様性に応じた多元的な教育システムの必要性，オルタナティブな教育の一つとしての公立学校の実践という位置づけ。）

（休憩15分間）

〈後半〉（15：00 ～ 16：30，1時間30分，その後30分ほど感想記入を含めた連絡の時間，17：00解散）

自己の中での語りの深化

（Ⅰ）グループワーク2 わたしのライフヒストリーと人権学習

・個人で①中学校の教員になろうと思った理由，②人権に関わる問題に直面した時の感じや思いについて，ワークシート（下図）に記入しながらゆっくりふりかえる。

自己と他者とをつなぐ語りと聴くこと

・グループごとに話を共有する。

（Ⅱ）講義2 今後の人権学習をどう創っていくか。発展させるためのヒント。

・いのちの視点と多文化共生教育を結ぶこと，日・韓のメッセージ交流を通した取り組みを発展させること。

（Ⅲ）グループワーク3 人権を大切にした学びをどう創っていくか？

・いのちを守るという視点から，釜石市の防災教育の事例をグループごとに読み，今後の人権学習に取り入れられる視点，活かせる点を考える。

〈研修の様子〉

全体交流

グループ交流

〈研修後のふりかえりアンケート〉

(1) 本日の研修を通して，新しく学んだことや感じたこと，気持ちの変化など，思いつくままに書きましょう。

(2) 疑問に思ったこと，難しいと感じた点，よくわからない点などを自由に書きましょう。

(3) 孫までメッセージや意見，質問などがあればどうぞ！

8-3　研修を通して教員が学んだこと―ふりかえり用紙の分析を通して

本節では，研修後に実施した，教員のふりかえり用紙の内容を分析する。人権に関わる自分史交流を取り入れた研修が，教員の学びにどのように影響したのか，検証する[11]（教員研修参加者23，アンケート回収数19）。

まず，研修全体について，「有意義であった」「楽しかった」「いい雰囲気であった」など研修の時間が教員にとって実り多い時間であることを述べた感想が多くを占めた（16）。

　（例）
　・3時間があっという間でした。眠くならないかと心配しましたが，しっかり参加できました。
　・孫先生のにこやかなリードのもと，いい雰囲気の中で研修ができました。
　・今回の研修はとても良かったです。楽しく，ためになる，この両方がどちらも充実していたと思います。

上記の感想が示すように，研修全体として，堅苦しい雰囲気ではなく，和気

あいあいと教員が楽しめていたことがわかる。研修当日の午前中，校内の環境整備が実施されており，教員が疲れていることを想定して，いい気分転換になるようにと心がけて進めたことが，上記のような結果をもたらしたと考える。研修の前に，準備を担当する教員たちが，お菓子やジュースをたくさんもって，楽しそうに各テーブルに配布していた姿が印象的であった。これから「何か楽しいことが始まる」予感を，最初からつくることができていた。また，最初のアイスブレーキングで，呼吸を整え，簡単な瞑想体験をしたことも，心身ともにリフレッシュする過程として一役かっていたのではないかと思う。その後の活動でも終始笑顔が多く，どのグループの話し合いも活発であった。

次に，アンケート結果のうち，「今回の研修で学べたこと」について，教員が書いた内容を，自分史交流の観点からカテゴリーごとに分類したものは，以下の通りである。

〈今回の研修で学べたこと〉

（アンケート総計19，同じ教員の意見が重複している場合も含む[12]。）

◆グループ1　自分史交流の活動を通して新たな発見があった，話し合えてよかった。(8)

　（例）

　・人権に対する視点など，自分が思っていたこととまた違う見方ができたことは，とても大切にしたいと思いました。

　・自分たち，教員もそれぞれの経験や感じ方，考え方の違いがあるので学習として生徒に伝えていく時には，十分な準備，話し合いをふまえた共通理解をもって取り組むことが大切であると思う。

◆グループ2　自分史交流の活動を含め研修全体がよかった，人権教育や多文化共生教育に対して学びを深められた。(8)

　（例）

　・私は朱雀中1年目だったので，なぜ朱雀中が多文化共生の授業に取り組んでいるのか，流れがよくわかりました。

　・人権学習の最終目標は「自分のいのち」をとことん大切にすることがみんなで確認できてよかった。また「自分のいのち」は自分だけのものではなく，そのことは，他の人のいのちも同じであることを如何に生徒に伝え

ていくかが人権学習の狙いだと思いました。

◆グループ3　自分史交流の活動を含めた研修内容や考え方に疑問や違和感があったが，釜石市のいのちを守る防災教育の取り組みについては参考になった。(4)

(例)

・釜石市のことがとても印象に残りました。マンネリ化していることがわかりつつ，変化しなければと思いつつ，なかなか変えることができないケースが多いが，勇気をもって，努力してとりくまなければいけないと改めて思いました。

上記三つのグループの回答と，研修の半年後に行われた2012年度多文化共生教育評価会議で出された教員の意見を手がかりに，それぞれのグループの教員の研修での学びについて考察する。

グループ1の教員たちについては，その中に長年朱雀中で勤務し筆者の研修を何度か受けたことのある教員から，まだ赴任して年数の浅い教員まで，さまざまな経歴の教員が含まれていた。経験年数を問わず，教員同士でよく話し合うことが重要であることを感じたと書いたグループである。この中で，教員の自分史交流の活動について直接ふれていたのは3名であり，次のような感想があった。

・今の職員室の机の配置になってから，他の学年の先生との雑談の機会が減ったのか，久しぶりに色んな先生と話せたように思います。自分はともかく，他の先生方の話がいっぱい聞けたのがよかったです。ライフヒストリーはおもしろいのですが，プライベートなことなので，なかなか全体に還元するのは難しそうですね。でも他の先生の話はとても興味深く，聴けてよかったです。

3名の感想に共通していたのは，「日頃なかなか教員同士が自由に話し合う時間がもてない」という点である。筆者が勤めていた十数年前には，教員研修も自主研修という形で春休みにも行われ，大阪の人権博物館や鶴橋のコリアタウンなど少し遠出しながら帰りに一緒に夕食を囲むという機会もあった。また，当時は同和地区における学習センターでの指導を週に数度担当しており，その行き帰り教員同士で日常業務以外のことを自由に話していたことを記憶し

ている。年度末に同じ学年の教員でいく旅行も，教員の仕事以外の側面を見たり，交流したりする貴重な機会であった。現在では，授業時間数を確保すること，春休みや夏休みの短縮等とも重なり，教員の自主研修を校内で設定することはなくなった。また，学習センターでの指導も現在はない。旅行も時間的に行くことが難しくなってきていると感じる。以前よりも，教員の仕事以外の側面を見ることやこれまでの経験を語る機会が減っているのが事実である。自分の人権に関わる根源的な体験と言えば，なおさらである。今回人権に関わる自分史を交流する機会をもったことで，日常でそのような時間がないことに気づき，そして日頃接している教員がさまざまな体験をしてきたことへ驚きながら，改めて同じ場所で働く教員同士が心を開いて話し合うことの大切さを感じている。

　残りの5名についても，直接的に自分史の活動についてふれているわけではないが，間接的にこの交流の時間に意義があったと述べていることに気づく。

　　・人は人との関わりの中でいろいろと経験していると感じました。育ってきた環境によって人はいろんな考えがあるので，そういった異なった人同士が話すことは大事だと思いました。（中略）本音で人と人とが話し合う，思っていること，考えていることを伝え合うことが大切だと思いました。

　上記のように，グループ1の教員たちにとって，人権に関わる自分史をふりかえり，他の教員と共有したことが，学びの大きな比重を占めていることがわかった。

　グループ2の教員たちは，赴任してまもない教員たちが多く（5名）を占めていた。人権学習そのものについて，また朱雀中での多文化共生教育の取り組みについて理解を深められたと書いた教員たちである。朱雀中での勤務年数が比較的長い，残りの3名の教員については，今後の人権学習や多文化共生教育のあり方について意見を書いていた。このグループの特徴は，研修を企画した教員以外に，直接自分史交流の活動そのものについて記述がないという点である。ただし，この研修全体のやり方について肯定的に捉えてコメントしているものが多かった。例えば，以下のような感想である。

　　・この研修に参加する前は少し不安な気持ちがあったのですが，ワークショップなどを通じて知識を深めることができて本当に良かったです。

・新しい話を聞くのは本当にありがたく楽しいです。教育者として，どうしてもかたよりがちな人権教育を，こういう形でおこなえるのは退職した校長の話を聞くより100倍良いです。

　上記のように，グループ2の教員たちは，これまで受けてきた人権をテーマにした研修と比べて，全員が参加し意見を出し合う参加型ワークショップへの興味や，お菓子を食べながらリラックスして行う研修自体が新鮮であったことを挙げている。楽しく，リラックスした雰囲気の中でそれぞれが人権学習について気づいたことが多々あり，自分史交流そのものがどうだったかというよりも，そのような斬新な研修全体の中の一活動であるという認識であったことがわかる。そして，以上のような楽しさや安心感をきっかけにして，最終的には人権学習や多文化共生教育についてもっと学びたいという意欲につながっていったことがわかった。

　グループ3の教員たちは，20代の若い講師から，勤務年数の長いベテランの教員までさまざまな教員が含まれていた。最後のグループワークで取り上げた釜石市の防災教育の事例が，人権教育や今後の自分の取り組みを考える上でとても参考になったと述べたグループである。自分史交流の活動について直接述べているのは1名だけであった。このグループに共通しているのは，研修の内容ややり方への疑問，筆者の人権学習や多文化共生教育についての考え方に違和感をもっていたという点である。例えば，以下のような感想である。

・私の頭では先生の思った通りの理解はできていないと自分で思います。難しいですね。

・朱雀の現場でやっている多文化共生学習と，先生の考え方との間にギャップがあるように思うのですが……。現場の認識不足かな。

　これまでの朱雀中での人権学習や多文化共生教育についての考え方について，もともと疑問があったり，今回の研修を通して改めて難しさを感じていたりしていたことがわかる。また，そのような中で今後どうしていくべきか葛藤している姿も，以下のような記述から読み取れた。

・(先生に) ついつい頼ってしまいますが，おんぶにだっこではいけないな……と思います。まだまだこれから先，お世話になることも多いと思いますが本校内でも力をつけていきたいです。

以上のような疑問や違和感，さまざまな葛藤が，今回の研修の中で出てきたものの，自分史交流も含めた教員同士での話し合いや，これまでの多文化共生教育についての説明だけでは，十分に納得できなかったことがわかる。そのような中で，釜石市の防災教育の事例は，いのちを守ること，人権教育について考えることだけでなく，学校としての取り組みや体制のあり方など明確なモデルとしてわかりやすかったこともあり，最後に目指すべきモデルの一つとして教員の心に残ったのではないかと考える。

　全体を通して，今回の人権をテーマにした研修の中で自分史交流をしたことが教員の学びに大きく影響していたと考えられるのは，アンケート総数19のうち，グループ１の８名だけであった。しかし，グループ２の８名が，研修全体のやり方自体が新鮮であり，具体的に自分史交流がどうであったか，研修の一部についてふれなかった点を鑑みると，決してこの活動にあまり意味がなかったと悲観するものではないと考える。また，この研修や多文化共生教育の実践自体に疑問の大きかったグループ３の感想にも，「自分が思っていたことと違う見方を大切にしたい」「自分史交流の活動を通して先生方の新たな側面が見れた」など，肯定的な記述もあり，人権に関する自分史交流をしたことがそのような感想の基底となっていることがわかる。そして，何よりこの研修自体が「リラックスできた」「楽しかった」「いい雰囲気だった」と，参加者の大多数（16名）が述べており，このような全体の良い雰囲気が，研修への肯定的な評価につながった基盤となっていることがわかった。

8-4　本実践の成果と課題―ホリスティックな教員研修への示唆

　本節では，本実践の成果として（1）「日常の中の非日常性の創出」，（2）「緊張からの解放と学び」，（3）「語りなおしを通したゆるやかなつながり」という点を挙げ，人権をテーマにした教員研修に自分史交流を入れたことによって教員にどのような学びがあったのかを考察し，今後の課題について整理する。

（1）日常の中の非日常性の創出

　自分史交流の活動が研修での学びに大きな比重を占めていたグループ１の感想の中には，日常業務の中で，教員たちとゆっくりさまざまな話をする時間が

ないことについて記載されているものがあった。

・ライフヒストリーを話し合うワークショップは，時間が足りなくて残念でした。なかなかあらたまって話しませんからねぇ……。

研修から半年後，2013年3月23日に行われた，2012年度多文化共生教育評価会議の場でも研修に参加した教員たちから，日常の業務や会議の中で教員同士が人権学習をテーマにゆっくり話し合う時間がもてないことについて意見が出ていた。

・校内の人権学習に関する年度末反省の中で意見はいくつか出たものの，テスト期間前だったこともあり，自分はこうしたいという意見を闘わせることもなく，30～40分であっさり終わってしまったという印象だった。日頃の忙しさから意見に深まりを感じられない。

・人権の係会が週に一回あり，多文化共生教育のことも話題にはあがるが，予定がまだ先ということもあり，（研修後）各学年で十分に深めて話し合うまでには至っていない。

上記のように，校内で行う会議や年度末のふりかえりも，多忙な業務の合間をぬってしていることもあり，意見に深まりが見られず，こなさなければならない多くの仕事の内の一つと考えている傾向があるように思う。そして，校内の人材だけで意見を深めていくことの限界も見える。そんな中で，筆者が第三者的に講師として研修に関わり，日常とは少し違う雰囲気の中で研修をしたことについて，以下のような教員の意見があった。

・教員研修は，外部講師が入ったことで，いろいろな人間関係のしがらみ等をいったん横に置いて，話しやすい雰囲気ができたことがよかった。

また，研修の中でさまざまな教員と話し合ったことの成果についても次のように述べている。

・人権に関して，40代以上の先生方と20代の先生方との差，また経験してきた学校の差など，学年を越えて縦割りで話せたのがよかった。

・教員研修では，いろんな差を感じた。例えば，この先生はこういう考え方だから，取り組みの提案等に関して，「こういうふうに言おう」とか，「この部分を出して提案しよう」ということがわかるようになった。

以上のように，第三者が講師として入り，日常とは少し違った非日常性を演

出することで，日常業務の中では難しかった教員同士の意見の深まりを，教員たちが感じることできたということである。

藤村（2001）は，現代における「日常」と「非日常」の構図の中で生きることについて以下のように述べている。

> 「日常／非日常」の入り組んだ時代を生きる私たちに求められるのは，固定化された役割イメージや身体化した習慣にいなおることなく，動的な態度をしめしつづけていくことであろう[13]。

教員たちが送っている「日常」の学校生活の中で「非日常」の機会を創出することは，教員それぞれが自分の「日常」を客観的に捉え直し，もう一度その「日常」に対して自分達がどのように過ごしていけばいいのか考え直すといった動的な態度に結びつくものであると，筆者は考える。しかし，日常性が全域的に支配している現代において，以上のようなわずかな「非日常」の効果などあまりないのではないかという疑問が起こる。

藤村は，日常と非日常の関係性について，ホスピス医の山崎章郎の言葉を取り上げ，「死に近い人たちが例外なく大切に思うのは，繰り返される日常性そのもの」であり，「私たちが日常として個々の生をまっとうする一生という時間も，大いなる悠久の時間の流れにおいてみればささやかなとるにたらぬ非日常的な一瞬であるにすぎない」と指摘する[14]。

多忙な教員生活の日常は，悠久の時間の中の個々の人生という視点から見れば，一生の中の非日常的な瞬間の積み重ねである。教員たちが非日常的な研修という場で，日常ではあまり話さない同僚たちとゆっくりお茶やお菓子を囲み，自分の人生の重要な一片である「人権に関わる根源的な体験」を共有することは，自分の「日常」が実は「非日常の連続」であったと気づくきっかけとなるのではないだろうか。そうして，自分の「日常」である教員としての生の時間に対して，かけがえのない輝きをもったものとして捉え直すことができると考える。このような体験は，8-1で述べた，「ディープ・フィーリング」や「ディープ・トラスト」とつながる思考の過程であり，教員一人一人が新しい自分に出会い直す経験と言えるだろう。

今後の課題としては，教員同士がこのようなささやかな非日常的な交流の場をどのように継続的につくっていけるかという点を挙げることができる。研修

の半年後に行われた評価会議で，教員たちが研修後も多忙であったため，人権学習や多文化共生教育についてゆっくりと話し合う時間がもてなかったことが述べられていた。また，1年間の人権学習の取り組みについて，教員同士が意見を交換しあう場が正式に設定されていても，実質的なやりとりが十分に行われないまま，あっさりと終わってしまったという意見もあった。今後は，年一回の研修という形だけでなく，教員同士が非日常的に交流する仕掛け（職員室内の環境づくり，学年を越えた教員同士の交流など）を継続的につくること，そのために第三者との協力を深めることが必要であろう。

(2) 緊張からの解放と学び

研修の中で自分史交流の活動について直接感想を述べていたかどうかにかかわらず，参加者の大多数（16名）が，この研修全体が「人権についてリラックスして話をできた」「いろんな話を聞いて楽しかった」「研修の時間があっという間だった」「いい雰囲気の研修だった」ことを挙げていた。

以上のように，研修への肯定的な感想が全面的に出てきた背景には，これまで人権をテーマにした教員研修が緊張や不安を強いるものが多かったことがあるのではないかと筆者は考える。それは，以下のような感想から窺うことができる。

・人権というとどこか暗いイメージがつきまとうのですが，こういう（今回のような）話し合いも人権をテーマにしているわけで，楽しい人権もあるんだと感じられたことが良かったです。

人権教育に長年関わってきたベテラン教員が実践について語ったり，同和地区出身者や在日外国人が自らの体験を教員に語ったりする講義形式の研修はこれまで多く行われてきた。もちろん教員にとっては人権について学ぶ貴重な機会であるものの，どうしてもその研修中，講義をする人と聞く人の間で力関係が発生したのではないだろうか。それは，講義をする人が自らの差別体験や教育実践を語り伝える場面で，聞く人に対して「こんなことも知らないのか」という不安を煽るような一面もあったと筆者は考える。それは人権を学ぼうとする教員たちへの緊張や不安をさらに増加させ，学ぼうとする姿勢の力みやこわばりにつながっていったのではないだろうか。

筆者が研修の最初，参加者に対して「参加型ワークショップの研修を受けたことがありますか」と聞いたところ，全員が「受けたことがある」と手を挙げた。つまり，今回の研修を受けた教員たちは決して講義型の研修ばかり受けてきたわけではない。それでも，このように人権をテーマにした研修について不安な気持ちが現れるのは，不安感を克服できるほどの人権教育研修を受けてこなかったからではないかと考える。

　鷲田（2011）は，「他者の声を聴くために自分の身体のこわばりを解く」ことについて，ロラン・バルトを引用しながら，次のように述べている。

>　「《私のいうことを聴いてください》というのは，《私に触れてください，私が存在することを知ってください》ということだ」——そうバルトは書く。聴き取りというのは，相手と文字どおり呼吸を合わせることから始まると，ケアの現場で聞いたことがある。精神分析医から聞いたこともある。看護婦は，声を聴くために，患者の瞳をじっと見つめ，知らないあいだに布団に手を当てている。声の肌理を聴くためには，「あなた」にふれるためには，言葉をもういちど身体の振動にまで連れ戻さなければならない。そのためにはさらに，その振動に同調できるところまでじぶんの身体のこわばりを解かねばならない。じぶんそのものではない言葉をその肌理ごと迎え入れるために[15]。

　教員の感想の中には，自分史交流の活動について，プライベートなことを聴いたり話したりすることへの戸惑いが書かれていたものがあった。それは，上記のように他者の話を聴くということが，その人の存在そのもの，そして自分と他者の身体性に深く関わっていくものであることへの戸惑いとも受け取れる。身体の緊張やこわばりは，他者の言葉を肌理ごと受けとることを妨げる。そして，そのような緊張状態では，他者の言葉を真に聴くことはできないと，筆者は考える。

　研修のはじめのアイスブレーキングで，筆者は全員で息を整えることから始めた。「息」と「生き」は古語辞典を調べれば同じ語源であり，息を整えることが生きることにどれだけ重要で，欠かせないかということを最初に確認した。教員たちは全員立って円になり，ゆっくりと呼吸を始めた。しばらくして，自分の一番好きな場所，くつろげる場所を思いながら，そのままゆったりとした

呼吸を続けるイメージワークと瞑想に入っていった。最初は初めての経験に躊躇する教員も数名見受けられたが，少しずつ穏やかな研修の雰囲気に馴染んでいったように見えた。その後教員たちは，日頃あまり呼んだことがない下の名前で呼び合う活動や，同じグループの隣の人を誉めて他己紹介していく活動にスムーズに入っていくことができた。このような活動は，その後の自分史交流の活動をしていくにあたって，自分の身体の緊張やこわばりを解くのに役立ったと思う。そして，緊張感がほぐれていくにつれ，楽しさが全面に現れ，人権研修を受ける時のさまざまな不安感もほぐしていくことができたのではないだろうか。

　以上のような点は，Miller（1997）が述べる下記の「ホリスティックな学びの特徴」につながるものである。

　　学びが促進されるのは，心がやすらぐ環境にいるときです。かつてカール・ロジャーズは，学びがもっとも促進されるのは，人びとが安心できる環境にいるときだと言いました。まわりの環境が安心できると感じられれば，人はすすんで冒険をしたり，ものごとに挑戦したりできます[16]。

　上記のように，教員研修においても，緊張感や不安感がほぐれ，心がやすらぎ安心できる環境になった時，初めて学びを深めていくことができると筆者は考える。身体の緊張やこわばりを解くイメージワークや瞑想は，単に研修に入る前の準備としてだけでなく，自分と他者の言葉を聴き合う身体にしていくというさらに深い意味づけができると考える。それが，これまで述べた「観想的アプローチ」をとることの一つの意義であり，教員一人一人の自己探求につながっていくものとなるのではないだろうか。

　今後の課題としては，「観想的アプローチ」をとる具体的な研修のあり方をさらに検討していくことである。今回の研修では，上記で述べたように，導入のアイスブレーキングの場面でイメージワークと瞑想を実施したり，自分史交流活動の場面で一人一人がワークシートのイラストを見ながら自分の経験をふりかえるという時間をもったりしたが，どちらも十分な時間がとれなかった。人権をテーマにした教員研修に，どのような「観想的アプローチ」をとることがより学びを深めていくことになるのか，具体的に検討していくことが求められる。

(3) 語りなおしを通したゆるやかなつながり

　人権に関わる自分史交流の活動に肯定的であった教員はもちろん，今回の研修で教員同士の話し合いやいろんな意見を聴けたことがよかったと述べた感想が約半数（11 名）を占めた。その中で，自分の語りや教員同士の関係性について述べた次のような記述があった。

　　・大切なことは話を聞くだけではなく，自分の意見を言ったり，聞いたりすることで，本当に新しい発見があるものです。同じ職場で働くものが気持ちをつないで，日々の生徒にかかわることが大切だと改めて思いました。
　　・人と人がわかり合えて，楽しく一緒に生活していくためには対話が必要だし，5 人のグループで自分のことを話し，相手のことを聞くうちに，人を大切にする最初の始点に立てたように思いました。

　今回の研修の中で，グループごとに話し合う活動をいくつか設定したが，どの活動も予定していた時間をオーバーしてしまった。当初，実際に予定していた研修時間は全部で 2 時間程度であったが，どの活動も教員同士の話が弾み，一向に止む気配がなかった。やむなく時間を延長し，結局 3 時間の研修になってしまった。特に，自分史交流の時間超過は顕著で，少なくとも 30 分は時間を延長した。それでも，グループによっては全員が語りきれないところもあった。また，筆者が自分史交流の時間を終了したいと思い，「もうそろそろ時間ですよ」とグループごとに呼びかけても，「えーまだ終わってない」と笑って返答されることが多々あり，もっと話したいという雰囲気に満ちていた。研修終了後，20 代の若い講師が「教師という人はやっぱりよくしゃべるのだなと実感しました」と書いたほどであった。特に，自分史交流の時間に，「時間が足りない」という雰囲気になったのは，人権に関わる経験を語りなおすことが現在の自分のあり方と深く関わっているため，一人一人に長い時間が必要だったのではないかと筆者は考える。

　鷲田（2012）は，「語りなおすこと」が一人一人の人生を生きることと深く関わっていると，以下のように説明する。

　　人生というのは，ストーリーとしてのアイデンティティを自分に向けてたえず語りつづけ，語りなおしていくプロセスだと言える。（中略）わたしたちはそのつど，事実をすぐには受け入れられずにもがきながらも，たと

えば腕をなくした，足をなくしたとか，子どもを亡くしたとか，じぶんは
もう病人になったという事実を受け入れるために，深いダメージとしてそ
の事実を組み込んだじぶんについての語りを，悪戦苦闘しながら模索して，
語りなおしへとなんとか着地する。そうすることで，じぶんについての更
新された語りを手にするわけです。言ってみれば，〈わたし〉の初期設定を
換える，あるいは，人生のフォーマットを書き換えるということです[17]。

　人権に関わる根源的な体験をふりかえることは，一人一人にとってその時に
感じた心の痛みや衝撃を想起させる。自分史をふりかえるワークシートに教員
が取り組んでいた時も，メモをとりながらふりかえる人，椅子の背にもたれ空
中を見ながら想い起こしている人などさまざまであった。グループで語り合い
の時間に入った時，それぞれのグループで語られていた経験は大変濃密であっ
た。あるベテラン教員は，同和地区の生徒の家を家庭訪問し，保護者から語ら
れた就職差別の話を聞いた時の感触をゆっくりと話していた。初めてうけた衝
撃，厳然とした差別が目の前にあることを思い知らされたということを伝えて
いた。また，違うグループでは，同じ学校で働いていた同僚の話が語られてい
た。同僚が心を病んでいったが，自分は何もできなかったと，その時の無力感
や悔しさを語っていた。どのグループも一人一人が途中で口を挟むことなく，
静かに，そしてたまに頷きながら教員の語りに聴きいっていた。このような語
りと周囲の人々との関係性についても，鷲田は次のように述べている。

わたしのいう語りなおしは，周りとの関係も含んだものです。周囲にも新
しいストーリーを受け入れてもらわないといけないのです。周囲のじぶん
を見る目も，理解して変わってくるというプロセスを経ないと，本当の着
地はありえないのです[18]。

　以上のように，学校という同じ職場に働く教員同士がゆっくりと人生をふり
かえり，その中で人権に関わる根源的な体験を想起し，その時の衝撃や感触を
語り，そして聴き合うこと。それは，鷲田が述べたような「人生のフォーマッ
トを書き換える」という共同作業を，人権をテーマにして一緒にしたことにな
る。そのような過程を経て，初めて，同じ学校に勤めるもの同士がゆるやかに
つながり，一緒に人権学習を創っていく意味に辿りつけるのではないだろうか。
人権学習を義務や仕事として仕方なくやることから，教員である自分の人生の

中で人権学習に関わる意味を見出す過程へと，ともに一歩前に進み出ることができるのではないかと考える。

　今後の課題としては，このような教員一人一人の語り直しが，生徒との関係にどのような影響を及ぼすのか考察していくことが挙げられる。人権に関わる自分史をふりかえる中で生徒との思い出をふりかえった教員もいたはずであるが，語り直しの作業をした後，直接目の前にいる生徒との関係について触れた教員はいなかった。また，半年後の評価会議で教員から出てきた意見も，教員同士の関係や仕事をしていく上での戦略については言及があったものの，生徒に対する意見が出てこなかった。このような生徒への言及がないことを，教員自身が語り直しを経て顧みることが，現在の自分をどう捉え直していくかという点で不可欠なプロセスだと筆者は考える。

注

1　Miller, J.（著）中川吉晴・吉田敦彦（監訳）（2010）『魂にみちた教育―子どもと教師のスピリチュアリティを育む』pp.104-107（晃洋書房）

2　Goodson, I. と Sikes, P. は，教師の専門的発達において自伝や個人誌といったライフヒストリーを活用することについて，四つの利点があることをまとめている。①自己の内省に取り組むことによる利点，②内省する時間から生じる利点，③学校と学校教育，理論と実際の経験を学習することで得られる利点，④危機的状況における癒しとカタルシスという利点。詳細は次の文献を参照のこと。(Goodson, I. & Sikes, P.（著）高井良健一・山田浩之他（訳）（2006）『ライフヒストリーの教育学　実践から方法論まで』pp.105-108（昭和堂））

3　河村美穂・中野玲子・田中美里（2007）「「授業経験を語り合い聴きあう」授業研究のこころみ―埼玉県小学校家庭科教育研究会鴻巣地区のとりくみから」（『埼玉大学教育学部付属教育実践総合センター紀要第 6 号』pp.145-157），末吉朋美（2011）「教師による「語りの場」の意義：ある日本語教師とのナラティヴ探求を通して」（『阪大日本語研究第 23 号』pp.79-109）など。

4　孫美幸（2013）「いのちの視点を取り込んだ多文化共生授業における子どもの意識変容―在日コリアンへの偏見や無関心を乗り越えるために」（『ホリスティック教育研究第 16 号』pp.54-68）

5　2011 年度末にまとめられた，朱雀中の今後の人権学習の計画と内容についての概要は，以下の通りである。1 年生：障害のある人たちとともに①（4 月）1 時間，人権学習のオリエンテーション（4-5 月）2 時間，認めあい（7 月）1 時間，多文化共生①（10 月）2 時間，性教育①（12 月）2 時間，ジェンダー①（1 月）1 時間，障害のある人たちとともに②（2 月）2 時間。2 年生：多文化共生②（7 月）2 時間，学び（9 月）1 時間，障害のあ

る人たちとともに③（12 月）2 時間，同和問題①（2 月）2 時間。3 年生：同和問題②（5月）3 時間，多文化共生③（7 月）3 時間，性教育③（11 月）3 時間，ジェンダー②（12月）1〜2 時間，3 年間のまとめ（3 月）1〜2 時間。上記に挙げた時間数については主に道徳の時間数であり，総合的な学習の時間や特別活動を利用した体験活動の時間を入れるとさらに増加する。

 6　Light, A.・辻信一（2010）『しんしんと，ディープ・エコロジー ―アンニャと森の物語』pp.151-152（大月書店）
 7　Light, A.・辻信一（2010）前掲書　pp.152-154
 8　日本ホリスティック教育協会・中川吉晴・金田卓也（編）（2003）『ホリスティック教育ガイドブック』p.240（せせらぎ出版）
 9　中川は，「反省的アプローチと観想的アプローチがともに目指しているのは，教師が自分自身をよく知り，それを教育活動と結びつけるということである。両者が異なるのは，その方法論においてである」というように，教師教育において「反省的で観想的な実践家」を養うことの重要性について指摘している（中川吉晴（2005）『ホリスティック臨床教育学―教育・心理療法・スピリチュアリティ』pp.237-271（せせらぎ出版））。
 10　日本ホリスティック教育協会・中川吉晴・金田卓也（編）（2003）前掲書　pp.240-243
 11　分析の対象は，実践後のアンケートが主であるが，研修終了から半年後，2013 年 3月の 2012 年度多文化共生教育評価会議の際に出された，教員研修に対する意見も参考にしている。
 12　この中で，学んだことの中に印象に残ったキーワードを書きだしている教員 1 名がおり，そのアンケートについては，以下の分類の中には入っていない。
 13　嶋根克己・藤村正之（編著）（2001）『非日常を生み出す文化装置』pp.57-59（北樹出版）
 14　嶋根克己・藤村正之（編著）（2001）前掲書　pp.61-62
 15　鷲田清一（2011）『感覚の幽い風景』pp.58-60（中公文庫）
 16　Miller, J.（著）中川吉晴・吉田敦彦・桜井みどり（訳）（1997）『ホリスティックな教師たち―いかにして真の人間を育てるか？』pp.33-35（学習研究社）
 17　鷲田清一（2012）『語りきれないこと―危機と傷みの哲学』pp.26-28（中公新書）
 18　鷲田清一（2012）前掲書　pp.28-30

おわりに

　幼い頃から日本語と韓国語が飛び交う環境の中で育ってきた。親戚が集まる祖先供養の祭祀（チェサ）で，韓国に暮らす親戚からの電話で，韓国釜山出身の1世である母の友人たちが集まる場で，私は日本と朝鮮半島の境界を行ったり，来たりしてきた。

　小学生の頃，友人からふと言われた言葉に，よくわからないけどなんだか腑に落ちないという感覚を経験した。

　「みゆきちゃんのお母さんは韓国人やけど，みゆきちゃんとは仲良くしなさいってうちのお母さんに言われたの」

　私にとって「友人」は「友人」で，「○○人だけど仲良くする」の意味は全く理解不能だった。その後も，私の人生は常に日本と朝鮮半島の「グレーゾーン」であることの影響から免れなかった。

　高校生の頃，初めて釜山に暮らす親戚たちを母と一緒に訪ねた。韓国語がほとんどできず日本語でやりとりする私に，日本語の上手なおじさんたちは眉をひそめてこう言った。

　「韓国に来るんだったら韓国語を勉強してきなさい」

　私が日本生まれの日本国籍をもった「日本人」だったら，そんな言い方はきっとしなかっただろう。片言の韓国語でも「韓国語上手だね」って褒められたはずだった。「在日」じゃなければ。

　大学生の頃，韓国語を本格的に学び始め，会話もスムーズになったかと思った時，釜山に暮らす親戚のおじさんにこう言われた。

　「韓国では，「朝鮮語」と言ってはいけない。「韓国語」と言いなさい」

　大阪外国語大学（現，大阪大学）の朝鮮語専攻に所属していた私は，自分の所属も国境を越えると満足に言えないことを痛感させられた。

　大学3年生を終了して，1年間ソウルでの留学生活も経験した。世界各国から集まったコリア系の子孫たちと一緒に学ぶことを楽しみながら，景福宮の前にあった旧朝鮮総督府の建物が少しずつ解体されていく歴史的な瞬間に立ち会

うことができた。歴史とルーツが交錯する体験をしたのだった。

　そんな中，日本と朝鮮半島の政治的な関係が悪化するたびに，私は両方から説明を求められた。韓国の親戚から「独島（日本では竹島）が日本のものだってあれはひどいんじゃないか？」と言われた時，ニコニコしながら「まあいろんな意見がありますから……」と，お茶を濁したことが何度もあった。そして，その逆も……。

　「グレーゾーン」の私ができることを考えていた時，私は本書で述べてきたような「平和教育」や「多文化共生教育」に出会うことができた。そして，本格的に研究や実践という形で，それを進めることにこの10年余り邁進してきた。その片鱗を本書で感じ取っていただければ幸いである。

　なお，本書で具体的に明らかにした内容は，以下の3点にまとめられる。

　①平和教育の中核となる「いのち」や「人権」に関わる項目について，それらの学習で中心的な役割を担っている，中学校「道徳」と「社会科（公民的分野）」の教科書を使って比較分析した。両国で平和教育のプログラムを実施するにあたって，共通した課題や各国特有の課題を明らかにし，プログラムの主要なテーマ（いのち・子どもの権利，さまざまな差別）を整理した。

　分析の結果，両国ともに，ナショナリズムや民族主義が表れた部分や子どもの権利などの普遍的な問題について欠落している部分が多くあることがわかった。また，両国の歴史的な現実や文化背景に即して考察しながら，共通した課題や各国特有の課題が明らかになった。例えば，本書で中心的に取り上げた「多文化共生」というテーマについては，お互いの文化や人々の多様性についての学習の仕方が異なっていた。お互いがその手法や考え方を学び合うことで，国民国家が抱える「包摂」と「排除」のシステムを乗り越える可能性が生まれることを指摘した。

　②日本と韓国の「多文化共生教育」が発展してきた背景を確認した。そして，両国の学校とNGOが協働する「多文化共生教育」プログラムの実践例を検討し，プログラムの内容や協働する上での課題を整理した。

　日本は筆者がコーディネーターとして関わっている京都市の事例，韓国は先進的なプログラムとして評価されている安山市の事例を取り上げた。

　日本の京都市の事例では，多角的なネットワークのもとでの協働実践が，長

期にわたって展開されていた。しかし，「包括的に各人権課題をつなげて考えさせること」「自分のアイデンティティと照らし合わせて考えさせること」「グローバル・シティにおける「搾取－被搾取」の関係性を理解させること」が不十分であり，「他者としての学習」の域から十分に出ていなかった。今後は，以上のような視点をプログラムに反映できるように，さらに工夫していく必要があることを指摘した。

韓国での「多文化教育」は歴史が浅くまだ発展途中であるが，安山市の事例は，「多文化主義」のジレンマを根本的に乗り越えていくような可能性を秘めていた。更に多角的な協働を進め，長期的なプログラムを発展させていく必要性について述べた。

③ NGOなどのトランスナショナルな主体と中学校が協働する「多文化共生教育」プログラムのモデル案を提示した。

「多文化共生教育」授業内容の学習段階（初期・深化・発展）の内容を具体的に作成した。その内容について，平和教育の視点から整理し，その関連性を示した。また，カリキュラムを支援する組織について，今後推進すべき協働体制のモデルを提示した。そして，このような視点を込めたプログラムを提示し，実際に使用できるような授業案や資料を添付した。また，包括的な平和教育からホリスティックな構造への転換を図る3つのいのちの視点についても提示した。いのちの視点を取り入れた具体的なプログラム事例を整理し，新しいプログラムモデルを活用した授業実践を考察した。最後に，「多文化共生教育」を学校に根づかせるための工夫の一つとして，自分史交流を取り入れた教員の人権研修のあり方について考察した。以上のようなプログラムの提示や実践考察を通して，両国における平和教育の課題の克服を試みた。

また，本書は，立命館大学社会学研究科に提出した2009年度博士論文「日本と韓国の中学校における「多文化共生教育」のあり方―平和教育の包括的な展開を目指して」を主軸に，再編集したものである。特に7章以降，博士論文を提出した後に発表した論文等を付け足し，大幅な加筆修正を行った。初出論文は下記の通りである。

7-3 節
「いのちの視点を取り込んだ多文化共生授業における子どもの意識変容—在日コリアンへの偏見や無関心を乗り越えるために」日本ホリスティック教育協会『ホリスティック教育研究第 16 号』（2013 年 2 月）

8 章
「人権学習をテーマにしたホリスティックな教員研修〜教員の人権に関わる自分史交流の実践から」日本ホリスティック教育協会『ホリスティック教育研究第 17 号』（2014 年 2 月）

　本書への掲載を許可していただいた編集者，関係者の皆様に心より感謝を申し上げたい。また，本研究を進めていく上で多くの方々の多大な協力があったことを下記の通り記して感謝を申し上げる。
　博士論文の指導や審査に関わってくださった立命館大学の角田将士先生，佐藤春吉先生，森田真樹先生，博士前期課程で指導していただいた安斎育郎先生，多文化主義や植民地主義の観点からいつも厳しく温かいコメントをしてくださった故西川長夫先生，朝鮮半島や在日コリアンの歴史についてたくさんのお話をいただいた文京洙先生，本書で実践した大学生主体のプログラムについて助言していただいた原毅彦先生，立命館大学専門研究員の受け入れ教員であった南川文里先生，ホリスティック教育協会の研究大会や論文等でコメントいただいた大阪府立大学の吉田敦彦先生，日本学術振興会特別研究員の受け入れ教員であった京都大学の水野直樹先生，生涯学習の観点から多くの助言をくださった前平泰志先生，渡邊洋子先生，教育社会学の観点から研究のコメントを下さった倉石一郎先生，その他本研究の基盤となっている投稿論文の査読者及び編集委員の先生，これまで発表，参加した研究会の先生やメンバーの方々，本当にどうもありがとうございました。
　そして，これまで「多文化共生教育」プログラムの開発や実践に関わってくださった京都市立朱雀中学校に在籍されてきた先生方，京都 YWCA・APT 共育プログラムのメンバーの方々，多くの外国人講師やボランティアスタッフの方々，2006・2007 年度立命館大学国際関係学部自主ゼミナール「カルバリープ

ロジェクト」のみなさん，共育 NGO TO BE で活動していたみなさん，また韓国の調査にあたり現地の状況を報告してくださった山田貴子さん，韓国の大学生とのメッセージ交流を実現していただいた二色博樹先生，海外との協働ネットワークの構築といのちの視点から発展させたプログラム概要作成のためカウアイ島とハワイ島の現地コーディネートや助言をしていただいた，シルバーマン恵子さん，藤田絵美さん，ロクサーヌ先生，ヴィッキー・トップ先生，ナオミ・イケジリ・スコットさん，リカ・デーヴィスさん，未央さん，丁寧な編集作業を進めてくださったナカニシヤ出版の山本あかねさん，その他多くの方々のご協力なくして本研究は成り立っていない。

　最後に，いつも研究を温かく見守りサポートしてくれたパートナーの正人，多くの生きた学びの機会を私に授けてくれる二人の子どもたち，そして，心の支えとなってくれた多くの友人たち，これまで私が関わったプログラムや授業を受けてくれた多くの生徒たちに感謝したい。

　なお，本書は平成 21 ～ 26 年度日本学術振興会科学研究費補助金（特別研究員奨励費　課題番号「08J07113」「12J40009」），および平成 28 年度科学研究費補助金（研究成果公開促進費（学術図書）　課題番号「16HP5218」）の助成を受けたものである。

京都上高野にて
孫　美幸

添付資料

①中国のパワーポイント資料　（製作：共育 NGO TOBE）（2008 年）

Q. 日本に中華街はいくつあるでしょう？？

A. 1個だけ

B. 10個以下

C. 11個以上

正解は･･･ 10個以下☆

- 日本3大中華街
  - 横浜
  - 神戸
  - 長崎

↑ 南京町

実は･･･世界にある中華街！！

- 北アメリカ
- 東南アジア
- ヨーロッパ
- オーストラリア

Q. 中国での食事のマナーはどっち？

A. 器を持ってはいけない

B. 料理を残さなくてはいけない

正解は･･･「B」料理を残すんです

中国では…

料理が残っていると、
「お腹が一杯で食べられない位、私はもてなしを受けました」

反対に…

皿が空になっていると、
「料理が足りていなくて、十分なもてなしができていない？」
と心配されることも。

②子どもたちによる事前学習(京都市立朱雀中学校2年生作品)(2008年)

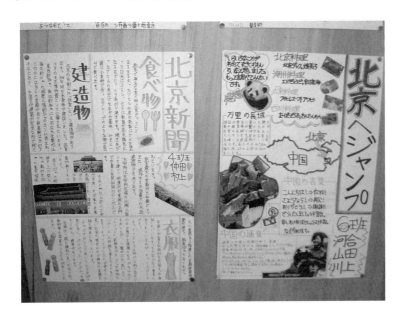

③中国の民族衣装の切手

（漢族）　　　　　　（モンゴル族）　　　　　　（朝鮮族）

④中国人講師による授業の様子(上:福島さん・下:ナシュンさん)(2008年)

(上下ともに崔さん)(2008年)

⑤多文化社会を体感する，フィールドワーク場所の事例

・多文化背景をもつ人が多く暮らす地域
（日本）
　京都市東九条・神戸市南京町・神戸市長田区・大阪市生野コリアタウン・東京都新宿区新大久保・群馬県大泉町
（韓国）
　ソウル市九老区加里峰洞（中国朝鮮族）・東部二村洞（日本）・瑞草区ソレ地域（フランス）・鐘路区昌信洞（ネパール）・恵化洞（フィリピン）・中区光煕洞（中央アジア）・梨泰院（ナイジェリア）・安山市ウォンゴク洞

・それらの地域にある商店街，施設など
（日本）
　京都市地域多文化交流ネットワークサロン・神戸モスク前のハラール食品店・鶴橋駅高架下の高麗市場・滋賀県のブラジルスーパー
（韓国）
　ソウル市九老区加里峰洞「延辺通り」・鐘路区昌信洞東廟周辺ネパールのレストラン街・恵化洞ロータリー「フィリピン市場」・中区光煕洞「中央アジア村」・梨泰院イスラム寺院周辺・安山市「国境のない村」

・多文化のお祭り
（日本）
　京都東九条マダン・神戸南京町の春節祭・伊丹マダン・四天王寺ワッソ・ワンコリアフェスティバル・たからづか民族まつり・ふれあい芦屋マダン・群馬県大泉町のサンバ
（韓国）
　韓日お祭りハンマダン（ソウル・日本（東京）でも同時開催）・全国各地の多文化お祭り（ウルサン，アンサンなど）

・外国人支援の団体（国際交流協会や NGO など）
（日本）
　中国帰国者支援交流センター・京都市国際交流協会・大阪国際交流センター・兵庫県国際交流協会・とよなか国際交流協会・関西ブラジル人コミュニティ（神戸市）・京都 YWCA APT・FM わいわい（神戸市長田区）・多文化共生センター・バザールカフェ（京都市）
（韓国）
　ソウルグローバルセンター・南北オリニオッケトンム・虹の青少年センター・韓国移住女性人権センター・サラダ（多文化）放送局・女性の電話・釜山国際交流財団・釜山 YWCA セトミン支援センター・アジア平和人権連帯（釜山）・安山移住民センター・国境のない村（安山）

・多文化背景をもつ子どもたちや大人たちが学ぶ場所（民族学校・夜間中学校など）
（日本）
　中華学校・朝鮮学校・韓国学校・ブラジル人学校・コリア国際学園（大阪府茨木市）・京都市立洛友中学校夜間部（二部学級）・山城自主夜間中学校
（韓国）
　ソウル国際学校・ソウル外国人学校・漢城華僑学校・日本人学校・アジア共同体付設アジア共同体学校（釜山）

〈参考資料〉
　京都 YWCA・APT 多文化共育プログラム（編集・発行）(2008)『京都 YWCA・APT　多文化共育プログラムの 10 年（1998-2007）』pp.66-67
　国境のない村（http://www.bvillage.org/xe/home）
　ソウルグローバルセンター（http://global.seoul.go.kr/）
　虹の青少年センター（http://www.rainbowyouth.or.kr/）
　民団新聞（2007・1・17）「ソウル中心部に次々「外国人街」」（http://www.mindan.org/index.php）

⑥日系移民の授業　パワーポイント資料（製作：共育 NGO TOBE）（2009 年）

サトウキビ畑での仕事だよ

サトウキビ畑での仕事だよ

ミックスプレートだよ

ハナハナに出るときの格好だよ

⑦日系移民の授業　配布資料（製作：共育 NGO TOBE）（2009 年）

✿❀移民になった経緯と職業❀✿

(明治～戦前までの)移民の多くは出稼ぎのために日本を離れる決意をしたよ。1868年にハワイに渡ったのが移民の最初だよ。(本土へは1869年)ブラジルは1908年。 移民の職業はハワイでは主にサトウキビ畑、ブラジルではコーヒー農園で就労していたよ。

コーヒー農園の様子

✿❀戦争下での移民❀✿

1941年真珠湾攻撃により、太平洋戦争開戦。。。以後日系アメリカ人というだけで、強制収容所に連れて行かれたよ。(＊ただし、ハワイにいる日系人は、重要な労働力だったので、全員の強制収容は免れた。)　でも中には、アメリカ軍（第442連隊戦闘団）として戦争に参加した人もいたよ。

強制収容所＠アメリカ本土

ブラジルでも、第二次世界大戦開戦後、公の場での外国語禁止、財産没収、退去命令、あいまいな容疑での逮捕などがあったよ。

⑧日系移民の授業　生徒用ワークシート（製作：共育 NGO TOBE）(2009 年)

＊ワークシート＊

組　名前　＿＿＿＿＿＿＿＿

次の点に注目して聞いてみてください！
・ハワイへ移り住むのに、魅力的だったことは？

・おばあちゃんのお父さんとお母さんの仕事は？

・カウカウとはなに？

・ハナハナとはなに？

・おばあちゃんの家族が引き裂かれる原因になったのはどんな出来事？

＊メモ＊

⑨日系移民の授業の様子(共育 NGO TOBE)(2009 年)

⑩日系移民に関する調べ学習発表会の様子
　(京都市立朱雀中学校2年生)(2009 年)

⑪日系移民の講師による授業の様子（2009 年）

APT メンバーによる紹介

ルイーザさんの授業

ローレンさんの授業

ローレンさんの演奏

参考文献・資料

（日本語）

赤坂憲雄・玉野井麻利子・三砂ちづる（2008）『歴史と記憶―場所・身体・時間』（藤原書店）

浅野誠・セルビー, D.（編）（2002）『グローバル教育からの提案』（日本評論社）

アジア・太平洋人権情報センター（編集・発行）（2005）『子どもの参加―国際社会と日本の歩み』

アジェンダ・プロジェクト（編集・発行）（2005）『アジェンダ―未来への課題』第 10 号

網野義彦（2006）『歴史を考えるヒント』（新潮選書）

Althusser, L.（著）西川長夫他（訳）（2005）『再生産について―イデオロギーと国家のイデオロギー諸装置』（平凡社）

安斎育郎（2003）「平和とは？」平和友の会連続講演会（立命館大学国際平和ミュージアム）

Andreopoulos, G. J. & Claude, R. P.（編）黒沢惟昭（監訳）（1999）『世界の人権教育―理論と実践』（明石書店）

Illich, I.（著）東洋・小澤修三（訳）（1971）『脱学校の社会』（東京創元社）

Illich, I.（著）玉野井芳郎・栗原彬（訳）（2006）『シャドウ・ワーク―生活のあり方を問う』（岩波現代文庫）

入江曜子（2004）『教科書が危ない―『心のノート』と公民・歴史』（岩波新書）

岩本俊郎他（編）（1994）『史料道徳教育の研究〔新版〕』（北樹出版）

Weston, A.（著）野屋茂樹他（訳）（2004）『ここからはじまる倫理』（春秋社）

上田正昭（2010）『新版　日本神話』（角川文庫）

上田正昭（2013）『森と神と日本人』（藤原書店）

上野千鶴子（編）（2006）『脱アイデンティティ』（勁草書房）

氏家和彦（2005）「新課程中学校『公民』授業の現状（上）憲法・平和学習にも触れて」（全国民主主義教育研究会（編集・発行）『未来をひらく教育 136 号』）

氏原陽子（2008）「教科書の隠れたカリキュラムによって伝達されるジェンダー・メッセージの変遷―中学校社会科・公民教科書及び政治・経済・社会教科書の分析」（『桜花学園大学保育学部紀要第 6 号』）

梅原猛（2013a）『人類哲学序説』（岩波書店）

梅原猛（2013b）『人類哲学へ』（NTT 出版）

NPO 法人 SPERA 森里海・時代を拓く（編）（2014）『森里海連環による有明海再生への道

——心の森を育む』（花乱社）

大阪府国際交流財団（2005）「NGO の育成と国際理解教育の推進を図る NGO との連携による国際理解教育総合サポート事業について」（自治体国際化協会（編集・発行）『自治体国際化フォーラム第 185 号』）

オギョンソク（著）朴君愛（訳）（2009）「安山地域の移住者への支援活動：現状と課題」（アジア・太平洋人権情報センター（ヒューライツ大阪）（編集・発行）『外国籍市民と共に暮らす地域を考える　日韓交流シンポジウム』）

大谷いづみ（2004）「生命「倫理」教育と／の公共性」（日本社会科教育学会（編集・発行）『社会科教育研究第 92 号』）

大庭健・井上達夫他（編）（2006）『現代倫理学事典』（弘文堂）

小熊英二（1998）『〈日本人〉の境界——沖縄・アイヌ・台湾・朝鮮　植民地支配から復帰運動まで』（新曜社）

越智貢他（編）（2005）『応用倫理学講義 6 教育』（岩波書店）

小内透（2005）『教育と不平等の社会理論——再生産論をこえて』（東信堂）

「外国につながる子どもたちの物語」編集委員会（編）みなみ・ななみ（まんが）（2009）『まんが　クラスメイトは外国人　多文化共生 20 の物語』（明石書店）

開発教育推進セミナー（編）（1999）『新しい開発教育のすすめ　改訂新版』（古今書院）

解放出版社（編集・発行）『部落解放 2014 年 7 月増刊号（696 号）第 40 回部落解放文学賞』

片上宗二（編）（1984）『敗戦直後の公民教育構想』（教育史料出版会）

河村美穂・中野玲子・田中美里（2007）「「授業経験を語り合い聴きあう」授業研究のこころみ——埼玉県小学校家庭科教育研究会鴻巣地区のとりくみから」（『埼玉大学教育学部付属教育実践総合センター紀要第 6 号』）

川本隆史（2008）『双書　哲学塾　共生から』（岩波書店）

Kant, I.（著）中山元（訳）（2006）『永遠平和のために／啓蒙とは何か他 3 編』（光文社古典新訳文庫）

ガルトゥング, J.・藤田明史（編著）（2003）『ガルトゥング平和学入門』（法律文化社）

岸田由美（2009）「書評　『日系移民学習の理論と実践——グローバル教育と多文化教育をつなぐ』」（異文化間教育学会（編）『異文化間教育第 29 号』（アカデミア出版会））

Kymlicka, W.（著）角田猛之・石山文彦・山崎康仕（監訳）（1998）『多文化時代の市民権：マイノリティの権利と自由主義』（晃洋書房）

CAP センター・JAPAN（編）（2004）『CAP への招待——すべての子どもに「安心・自信・自由」の権利を』（解放出版社）

教育基本法改悪反対！12・23 全国集会広報連絡委員会（編集・発行）（2004）報告集『12・23 教育基本法改悪反対全国集会』

教育思想史学会（編）（2000）『教育思想事典』（勁草書房）

教育思想史学会（2006）教育思想史学会紀要『近代教育フォーラム』第 15 号

京都市（2000）『京都市国際化推進大綱（再版）』（京都市総務局国際化推進室）

京都市（2008）『京都市国際化推進プラン―多文化が息づくまちを目指して―』（京都市総務局国際課推進室）

京都市教育委員会（2006）『京都市立中学校教育課程京都市スタンダード指導計画社会』（京都市教育委員会）

京都市教育委員会学校指導課（編集・発行）（2005）『京都市立中学校総合的な学習の計画と取組（第2集）自ら課題を見つけ，自ら解決する力の育成』

京都市人権教育検討委員会（2002）『《学校における》人権教育をすすめるにあたって』（京都市教育委員会指導部教育計画課）

京都市人権教育検討委員会（2010）『《学校における》人権教育をすすめるにあたって』（京都市教育委員会指導部学校指導課）

京都市立朱雀中学校（2007）『平成18・19年度文部科学省・京都市教育委員会指定　人権教育研究中間報告会 「人を大切にし，ともに輝く生徒の育成」―学び・語り・高めあう学校づくり―』

京都YWCA・APT多文化共育プログラム（編集・発行）（2008）『京都YWCA・APT　多文化共育プログラムの10年（1998-2007）』

Goodson, I. & Sikes, P.（著）高井良健一・山田浩之他（訳）（2006）『ライフヒストリーの教育学　実践から方法論まで』（昭和堂）

熊谷一乗（2000）『現代の教育社会学―教育の危機の中で』（東信堂）

Green, A.（著）大田直子（訳）（2000）『教育・グローバリゼーション・国民国家』（東京都立大学出版会）

桑原敏典（2004）『中等公民的教科目内容編成の研究―社会科公民の理念と方法』（風間書房）

桑原敏典（2009）「中学校社会科公民的分野の新しい学習指導要領のポイント」（佐々木秀樹（編）『『中学社会公民的分野』学習指導計画作成資料平成22-23年度移行措置対応版』（日本文教出版））

小泉敦（2000）「中学校の授業（公民）「平和教育」を創る」（歴史教育者協議会（編集・発行）『歴史地理教育第608号』）

公共哲学共働研究所（編）（2012）『公共的良識人第245号』（京都フォーラム事務局）

小寺正一・藤永芳純（編）（2006）『新版道徳教育を学ぶ人のために』（世界思想社）

駒井洋（監修）広田康生（編）（1996）『講座外国人定住問題第3巻　多文化主義と多文化教育』（明石書店）

駒込武（1996）『植民地帝国日本の文化統合』（岩波書店）

子安潤・山田綾・山本敏郎（編）（2004）『学校と教室のポリティクス―新民主主義教育論』（清風堂書店）

佐久間孝正（2008）「国際人口移動と教育―ニューカマーとの関連で」（日本教育社会学会（編集・発行）『教育社会学研究第82集』）

佐藤郡衛（2012）「臨床という視点からの異文化間教育の再考─「現場生成型」研究を通して」（異文化間教育学会『異文化間教育第35号』）
佐野安仁（監修）（2003）『現代教育学のフロンティア─新時代創出をめざして』（世界思想社）
座小田豊・田中克・川崎一朗（2014）『防災と復興の知　3・11以降を生きる』（東京大学出版会）
嶋根克己・藤村正之（編著）（2001）『非日常を生み出す文化装置』（北樹出版）
社会認識教育学会（編）（2000）『改訂新版中学校社会科教育』（学術図書出版社）
庄司博史（編）（2004）『多みんぞくニホン─在日外国人のくらし』（国立民族学博物館）
末吉朋美（2011）「教師による「語りの場」の意義：ある日本語教師とのナラティヴ探究を通して」（『阪大日本語研究第23号』）
スズキ, T. M.（2002）『批判的想像力のために・グローバル化時代の日本』（平凡社）
世界教育史研究会（編）（1977）『世界教育史体系39　道徳教育史Ⅱ』（講談社）
世界とつながる子どもの本棚プロジェクト（編）（2011）『多文化に出会うブックガイド』（読書工房）
関根政美（2000）『多文化主義社会の到来』（朝日新聞社）
Sen, A.（著）大門毅（監訳）東郷えりか（訳）（2011）『アイデンティティという暴力─運命は幻想である』（勁草書房）
園田雅春他（2001）「特設道徳を「人権教育」で再構築する─新しい提案」（明治図書出版（編集・発行）『現代教育科学第44巻』）
孫美幸（2012a）「ロシア・ウクライナから日本の多文化共生社会を考える授業─包括的な平和教育からホリスティックな展開をめざして」（日本ホリスティック教育協会『ホリスティック教育研究第15号』）
孫美幸（2012b）「学校で多文化共生教育協働プログラムを実施することの意義─協働体制づくりを通した教育成果の考察」（立命館大学国際平和ミュージアム紀要『立命館平和研究第13号』）
孫美幸（2013）「いのちの視点を取り込んだ多文化共生授業における子どもの意識変容─在日コリアンへの偏見や無関心を乗り越えるために」（日本ホリスティック教育協会『ホリスティック教育研究第16号』）
孫美幸（2014）「人権学習をテーマにしたホリスティックな教員研修─教員の人権に関わる自分史交流の実践から」（日本ホリスティック教育協会『ホリスティック教育研究第17号』）
戴エイカ（1999）『多文化主義とディアスポラ─Voices from San Francisco』（明石書店）
高橋哲也（2004）『教育と国家』（講談社現代新書）
田中宏（1995）『在日外国人　新版』（岩波新書）
田中宏（2007）「日本の社会保障・学校教育と国籍」（九場嬉子（編）『介護・家事労働者の国際移動─エスニシティ・ジェンダー・ケア労働の交差』（日本評論社））

田鎬潤（2008）「グローバルな視点から見た韓国の社会科カリキュラム編成と課題―現行及び改訂試案の小・中学校社会科カリキュラムをもとにして」（社会系教科教育学会（編集・発行）『社会系教科教育学研究第 20 号』）
辻信一（監修）（2006）『スローライフから学ぶ地球をまもる絵事典　できることからはじめてみよう』（PHP 研究所）
辻内鏡人（2001）『現代アメリカの政治文化―多文化主義とポストコロニアリズムの交錯』（ミネルヴァ書房）
土戸敏彦（編）（2003）『〈きょういく〉のエポケー第三巻〈道徳〉は教えられるのか？』（教育開発研究所）
角田尚子・ERIC 国際理解教育センター（編集・発行）（2000）『人権教育ファシリテーター・ハンドブック基本編　参加型「気づきから築きへ」プログラム』
テイラー, C. 他（著）佐々木毅他（訳）（1996）『マルチカルチュラリズム』（岩波書店）
手島利夫（2009）「公立小学校における ESD の一実践」（開発教育協会（編）『開発教育 2009 第 56 巻』（明石書店））
天童睦子（2008）『知識伝達の構造―教育社会学の展開』（世界思想社）
仲川順子（2005）「学校と地域で広げる国際理解教育の可能性」（帝塚山学院大学国際理解研究所（編集・発行）『国際理解第 36 号』）
中川吉晴（2005）『ホリスティック臨床教育学―教育・心理療法・スピリチュアリティ』（せせらぎ出版）
中島智子（編）（1998）『多文化教育―多様性のための教育学』（明石書店）
中村清（2001）『道徳教育論―価値観多様化時代の道徳教育』（東洋館出版社）
中村清（2004）『改訂公教育の原理―多文化社会の公教育』（東洋館出版社）
中村德次（監修）（2012）『ポケット版外来語新語辞典』（成美堂出版）
西川長夫・姜尚中・西成彦（編）（2000）『20 世紀をいかに越えるか―多言語・多文化主義を手がかりにして』（平凡社）
西川長夫・大空博・姫岡とし子・夏剛（編）（2003）『グローバル化を読み解く 88 のキーワード』（平凡社）
西川長夫（2006）『〈新〉植民地主義論―グローバル化時代の植民地主義を問う』（平凡社）
21 世紀研究会（編）（2001）『常識の世界地図』（文春新書）
日中韓 3 国共通歴史教材委員会（編）（2006）『未来をひらく歴史東アジア 3 国の近現代史』（高文研）
日本教育学会　平和教育・平和文化研究委員会（編集・発行）（2000）『平和教育・人権教育資料集』
日本クリスチャンアカデミー関西セミナーハウス活動センター　開発教育研究会（編）（2008）『ESD（持続可能な開発のための教育）実践教材集　足下から考える私たちの社会』（立教大学 ESD 研究センター）
日本地質学会（監修）（2014）『地球全史スーパー年表』（岩波書店）

日本弁護士連合会パンフレット（2004）『国連から見た日本の子どもの権利の状況』（子どもの権利条約批准10周年記念シンポジウム）
日本ホリスティック教育協会　中川吉晴・金田卓也（編）（2003）『ホリスティック教育ガイドブック』（せせらぎ出版）
日本ホリスティック教育協会　金田卓也・金香百合・平野慶次（編）（2004）『ピースフルな子どもたち―戦争・暴力・いじめを越えて』（せせらぎ出版）
日本ユニセフ協会（編集・発行）（1998）『ユニセフの開発のための教育―地球市民を育てるための実践ガイドブック』
Pike, G. & Selby, D.（著）中川喜代子（監訳）（1998）『ヒューマンライツ―たのしい活動事例集』（明石書店）
朴美子（2011）『中・日・韓比較対照　成語・ことわざ辞典』（ふくろう出版）
Hanh, T. N.（著）池田久代（訳）（2011a）『微笑みを生きる―〈気づき〉の瞑想と実践』（春秋社）
Hanh, T. N. & Cheung, L.（著）大賀英史（訳）（2011b）『味わう生き方』（木楽舎）
Banks, J. A.（著）平沢安政（訳）（1999）『入門多文化教育　新しい時代の学校づくり』（明石書店）
平沢安政（2000）「人権問題のグローバリゼーション―人権教育への示唆」（日本教育社会学会（編集・発行）『教育社会学研究第66集』）
福岡伸一（2010）『エッジエフェクト―界面作用』（朝日出版社）
福田弘（編訳）（2003）『人権・平和教育のための資料集』（明石書店）
藤原修・岡本三夫（編）（2004）『いま平和とは何か』（法律文化社）
Prakash, M. S. & Esteva, G.（著）中野憲志（訳）（2004）『学校のない社会への招待―〈教育〉という〈制度〉から自由になるために』（現代書館）
洪美里（2004）「韓国の初等・中等教育における「裁量活動」の現状と課題―「自己主導的学習」の目標，内容，単元，評価の一貫性の分析を中心に」（『上智大学教育学論集第39号』）
松井克行（2003）「Betty. A. Reardonの中高校グローバル教育カリキュラム編成―社会科カリキュラム開発へ示唆するもの」（日本社会科教育学会（編集・発行）『社会科教育研究第90号』）
松井坦（1980）「社会科教育における人権学習―1981年度中学校社会科教科書「公民」の分析」（教育科学研究会（編）『教育第30巻』（国土社））
松下良平（2004）『道徳の伝達―モダンとポストモダンを超えて』（日本図書センター）
馬渕仁（2002）『異文化理解のディスコース―文化本質主義の落とし穴』（京都大学学術出版会）
馬渕仁（2006）「多文化主義・多文化教育の再考―オーストラリアの事例を中心にして」（異文化間教育学会（編）『異文化間教育第23号』（アカデミア出版会））
未央（2012）『はだしのハワイ―大自然に学ぶナチュラルライフ』（エディシォンドゥパリ）

宮永國子（編）（2007）『グローバル化とパラドックス』（世界思想社）
Muth, J.（著）三木卓（訳）（2005）『しあわせの石のスープ』（フレーベル館）
Miller, J.（著）中川吉晴・吉田敦彦・桜井みどり（訳）（1997）『ホリスティックな教師たち―いかにして真の人間を育てるか？』（学習研究社）
Miller, J.（著）中川吉晴・吉田敦彦（監訳）（2010）『魂にみちた教育―子どもと教師のスピリチュアリティを育む』（晃洋書房）
Mill, J. S.（著）塩尻公明・木村健康（訳）（1971）『自由論』（岩波文庫）
本橋哲也（2005）『ポストコロニアリズム』（岩波書店）
森三樹三郎（2006）『老子・荘子』（講談社文庫）
森岡卓也・金得洙（1992）「日・韓両国における道徳教育の比較研究」『大阪教育大学紀要第 4 部門教育科学第 41 巻 1 号』）
森茂岳雄（2009）「多文化共生をめざすカリキュラムの開発と実践―学会・学校・教師の取り組み」（異文化間教育学会（編）『異文化間教育第 30 号』（アカデミア出版会））
森茂岳雄・中山京子（編著）（2008）『日系移民学習の理論と実践―グローバル教育と多文化教育をつなぐ』（明石書店）
文部科学省（2002）道徳推進指導資料『中学校　心に響き，共に未来を拓く道徳教育の展開』
Yanah（著）ケイコ・フォレスト（訳）（2012）『ヤナの森の生活　ハワイ島の大地に生きる』（WAVE 出版）
矢野泉（編著）（2007）『多文化共生と生涯学習』（明石書店）
薮内佐斗司（2014）『NHK 趣味 Do 楽　薮内佐斗司流　ほとけの履歴書　仏像のなぞを解きほぐす』（NHK 出版）
山本真鳥・山田亨（編著）（2013）『エリア・ステディーズ 114　ハワイを知るための 60 章』（明石書店）
山本友一（1996）「21 世紀における平和教育のあり方」（阪上順夫（編著）『21 世紀を創造するための社会科教育の改革』（東京書籍））
梁起豪（ヤンギホ）（2012）「韓国における多文化政策と地域ガバナンス」（国際交流基金・欧州評議会主催『多文化共生都市国際シンポジウム』）
吉田敦彦（1999）『ホリスティック教育論―日本の動向と思想の地平』（日本評論社）
吉田敦彦（2009）『世界のホリスティック教育―もうひとつの持続可能な未来へ』（日本評論社）
吉田康彦（編著）（2004）『21 世紀の平和学』（明石書店）
Light, A.・辻信一（2010）『しんしんと，ディープ・エコロジー―アンニャと森の物語』（大月書店）
Reardon, B. & Cabezudo, A.（著）藤田秀雄・淺川和也（監訳）（2005）『戦争をなくすための平和教育「暴力の文化」から「平和の文化」へ』（明石書店）
若杉友子（2014a）『若杉ばあちゃんの一汁一菜子育て法』（WAVE 出版）

若杉友子（2014b）『若杉ばあちゃんの食養語録』（五月書房）
鷲田清一（2011）『感覚の幽い風景』（中公文化）
鷲田清一（2012）『語りきれないこと―危機と傷みの哲学』（中公新書）

（韓国語）

アンギョンシク・キムドングゥン他（2008）『多文化教育の現況と課題』（ハクチサ）
イオクソン（2003）「民主市民教育のための参与意識鼓吹教授・学習プログラム開発」（韓国教員大学教育大学院修士論文）
イギョンウン・キムジョンウォン（2012）「初等統合教科を活用した反偏見教育プログラムの開発と適用」（韓国多文化教育学会『多文化教育研究第 5 巻第 2 号』）
イグンチョル・オギソン（2000）『統一教育論』（エクスパートワールド）
オギョンソク他（2007）『韓国における多文化主義現実と争点』（ハヌルアカデミー）
姜淳媛（2000）『平和・人権・教育』（ハヌルアカデミー）
姜淳媛（編）（2005）『韓日平和教育』（コミュニティ）
姜淳媛・キムジョンス他（2003）『教育活動指導書 5　中等　お互いをいかす人権教育　青少年人権教育プログラムマニュアル』（ヘオルム出版社）
康大賢（2006）『韓国市民社会と市民教育』（韓国学術情報）
金眞（2001）「道徳科教育における人権教育方案研究」（韓国教育大学大学院修士学位論文）
金次姫（2003）「平和教育のための一研究―高等学校道徳科平和教育を中心に」（成均館大学教育大学院修士学位論文）
キムハンウォン（2006）「中学校社会科教科書の民主市民教育内容分析：2, 3 学年教科書一般社会分野を中心に」（済州大学平和研究所『平和研究第 16 巻第 2 号』）
金女慶（2003）「初等社会科における国際理解教育に関する内容分析―第 7 次教育課程を中心に」（ソウル教育大学教育大学院修士学位論文）
郭海龍（2006）『学校で平等を述べる』（サムソン経済研究所）
クォンユチョル（2004）「中学校社会教科書にあらわれた人権内容分析」（カンウォン大学教育大学院修士学位論文）
教育科学技術部（2011）『中学校教育課程』（大韓教科書株式会社）
教育部（1998）『社会科教育課程　別策 7』（大韓教科書株式会社）
教育部（1998）『中学校教育課程　別策 3』（大韓教科書株式会社）
シンヒス（2006）「世界市民性涵養のための地域社会中心の社会科授業模型―安山外国人移住労働者居住地域‘国境のない村’を中心に」（延世大学教育大学院修士学位論文）
徐基男（2003）「道徳科教育における‘人権教育’の方案および効果―中学校 2 年道徳科授業を通じた現場適用事例を中心に」（韓国教員大学教育大学院修士学位論文）
車京守（2000）『21 世紀社会科教育課程と指導法』（学文社）
車京守（2004）『現代の社会科教育』（学文社）
チュビョンワン・パクピョンギ他（2001）『倫理学と道徳教育 2』（図書出版インガンサラ

ン）

崔鉉浩（2002）『南北間中等道徳教科書比較─価値徳目による人間観・国家観・社会観比較』（哲学科現実社）

チェムンソン・キムスンジャ（2013）「慶南地域初等学校多文化教育プログラム分析─相互文化教育の観点から」（韓国多文化教育学会『多文化教育研究第 6 巻第 4 号』）

チョンキョンスク・チョンギソン・イジヘ（2007）『多文化教育政策方案研究』（京畿道教育庁，京畿道家族女性開発院）

チョンヨンミン（2001）「平和教育的アプローチによる統一教育研究」（ハンシン大学教育大学院修士学位論文）

韓国教育課程評価院（編）（2006）『中等学校用　教科書補完指導資料─多文化理解教育／低出産・高齢化に備えて』（教育人的資源部）

韓国教育学会教育哲学研究会（編）（1997）『韓国教育の改革と哲学』（ムヌムサ）

パクギョンテ（2007）『人権と少数者の話　我々になれない人々』（チェクセサン）

パクサンジュン（2006）『社会科教育の理論と実際』（教育科学社）

パクサンス・キムサンイル他（編著）（2009）『韓流と韓思想』（図書出版モシヌンサラムドゥル）

パクミヒョン（2007）「中学校教育課程改訂の基本方向と特徴」（韓国教科書研究財団（編集・発行）『教科書研究第 50 号』）

ペキョンネ（2006）『青少年 Report ②人権は校門の前で立ち止まる』（ウリ教育）

洪顯吉（2001）『日本の道徳と道徳教育』（韓国日本学協会）

孟希珍（2002）「中学校の個人・社会・国家倫理教育内容比較研究」（高麗大学大学院教育学科修士学位論文）

ユネスコアジア・太平洋国際理解教育（編）（2003）『世界化時代の国際理解教育』（ハヌルアカデミー）

ユネスコアジア・太平洋国際理解教育（編）（2004）『共に生きる世の中をつくる』（イルチョガック）

ユネスコアジア・太平洋国際理解教育院（2004）『ともに学び分かち合う世界の教室 2　韓国教師の国際理解教育授業模型』（図書出版ハヌル）

ユネスコアジア・太平洋国際理解教育院（編）（2008）『多文化社会の理解　多文化教育の現実と展望』（トンニョク）

ユネスコ韓国委員会（編）（2000）『アジアの人権教育─オーストラリア・インド・香港編』（図書出版サラムセンガック）

ユネスコ韓国委員会（編）（2000）『人権教育をどのようにするのか』（図書出版オルム）

ユンジョンスク（2003）「人権団体人権教育を活用した学校人権教育活性化方案に関する研究」（韓国教員大学大学院修士学位論文）

リュヘジン（2004）「社会科における人権教育に関する研究」（梨花女子大学教育大学院修士学位論文）

(英語)

Banks, J. A. (2007) *Educating citizens in a multicultural society* (2nd ed.). Teachers College, Columbia University.

Barthes, R. (1973) *Mythologies*, selected and translated from the French by A. Lavers. London: Allen and Unwin.

Boulding, E. (2000) *Cultures of peace: The hidden side of history*. Syracuse University Press.

Brenes-Castro, A. (2004) An integral model of peace education. In A. Wenden (Ed.), *Educating for a culture of social and ecological peace*. State University of New York Press.

Council of Europe Committee of Ministers (1985) Appendix to recommendation No.R (85)7 Suggestions for teaching and learning about human rights in schools.

Galtung, J. (2008) Form and content of peace education. In M. Bajaj (Ed.), *Encyclopedia of peace education*. Information Age.

Hanh, T. N. (2012) *A handful of quiet: Happiness in four pebbles*. Parallax Press.

Hicks, D. W. (1979) Two sides of the same coin: An exploration of the links between multicultural education and development education. *New Approaches in Multicultural Education, 7* (2).

Hicks, D. (1988) *Education for peace: Issues, principles and practice in the classroom*. Routledge.

Hoffman, J. (2004) *Citizenship beyond the state*. Sage.

Lashley, H. (1982) Multicultural education, peace education and education for international understanding: The need for a common strategy. *World Studies Journal, 3* (4).

Lin, J., Brantmeier, E. J., & Bruhn, C. (Eds.) (2008) *Transforming education for peace*. Information Age.

Lynch, J., Modgil, C., & Modgil, S. (Eds.) (1992) *Cultural diversity and the schools*: Vol.4. *Human rights education and global responsibilities*. The Falmer Press.

Machedo, S. & Tamir, Y. (Eds.) (2002) *Moral and political education*. New York University Press.

Osler, A. (Ed.) (1994) *Development education global perspectives in the curriculum*. Cassel Education.

Osler, A. & Vincent, K. (2002) *Citizenship and the challenge of global education*. Trentham Books.

Osler, A. (Ed.) (2005) *Teachers, human rights and diversity: Educating citizens in multicultural societies*. Trentham Books.

Page, J. S. (2008) *Peace education exploring ethical and philosophical foundations*.

Information Age.
Pike, G. & Selby, D.（1988）. *Human rights: An activity file*. Mary Glasgow Publications.
Pumfrey, P. D. & Verma, G. K.（Eds.）（1993）*Cultural diversity and the curriculum*: Vol.1. *The foundation subjects and religious education in secondary schools*. The Falmer Press.
Reardon, B.（1988）*Comprehensive peace education: Education for global responsibility*. Teachers College, Columbia University.
Reardon, B.（2000）Peace education: A review and projection. In B. Moon, S. Brown, & M. B. Peretz（Eds.）, *International companion to education*. Routledge.
Richardson, R.（1982）*Culture, race and peace: Tasks and tensions in the classroom*. Center for Peace Studies Occasional Paper No.2.
Starkey, H.（Ed.）（1991）*The challenge of human rights education*. Cassel Education.
Timpson, W. M.（2002）*Teaching and learning peace*. Atwood Publishing.
Tomlinson, J.（1991）*Cultural imperialism*. Baltimore, MD: The John Hopkins University Press.＝片岡信（訳）（1997）『文化帝国主義』（青土社）
United Nations General Assembly（1998）International decade for a culture of peace and non-violence for the children of the world（2001-2010）.

（新聞・HP・DVD・文集）
朝日新聞　2005年1月14日付
イスラーム文化センター　http://www.islamjapan.net/ibc/index.html
韓国移住女性人権センター　http://www.wmigrant.org/xe2/［韓国語］
京都市立洛友中学校夜間学級文集『夜空』
京都新聞　2004年7月26日付
国境のない村　http://www.bvillage.org/xe/home［韓国語］
ソウルグローバルセンター　http://global.seoul.go.kr/
大韓民国国務総理室　http://www.pmo.go.kr/［韓国語］
田中治彦（2003）「NGOと学校がつくる開発教育・国際理解」　http://www.rikkyo.ne.jp/web/htanaka/03/NGO_DE.html
地球村わかちあい運動　http://gcs.or.kr/［韓国語］
朝鮮日報　2007年5月8日付
東医宝鑑アカデミー　https://www.facebook.com/dbac1075
ナマケモノ倶楽部（企画・製作）（2013）DVD「ファン・テグォンの Life is Peace with 辻信一」
南北オリニオッケトンム　http://www.okfriend.org/［韓国語］
南北コリアと日本のともだち展実行委員会　http://2001.art.coocan.jp/friends/
虹の青少年センター　http://www.rainbowyouth.or.kr/［韓国語］

日韓交流おまつり　http://www.omatsuri.kr/［韓国語・日本語］
日本文教出版　http://www.nichibun-g.co.jp/
のりこえねっと　http://www.norikoenet.org/
東九条マダン　http://www.h-madang.com/
ヒューライツ大阪「韓国の全国統一地方選挙で永住外国人が初投票」　http://www.hurights.or.jp/news/0606/b01.html
民団新聞「ソウル中心部に次々「外国人街」」2007年1月17日付　http://www.mindan.org/index.php
文部科学省「平成15年度道徳教育推進状況調査の結果について」　http://www.mext.go.jp/b_menu/shingi/chukyo/chukyo6/gijiroku/05031601/008/006.pdf
Boyd Varty（2013）「ネルソン・マンデラから学んだこと」　TED：http://www.ted.com/talks/boyd_varty_what_i_learned_from_nelson_mandela
David Christian（2011）「ビッグ・ヒストリー」　TED：http://www.ted.com/talks/david_christian_big_history?language=ja
KOREA TIMES "More Schools Give Human Rights Lectures" 2005年4月11日付
NHKクローズアップ現代「明らかになる古代の「日韓交流史」」2013年12月2日放送　http://www.nhk.or.jp/gendai/kiroku/detail_3440.html）
UNESCO "Culture of Peace" http://www.unesco.org/cpp/uk/declarations/2000.htm

上記のHPは全て，2016年6月1日に最終確認した。

事項索引

あ
愛国心　22, 23
アイデンティティ　9, 14, 15, 17, 46, 69, 108, 109, 123, 131, 144, 146, 151, 154, 158, 163, 164, 166, 173, 174, 216, 217, 227, 230-232, 253
アイヌ民族　108, 109
新しい公共　33
ESD（持続可能な開発のための教育）　4
生きる力　43, 44
　――の育成　43
いじめ　10, 42, 63, 64, 72, 74, 82, 83, 98, 99, 116, 129, 130, 135, 136, 237
12・12 クーデター　37
イデオロギー装置　18, 19, 32
いのち　i, iv, 7, 9-11, 29, 39, 41, 44, 50, 53, 56, 59, 66, 83, 85-87, 93-96, 127-129, 133, 134, 179, 199, 200, 207, 212-215, 218-220, 226-232, 235, 241, 243, 247
異文化間　17, 144
　――教育　17, 180
異文化理解　vii, 7, 161, 166, 174
　――教育　3
HIV 感染者　112
エコビレッジ　205

エスニック・マイノリティ　19
NGO　i, iii-viii, 8, 18-20, 62, 86, 109, 144, 148-151, 155, 157, 159, 160, 162-166, 171, 173, 174, 180
エンパワーメント　6, 101
横断的なカリキュラム　7
オールドカマー　142, 217

か
外国人教育　14-16, 145-147, 149, 151, 180
外国人差別　15
外国人支援　v
開発　5, 9, 17, 144, 166
　――教育　ii, v, 2, 3, 180
学縁　75, 117, 136
　――問題　72, 75, 83, 117
学習指導要領　iv, vi, 33-35, 43, 49, 50
学習のネットワーク　iii
隠れたカリキュラム　42
環境　3-5, 21
　――教育　ii, 2-4, 8, 23, 38, 41
　――保護　128
　――問題　4

感傷性の教育　213, 214, 228, 229, 231
観想的アプローチ　238, 239, 252
基本的人権　34, 101, 112
　――の尊重　34
教育課程　iv, vi, 23, 33, 35-38, 46, 47, 49, 50, 148
教育基本法　32, 33
教育勅語　32
教員研修　235-239, 247, 248, 250, 252
共産主義　22
教師教育　238
協働　i, iii, v-viii, 8, 18-20, 144, 151, 159, 162, 163, 165, 166, 171, 172, 174, 180, 181, 236
グローバリゼーション　9, 15, 31, 143, 146, 159, 160, 169, 170
グローバル・シティ　143, 144, 164-166, 173, 174
グローバル化　33, 40
グローバル教育　3, 142
5・16 クーデター　37
5・18 光州民主化運動　37
公害　94, 95
公教育　38, 39, 42
皇国臣民　36
構造的暴力　1, 2, 17, 21,

289

22, 30, 32, 41
校内暴力　42
公民　29, 31-36, 45, 46, 50
　──科　33, 34
　──教育　31, 34, 38
コーディネーター　19-21, 151, 154, 159, 166, 181, 215, 236, 237
国際教育　3
国際理解　vi, vii, 5, 9, 144, 166, 174
　──教育　vii, 2-4, 17, 21, 38, 142, 145-147, 149, 152, 180
国内植民地　160, 161, 170
国民　31
　──教育　38, 39, 42, 47
　──国家　iii-v, 31, 32, 41, 46, 140, 142, 146, 147
心の教育　43, 44
コスモポリタン　31
子どもの権利　i, iv, v, 6, 10, 11, 50, 53, 59, 63, 85, 91-93, 98, 99, 127, 129, 130, 133, 136
　──条約　81, 91, 92, 134
コロニアルな関係　17

さ

在日外国人　22, 69, 142, 154, 158, 160, 163, 166, 182, 212, 213, 236, 250
在日コリアン　i, 14, 15, 69, 107-109, 131, 137, 144-146, 149, 154, 158, 159, 161, 166, 186, 187,

207, 212, 213, 217, 219-228, 230-232, 237
裁量活動　vi
　──の時間　vi
雑種性（ハイブリディティ）140
差別　136, 139, 231, 254
参加型学習　7, 8, 42, 180
参加型ワークショップ　246, 251
シェアリング・サークル　237-239
ジェンダーフリー　119
自己変容　238
自然環境　199, 200, 204, 214
citizenship（シティズンシップ）　31, 32, 41, 46, 49, 142
支配的イデオロギー装置　32
自分史　235, 245, 254
　──交流　235, 238, 239, 242-247, 250-253
市民社会　31
社会科（公民的分野）　i, iv, vi, vii, 7, 11, 29, 31, 33, 36-38, 41, 42, 44-46, 50, 85, 128, 133, 135, 173
修身　35, 36
　──科　32, 35
障害者差別　15
植民地支配　9, 22, 134, 168, 174
植民地主義　17, 140-144, 147, 159, 160, 169
女性差別　15
人権　i, iv, vi-viii, 3, 5-7, 9-11, 29, 32, 39-41, 43-45, 59, 62, 81, 87, 90-92,

99, 101, 161, 166, 171, 209, 227, 235-239, 241-245, 247-255
　──・同和問題学習　152
　──学習　ii, 10, 11, 16, 18, 162, 235-237, 239-241, 243-246, 248, 254, 255
　──教育　ii, iii, vi, viii, 2-4, 6-8, 14-16, 21, 23, 41, 145, 147, 151, 161, 163, 165, 166, 236, 243, 246, 247, 250
　──尊重　44, 47, 48
新自由主義　33, 35, 44
　──的　151
新植民地主義　141
〈新〉植民地主義　141, 143
人性教育　47
ストレスマネージメント　209
生命尊重　44, 47
世界人権宣言　10
戦略的本質主義　140
創意的体験活動　vi, 182
総合的な学習の時間　vii, 15, 71, 72, 112, 147, 152, 154, 155, 166, 182, 236

た

脱北者　77
脱構築　17
脱植民地化　17, 139, 143, 144, 151, 154, 165, 166, 180
多文化　9, 17, 144, 166
　──教育　ii, v, vi, 2, 4, 8, 17, 19, 41, 142, 143,

148-151, 167, 169, 172-174, 180
──共生　i, iii, iv, v, vii, viii, 14, 16, 17, 63, 69, 72, 82, 83, 98, 107-109, 116, 129, 131, 135, 137, 139, 144, 145, 149, 151, 162, 165, 179, 212, 213, 215, 216, 220, 236, 243
──教育　i-iii, v, viii, 1, 4, 9, 10, 14, 16-19, 50, 151, 152, 154, 159, 165, 166, 179, 180, 182, 199, 200, 212, 214, 215, 217, 235, 236, 239-241, 243-248, 250
──社会　9, 14, 16, 17, 109, 215
──主義　iii, 17, 139-142, 148, 165, 173
地球市民（global citizen）　31
中央教育審議会　33
朝鮮戦争　23, 37, 46
直接的暴力　1, 2, 17, 30, 32, 41
ディアスポラ　140
統一のための和解の教育　23
道義教育　35, 46
道徳　i, iv, vi, vii, 7, 11, 23, 29, 30, 32, 33, 35-44, 46, 47, 49, 53, 62, 72, 74, 85, 87, 117, 124, 130, 133-137, 152, 154, 161, 166, 182, 236
──科　33, 37
──教育　29, 32, 33, 36-40, 43, 44, 47
同和　10, 63, 82, 98, 130, 135, 136
──・人権学習　15, 152
──対策事業特別措置法　101
──地区　152, 161, 244, 250, 254
──問題　64, 83, 101, 130, 136, 152, 236
特別活動　vi, 21, 180, 182, 236
トランスナショナルな主体　i, iii. v. 18-20

な
ナショナリズム　i, iii, v, 17, 18, 124
南北統一　vi
──教育　23, 41
ニューカマー　142, 215
ネオナショナリズム　33
ネオリベラリズム　iv
ネットワーク　i-iii, v-viii, 8, 19, 20, 159, 165, 180

は
ハーグ・アジェンダ　4
排除　v, 31, 40, 41, 46, 118, 130, 136, 137, 139, 140, 230, 231
ハイブリディティ　144, 163, 172, 173
バリアフリー　78, 112, 131
反共教育　35, 37, 46
反人種差別教育　2
反戦教育　23
ハンセン病　112, 125, 131

反戦平和　9, 144, 166, 199, 207, 214
──教育　2, 21, 22, 41
ビッグ・ヒストリー　204
被爆体験　21
──風化　21
批判的多文化主義　140, 142
非暴力　5
ヒューマニズム　40, 143, 171
平等権　101, 105, 108
弘益人間　46
フィールドワーク　7, 8, 42, 152, 154, 167, 180
複合的アイデンティティ　144, 163, 164, 172
不登校　42
部落差別　15, 101
文化本質主義　139, 140, 147, 151
文化的暴力　1, 2, 22, 30, 32, 41
平和　vi, 1, 2, 4-7, 29, 30, 32, 44, 45, 47, 48, 199, 200, 209, 218
──運動　4
──学習　7
──教育　i-vi, 1-10, 16-18, 21-24, 29, 41, 42, 44, 49, 50, 53, 85, 133, 134, 139, 150, 166, 180, 199, 200
──憲法学習　2, 21
──の文化　4-7, 9, 10, 14, 16, 199, 200
包摂　v, 31, 41, 46, 118, 130, 136, 137, 140, 142
包括的な平和教育　i, ii, vii, 4, 17, 20, 22, 39, 41, 144, 145, 166, 174, 179,

182, 199, 200, 212, 214
暴力　1, 5, 64
　——性　32
ポストコロニアル研究　141
ホリスティック・アプローチ　199
ホリスティック教育　235
ホリスティックな学び　212, 215, 235, 252
ホログラフ　2, 5

ま
民主市民教育　36, 47, 48
民主主義　35
　——教育　47
　——社会　31
民族主義　v

や
ゆとり教育　42
ユニバーサルデザイン　78, 112, 131, 137
ヨーロッパ評議会　10

4・19 革命　37

ら
ライフヒストリー　207, 209, 217, 226, 229, 241, 244, 248
倫理　29, 30, 40, 87

わ
ワールド・スタディズ　3

人名索引

A
Brenes-Castro, A.　4
Boulding, E.　16
Cabezudo, A.　4
Esteva, G.　19
Hicks, D. W.　2, 3
Hoffman, J.　31, 49
Lashley, H.　2
Light, A.　237
Miller, J.　235, 252
Page, J. S.　5
Pike, G.　2
Prakash, M. S.　19
Reardon, B.　3, 4
Richardson, R.　2
Sen, A.　230
Starkey, H.　2

あ
アルチュセール, L.　18, 32

安齊育郎　1
イグンチョル　23
李　承晩　37
伊藤真一　140
イリイチ, I.　iii
入江曜子　80
ウェストン, A.　29
内橋克人　44
大谷いづみ　128
大津和子　3
オギソン　23
オギョンソク　168
小熊英二　31
奥本京子　7

か
ガルトゥング, J.　1, 143
川本隆史　213
姜　淳媛　22
康　大賢　48, 49
カント, I.　30

岸田由美　142
金　眞　38
キムヒジョン　148
キムリッカ, W.　139, 140
キング牧師　62
熊谷一乗　iii
桑原敏典　33, 34
孔子　29, 30
小内透　19
駒込　武　40, 144, 161, 171

さ
サイード, E. W.　40, 141, 144, 161, 171
佐久間孝正　16
スズキ, T. M.　139
スピヴァク　40
関根政美　17
セルビー, D.　2, 3, 16

荘子　30
た
戴　エイカ　139
田中治彦　vii
チャギョンス（車　京守）
　　48, 95, 116, 117, 119,
　　120, 122, 123, 126
チュビョンワン　35
全　斗煥　37
辻内鏡人　17
テイラー, C.　139
トムリンソン, J.　40

な
仲川順子　vii
中川吉晴　238
中村　清　32, 38
中山　元　30
中山京子　142
西川長夫　140, 141, 143
盧　泰愚　37

は
朴　正煕　37
パクサンジュン　36
パクピョンギ　35
バルト, R.　40, 251
バンクス, J. A.　142
平沢安政　15, 101
ファンジェギ　94, 117, 119
福岡伸一　220
藤井千春　42
藤田明史　1
藤永芳純　39
藤村正之　249
ヘレン・ケラー　78

ま
馬渕　仁　39, 40, 143, 147, 161, 171
三浦朱門　33
三砂ちづる　229

村上登司文　21
本橋哲也　40
森茂岳雄　17, 142

や
梁　起豪　148
山之内義一郎　212
山崎章郎　249
ユンジョンスク　viii
吉田敦彦　212
吉野　弘　213

ら
リチャード・ローティ　213
リュソンファン　167
老子　30
ロジャーズ, C.　252

わ
鷲田清一　251, 253

著者紹介
孫　美幸（そん　みへん）
大阪大学大学院人間科学研究科附属未来共創センター講師
2010 年立命館大学大学院社会学研究科博士課程後期課程修了
論文に，「韓国民話における「異人」への眼差し―韓国社会の多文化教育のあり方を考えるために」『ホリスティック教育研究第 19 号』（2016），「授業の成立が困難な学校で多文化共生を語る―ゲストティーチャーとしての関わりから」『多言語・多文化実践と研究第 5 巻』（2013）ほか。

日本と韓国における多文化共生教育の新たな地平
包括的な平和教育からホリスティックな展開へ
2017 年 2 月 20 日　初版第 1 刷発行　（定価はカヴァーに表示してあります）

　　　　　　　　著　者　孫　美幸
　　　　　　　　発行者　中西健夫
　　　　　　　　発行所　株式会社ナカニシヤ出版
　　〒606-8161　京都市左京区一乗寺木ノ本町 15 番地
　　　　　　　　　　　　Telephone　075-723-0111
　　　　　　　　　　　　Facsimile　075-723-0095
　　　　　　　　　Website　http://www.nakanishiya.co.jp/
　　　　　　　　　E-mail　iihon-ippai@nakanishiya.co.jp
　　　　　　　　　　　　郵便振替　01030-0-13128

装幀＝白沢　正／印刷・製本＝創栄図書印刷
Copyright ⓒ 2017 by M. Sohn
Printed in Japan.
ISBN978-4-7795-1135-6
◎本書のコピー，スキャン，デジタル化等の無断複製は著作権法上での例外を除き禁じられています。本書を代行業者等の第三者に依頼してスキャンやデジタル化することはたとえ個人や家庭内の利用であっても著作権法上認められておりません。